COMIENZA TU ÉXITO

La Saga COMIENZA TU ÉXITO

Los libros que transforman la vida de los lectores por todo el mundo.

COMIENZA TU ÉXITO

María Mesa

Un despliegue de sabiduría milenaria
te espera en este libro

Que todo lo bueno te encuentre,
te siga y se quede contigo...

Comienza tu éxito
©María Mesa Martínez 2019
Autoedición y diseño: María Mesa Martínez

ISBN: 978-84-09-16031-0

www.comienzatuexito.com
contacto@comienzatuexito.com

Diseño de portada, diseño interior y maquetación: Nerea Pérez Exposito de www.imagina-designs.com

Nota a los lectores: Esta publicación contiene las opiniones e ideas de su autora. Su intención es ofrecer material de utilidad al lector sobre el tema tratado. Las estrategias mostradas pueden no ser útiles para todos los individuos, no garantizándose resultado. Este libro se vende bajo el supuesto de que el autor, ni el editor, ni la imprenta se dedican a prestar asesoría o servicios profesionales legales, financieros, de contaduría, psicología u otros. El lector deberá consultar a un profesional capacitado antes de adoptar las sugerencias de este libro. No se da garantía respecto a la precisión o integridad de la información incluida, y tanto el autor, como el editor, la imprenta, el diseñador, distribuidor y todas las partes implicadas, niegan específicamente cualquier responsabilidad por obligaciones, pérdidas, riesgos personales o de cualquier tipo que se incurran como consecuencia directa o indirecta, del uso y aplicación de cualquier contenido del libro.

La publicación de esta obra puede estar sujeta a futuras correcciones y ampliaciones por parte de la autora.

Quedan prohibidas, dentro de los límites establecidos por la ley y bajo las prevenciones legalmente previstas, la reproducción total o parcial de esta obra por cualquier medio o procedimiento, ya sea electrónico o mecánico, el tratamiento informático, el alquiler o cualquier forma de cesión de la obra sin previa autorización escrita de la autora.

A mi hija María,
para ti este libro y toda mi vida.

Índice

Gracias, gracias, gracias 11
Prólogo 13
Antes de empezar 15
Prepárate porque ahora… comienza tu éxito 19

Parte 1 Leyes secretas del éxito 25

La ley de la atracción 27
Principio del mentalismo 51
Principio de correspondencia 69
Principio de polaridad 75
Principio de vibración 79
Principio del ritmo 81
Principio de causa y efecto 89
Principio de generación 97

Parte 2 Planifica tu éxito 107

Tu propósito de vida 109
Eliminando miedos, acelerando el éxito 121
Transformando creencias 143
Eligiendo sueños 199
Estrategia y foco en lo importante 237

Parte 3 Acción 261

Dándolo todo 263
Productividad 269
Acelera el cambio 283

Ser un revolucionario 287

Parte 4 Herramientas para el éxito 307

    Por tus resultados, te conoceré 309
    Deja de buscar fuera lo que ya está en ti..................... 317
    Iniciativa... 325
    Innovación 337
    Niveles de crecimiento 343
    Elige ser feliz 347
    Dejar de procrastinar 357
    Riqueza 381
    Organiza tu tiempo 389
    Multiplica tu tiempo 407
    Un final apoteósico 417
    ¿Me ayudas a mejorar el mundo? 421
    Conviértete en embajador de la saga comienza tu éxito..... 423
    Continúa tu éxito en... 427
    «La Voz de Tu Alma» 429

Gracias, gracias, gracias

A **mi marido**. Por ser la persona que más me impulsa a perseguir mis sueños. Gracias por creer tanto en mí, por ayudarme a mejorar cada día y por impulsarme a ser mi mejor versión. Eres único, especial e inigualable. Eres un regalo de la vida. Te quiero.

A **mi hija María**, por enseñarme una forma de amar completamente distinta, por hacer que mi amor se multiplique y por sacarme cientos de millones de sonrisas diarias. Eres la luz que alumbra mi camino.

A **mi abuela**, que aunque ya no puedas leer estas líneas siempre llenarás mi corazón. Mientras vivas en mi corazón, nunca dejarás de existir.

A todas las personas que me han dejado ocupar un lugar en su corazón: **mi familia y amigos.**

A **ti preciado lector**, por confiar en que una vida mejor es posible y escogerme a mí para mostrártelo. Deseo que todos tus sueños se hagan realidad.

Gracias infinitas

Prólogo

Cuando nacimos el mundo era maravilloso. Todo el mundo cuidaba de nosotros, todo tenía un matiz de colores brillantes, sonaban cánticos de bendición y el universo entero nos arropaba para ungirnos y cuidarnos.

Pero por alguna razón, pronto el mundo se oscureció. Todo parecía difícil, hostil, áspero, opaco, y los sonidos enmudecieron.

Nuestros mayores comenzaron a mostrarnos un mundo complicado, en el que debías protegerte y en el que poco o nada podías hacer para cambiarlo.

Hoy estoy aquí para decirte que tú creas tu propio mundo y que este se forma en ti y se refleja en otros.

Dicho de otra manera, hoy sabemos ya científicamente lo que la espiritualidad lleva años diciéndonos. Somos los creadores de nuestra vida y de nosotros depende el mundo en el que vamos a vivir.

Todos vivimos en el mismo planeta, la Tierra, pero no todos en el mismo mundo.

Mientras unos viven en el mundo del sufrimiento, la enfermedad, la pobreza, el desamor; otros viven en el mundo de la fe, la bendición, la salud, la abundancia y las relaciones prometedoras.

Ahora tienes que elegir en qué mundo quieres vivir.

Sabes que las cosas no llegan a nosotros por casualidad, sino por CAUSAlidad, y que todo nos lleva a nuestro destino.

Si estás leyendo estas páginas es porque contienen algo importante para ti. Léelas, estúdialas, aprovéchalas.

Gracias María por escribirlo y a ti, amado lector, por querer leerlo.

GRACIAS GRACIAS GRACIAS.

LAIN, autor de la Saga de LA VOZ DE TU ALMA.

www.lavozdetualma.com

Antes de empezar....

Querido lector, tengo expectativas altas, muy, muy altas en lo que se refiere a tu crecimiento personal con este libro. Sé desde ya que no te voy a defraudar, pues toda mi alma está puesta en las páginas que sostienes entre tus manos y también sé que tu viaje al éxito comienza aquí. Siempre me ha apasionado el mundo del crecimiento personal y la personalidad positiva. Me involucré por completo en este mundo a través de: cursos, libros, eventos, charlas… y un sinfín de modalidades que me han llevado a estar hoy aquí contigo.

Lo que sostienes en tus manos pretendo que sea mi legado al mundo, aquello que deseo transmitirte a ti, que tienes el mismo anhelo y hambre de encontrar los **secretos que guardan las personas de éxito**; el mismo que yo tenía un tiempo atrás. Busco darte un libro que no hayas encontrado antes en una librería. No quiero que gastes más tiempo en buscar aquello que yo ya he encontrado y me llena de enorme satisfacción **reunirlo para ti en estas páginas**.

De profesión soy enfermera, y en los últimos años me he dado cuenta, que mi verdadera pasión no es cuidar a las personas por fuera, sino hacerlo desde dentro, inspirando pasión por la vida.

Quiero que sepas desde ya, que puedes lograr todo aquello que te propongas y que te voy a apoyar durante tu camino. Si alguien en este tiempo te dice que no puedes hacer eso que tanto anhelas, dite a ti mismo que eso no es asunto tuyo; ya que todo el mundo tiene derecho a tener una opinión y realmente tú no puedes estar cambiando todas las opiniones ajenas una a una.

Mi misión con este libro es ayudarte, es darte más de por lo que has pagado, mi intención es aportarte más valor del que ahora piensas que vas a recibir. Este libro no es un libro para pasar el rato, es un libro para poner en práctica.

El mundo necesita de más personas que aporten soluciones, en lugar de que formen parte del problema.

Éste no es un libro al uso, es un libro que merece la pena leer y releer, cuando lo empieces entenderás el porqué. Tú, **MERECES SER FELIZ**, es tu propósito en la vida, pues no querrás morir con miles de sueños sin cumplir y sin una vida que merezca la pena ser contada ¿verdad? Yo tampoco lo quiero para mí. Miles de sueños nos esperan...

¡¡Vayamos por ellos!!

A partir de este momento vas a dejar de preocuparte, para pasar a ocuparte de tu vida.

No es necesario que para leer este libro estés pasando por dificultades, estés en el nivel que estés vas a subir más y más rápido; más rápido no significa mañana mismo, más rápido significa acelerar el proceso. Cuánto lo aceleres, dependerá exclusivamente de ti.

Sin más, te deseo de todo corazón que extraigas las **píldoras de sabiduría** que otros nos han dejado y que lleves tu vida a su máximo nivel.

¡Tu éxito está esperándote!

Instrucciones del libro

LEE
PIENSA
SUBRAYA
ACTÚA

Puedes empezar a leer por cualquier capítulo

Lleva una libreta contigo para escribir tus píldoras de éxito

Reflexiona y pon en práctica las ideas

Prepárate porque ahora... comienza tu éxito

Muchas personas se encuentran buscando ese *algo más* que llene su vida. Pero por más cosas que pongan en su vida no serán más felices. Un bien material nunca les dará el cariño que les podrá dar una persona o el gozo de un sueño realizado. A lo largo de este libro descubrirás cómo construir una vida realmente satisfactoria hecha a tu medida, no a la mía, sino a la tuya.

Si necesitas encontrar ese *algo más* te mostraré el cómo adquirirlo, y ya te adelanto que no es material. **Sólo cuando has perdido algo en tu vida, te has percatado de que eso realmente no era tuyo sino que tan sólo lo estabas administrando temporalmente.** Muchas personas se aferran a los bienes materiales e intentan que éstos llenen el vacío de su alma.

No seas de esas personas que quedan bien y satisfacen más los deseos ajenos, que los propios.

Más adelante, te mostraré cómo se hacen realidad los sueños y cuál es el camino que otros siguieron para lograrlo, pero antes... Acepta tu pasado. Cuando aceptas una situación que terminó resultando francamente mal para ti, no es que te hayas convertido en un felpudo al que cualquiera pueda acudir a sacudirse el polvo, sino que simplemente dejas de resistirte a esa situación que te aporta lo mismo que una piedra dentro de tu zapato.

En el momento en el que aceptas tu pasado de alguna manera te vuelves más responsable de tu vida. Y es que RESPONS-(H)ABILIDAD es la **habilidad de saber dar respuesta a una situación.** Aún hay personas que prefieren decir sentirse victimas de un mundo que no pueden controlar. Y es cierto, el mundo no lo podrás controlar, pero lo que sí podrás controlar siempre es tu respuesta frente a las adversidades que se te presenten.

Si te paras en la orilla del mar y les dices a las olas: ¡deteneos! Éstas no se detendrán. En la vida, a veces, te ocurrirán situaciones que son como esas olas de mar; sucederán sin que puedas hacer nada. Simplemente, tendrás que dejarlas pasar. La vida continúa, nada la frena...

Que tampoco te frenen los miedos a que algo salga mal. Antes de que las adversidades se te presenten, haz como hace el ejército, que siempre guarda un plan para todas las situaciones: si el helicóptero no llega a recogernos, haremos "X"; si los oponentes nos superan en número, haremos "X"...

¿Qué plan tienes tú?

Deja de posponer las cosas para mañana. Hazlas cuando toque hacerlas. **Deja de posponer una llamada para cuando tengas tiempo, pues tristemente podrá llegar el día en el que tengas tiempo para llamar, pero no tengas a quien llamar.**

No dejes que nadie te limite, ni te diga para qué vales y para qué no. A las grandes personalidades que todos conocemos un día también les dijeron que no servían... Piensa en los casos de Paul McCartney y Elvis. A Paul, no le dejaron entrar en el coro de la catedral, pero es que a Elvis tampoco le dejaron formar parte del coro del colegio.

¿Quién es capaz de decirte si sirves o no?

Te voy a proporcionar todas las herramientas que te hagan invencible.

Si has llegado hasta aquí es porque quieres pasar de decir:

A ver que día tengo → A ver que día creo

No trates de hacer que todos vean la vida como tú la ves. Hay personas que piensan que el confeti es alegre y divertido; y hay quienes piensan que el confeti sólo sirve para ensuciar.

Durante tu camino en la vida, no dejes que nadie te engañe, sigue a las personas que hayan obtenido resultados en su vida. **Hasta una persona con un reloj parado te puede decir dos veces al día la hora correcta.**

Todo lo que vas a leer, no me lo creas, compruébalo.

> "Mientras, aquellos que creen saberlo todo, estarán bien equipados para un mundo que ya no existe"
>
> Eric Hoffer

En las siguientes páginas no voy a tratar de convencer a nadie de creer en algo, es imposible convencer a un escéptico que no quiere comprobar si lo que se dice es cierto, poniéndolo antes a prueba en su propia vida. No hay más ciego que el que se niega a ver. Lo que te muestro no es algo que yo haya descubierto, es un material altamente poderoso que ya conocían los grandes líderes de la historia. Líderes de la talla de Alejandro Magno o Benjamin Franklin.

Durante este libro aprenderás una gran premisa, tienes que creer para poder ver.

Aún recuerdo cuando estaba en el instituto y mi profesor de matemáticas contaba que si hubiese una máquina del tiempo con la que se pudiese retroceder hasta cuando su abuelo vivía, y le contasen todo lo que existe a día de hoy, quedaría incrédulo o le llamaría loco.

Si hace 100 años le dijesen a una persona que la leche se podría calentar en un aparato en menos de un minuto, que se puede ver y hablar en directo con una persona que está en la otra punta del mundo, que la ropa se puede lavar en un aparato en el que lo único que tienes que hacer es pulsarle un botón, que toda la información del mundo está a un click a través de un aparato que todos llevamos en el bolsillo... Lo más probable es que esa persona te dijese cabreada cuatro palabras malsonantes y te mándese bien lejos, pues se creería que le estás tomando el pelo.

Nadie puede cambiar las creencias de otra persona, sólo ella misma puede hacerlo.

Cualquier cosa de este libro que quieras recordar anótala. Si eres de los que no tienen buena memoria recordando, créate una en papel.

Pon en práctica de todo aquello que te proponga, aquello que creas que te puede beneficiar. **No seas de esos que dicen: *yo soy así y no puedo cambiar*. Mejor, dite: *estoy harto de que esto siga siendo así; así que yo decido ahora cómo van a ser las cosas...***

Quizá el largo plazo te parezca muy lejano. Hoy no podrás elegir dejar de tener esos 15 kilos que te sobran, pero sí podrás elegir empezar a hacer ejercicio hoy. Minuto a minuto, día tras día, mes tras mes, año tras año...así es como se construye tu vida.

Aquí comienza tu viaje...

Ya puedo ver cómo se abren las compuertas del éxito...

Fuera secretos...

Una oleada de conocimientos te espera en las siguientes páginas, espero que la disfrutes.

Parte 1
Leyes secretas del éxito

La ley de la atracción

Siempre había creído que existía una especie de secreto que sólo unos pocos a los que les iba bien en la vida sabían y por eso obtenían todo aquello que se proponían.

Me aferré a esa idea desde que tenía 16 años y me encantaba pasar horas y horas devorando libros de crecimiento personal. Siempre he buscado y buscado ese secreto, esa clave o fórmula. Hasta que un día llegó a mis manos: *La Ley de la Atracción*, a través de diferentes libros y del documental de Ronda Byrne, y toda mi vida cambió.

Me leí todos los libros de Ronda, vi su documental, empecé a leer libros del estilo tales como el Kybalion, en los que te enseñan las Leyes Universales que nos afectan a todos... Y desde entonces me he sentido atraída por más autores que dan gran importancia al mundo de la metafísica como Wyne Dyer, Napoleon Hill o Lain.

Descubrí que tan sólo somos capaces de percibir un porcentaje de 1 en 10 billones de todo lo que nos rodea... Lo que viene a ser casi nada, un 0,0035%. Por tanto, ¿no crees que hay mucho más que aún no conoces?

¿Has pensado que cada vez que coges el móvil ocurre algo increíble? Cuando buscas información por internet y la encuentras; realmente no conoces los fascinantes entresijos que ocurren para que esa información llegue a ti, sólo sabes que llega y te basta.

También, me parece algo increíble el hecho de que tengamos más vacío que materia en nuestro cuerpo, ¿esto lo sabías?

Según la física cuántica el 99% de las leyes que rigen el mundo son invisibles. Con lo que por mucho que se esfuercen nuestros sentidos: oído, vista, tacto... siempre se les escapará lo más importante.

La Ley de la Atracción es una ley que dice que aquello en lo que piensas se expande, pues emite una vibración que atrae aquello que vibra a esa misma frecuencia. Tanto si es algo positivo o negativo.

La Ley de la Atracción te permite crear de dentro (con tus pensamientos y emociones) a fuera la vida que deseas. Se atraen cosas, personas y situaciones en correspondencia a tu estado de conciencia. Para ello, deberás trabajar tus pensamientos y emociones.

Cuando dejas actuar la Ley de la Atracción y los 7 principios es como si pusieras a miles de abejas obreras a trabajar para ti.

A través de Eduardo Sánchez conocí la historia de los 7 principios. La historia cuenta que Alejandro Magno quería tener el conocimiento más selecto. Entonces, tras la conquista de Egipto, escuchó hablar de Hermes Trismegisto y mandó a su ejército a buscar su lápida pues dentro se hallaba un gran tesoro. Ese tesoro era la tabla esmeralda, mandó que copiaran la tabla, que después la escondieran y que ésta no se volviera a ver jamás. Ese misterio encontrado hizo que fuera un gran conquistador, pero murió demasiado joven y con él murió el conocimiento.

Más tarde, aparecieron los caballeros templarios que encontraron ese escrito. Ellos crearon los bancos, los cheques... en fin, grandes avances. Encontraron bajo el Templo de Salomón **los 7 principios que te demuestran que tú eres el arquitecto de tu destino. Algo realmente interesante y que todo el mundo debería conocer, pero que son pocos los que lo conocen.**

Yo te lo voy a revelar, para ello te voy a pedir que lo revises y que busques en tu vida los indicios que te demuestran que esto real. **No creas nada de lo que te diga, COMPRUÉBALO.** Es la única manera de que lo puedas interiorizar y saques de ello el máximo jugo de la vida.

Debes empezar a llevar la vida que mereces pero para ello has de poner de tu parte, si quieres estar dentro del juego de los ganadores debes aprender antes las reglas del juego, de lo contrario perderás la partida tan pronto como la empieces.

Aquí comienza tu éxito...

Voy a nombrarte los principios y poco a poco iré desvelándote en qué consiste cada uno de ellos, con ejemplos, para que los veas e identifiques claramente en tu vida. Los 7 principios que rigen el mundo son los siguientes:

- ★ Principio del Mentalismo.
- ★ Principio de Correspondencia.
- ★ Principio de Polaridad.
- ★ Principio de Vibración.
- ★ Principio del Ritmo.
- ★ Principio de Causa-efecto.
- ★ Principio de Generación.

Más adelante, los desarrollaré bien para que puedas entenderlos y **aplicarlos bien en tu vida, y digo aplicarlos BIEN porque ya los estás aplicando, con o sin conocimiento de causa.**

> "Cuando el discípulo está preparado aparece el maestro"
>
> Refrán hindú

No somos culpables de no poder controlar **todos** los pensamientos que generamos, ni siquiera aquellas personas más entrenadas son capaces de hacerlo. Pero ello, no nos quita la responsabilidad de nuestros resultados.

Si tuviéramos que diseñar unos pasos para aplicar la Ley de la Atracción de una forma sencilla, serían los siguientes:

Paso 1: Tener una buena programación mental acerca de lo que quieres atraer.

Pongamos un ejemplo:

- ★ Encontrar viajes a lugares lejanos es fácil y económico.

Paso 2: Crea una afirmación de lo que quieres conseguir en tiempo pasado.

La creas en pasado porque estás confiando en que el universo la atraerá a ti y que eso que quieres ya es tuyo, aunque en estos momentos haya una separación en el tiempo entre tú y el resultado. Sigamos con el ejemplo...

- ★ El viaje a Australia que he encontrado tiene el precio que yo tenía presupuestado.

En este paso es súper importante que confíes que aquello que pides ya es tuyo. Si tienes dudas, eso que tanto quieres no llegará a ti porque de alguna manera lo estarás bloqueando.

Paso 3: Genera emociones que se asocien con ese pensamiento.

Esto lo conseguirás mediante la visualización. Incluye detalles como: música que te ayude a crear el ambiente, olores como esencias...

- ★ Visualiza que **tienes** el billete en la mano, que vas a embarcar: vuelo a Australia. En este instante están empezando a **llamar** por los altavoces, llevas tu **maleta roja** contigo, te **sientes** feliz, estás **oliendo** el perfume que te compraste especialmente para ese viaje, suena tu **canción** favorita de fondo... Parece que, un sueño más se te ha hecho realidad...

Paso 4: Lleva acciones que te pongan en marcha hacia tu sueño.

- ★ Suscríbete a blogs de viajeros (pueden aportarte información de ofertas), ojea folletos de viaje, empieza a pedir presupuestos de viaje a diferentes agencias, busca vuelos poniendo diferentes fechas en los buscadores...

Con estas acciones demuestras que tienes la actitud adecuada para recibir aquello que se te va a dar.

Paso 5: Confía.

Para no crear potenciales excesivos, debes confiar en que tu pedido te llegará.

Si alguna vez has comprado unos zapatos por internet, supongo que habrás hecho el pedido y habrás esperado a que lleguen, sin más. No te habrás quedado pensando si en verdad en el almacén habían zapatos de tu talla, si estarían en buen estado, si el mensajero no se liaría con la dirección, si se le haría tarde... Nada de eso ¿Verdad?

Aquí ocurre lo mismo, **no te vas a preocupar del cómo, el pedido ya está hecho, llegará.**

"¿Sabes el problema
que hay en este mundo?
Todo el mundo quiere una solución mágica
para su problema, y todo el mundo se
niega a creer en la magia"

Lewis Carroll

Limitación de la ley de la atracción

La única limitación que tiene la Ley de la Atracción es que no puedes atraer a personas concretas. Si te gusta Pedro, no esperes que éste vaya a ser atraído, pues esta Ley no sirve para quitar libertad a las personas.

Pide encontrar a una persona con determinadas características y el Universo atraerá a alguien que las tenga y que busque a alguien como tú.

Rompiendo con las etiquetas

El nombre que le quieras dar a la energía superior, lo eliges tú. Durante estas páginas hablaremos de Universo. Pero puedes llamarle: inteligencia infinita, Dios, energía, ser supremo, poder creador... usa las palabras que te hagan sentir más cómodo.

El nombre no tiene nada que ver con la religión, este libro no habla de religión. Cuando te hablo de universo lo hago desde la dimensión espiritual.

Quiero aclarar que ser espiritual no equivale a ser religioso. De hecho, se puede ser muy espiritual y nada religioso.

Cuando te hable de fe, me refiero a creer en algo que no ves.

La puesta a prueba

Yo pertenezco al mundo de la ciencia, por lo tanto, las meras ideas me suenan genial, pero a mí no me sirven, yo necesito una prueba real de que funcionan y de que se cumplen.

Así que un buen día se me ocurrió poner en práctica aquello que había leído. Compré un diario y escribí las metas que tenía y que de cumplirlas me sentiría muy feliz. No escribí muchas, la verdad, fueron sólo 10, pero dije *esto es lo que quiero y voy a ponerme en acción para que el universo lo atraiga hacia mí.*

Como has podido leer **me puse en ACCIÓN, pues yo pienso que puedes atraer a tu vida todo lo que quieras, pero siempre y cuando demuestres que de verdad lo quieres.**

Te pondré un ejemplo... yo puedo desear tener un trabajo a jornada completa con un horario de mañanas fijas que me permita tener las tardes libres para invertirlas en mí. Pero si no salgo a buscarlo y me quedo esperando en casa a que suene el teléfono dudo mucho que se cumpla. Tengo que ponerme disponible en el mercado laboral y decir: *aquí estoy yo, esto es lo que quiero y no conformarme con menos por miedo a que eso no llegue a mi vida.*

Pues bien, éste es un ejemplo real de la segunda lista que creé cuando descubrí casualmente la primera lista durante una mudanza y comprobé que todos mis sueños se habían hecho realidad.

> "Contempla con ojos radiantes el mundo que te rodea, porque los mayores secretos se esconden siempre donde menos se piensa.
> Quien no cree en la magia, nunca la encontrará"
>
> Gustave Flaubert

Yo soy enfermera, y como podrás deducir la mayoría de los contratos que nos hacen son con turno rotatorio de mañanas, tardes y noches, incluyendo festivos y fines de semana. Algo que yo no quería para mí, parecía difícil y más en un momento de crisis laboral, donde habían más enfermeros con más antigüedad que yo aceptando trabajos a días sueltos y turnos rotatorios. Me preguntaban algunas personas que ¿dónde iba yo con tantas exigencias? **Yo lo tenía claro: a por mis objetivos.**

Por lo que conformarme con lo que me llegase no era una opción, me puse de lleno con la Ley de la Atracción. ¿Y qué crees? Por medio de dos amigas me llegaron dos contratos con esas condiciones en un margen de semanas. Me quedé con el que tenía un salario superior...

A partir de entonces, empecé ver la vida como un juego, y como todo juego que tiene sus reglas, yo las empecé a aprender y practicar.

Si eres como yo era, de los escépticos que necesitan ver para creer, **pon en práctica lo que te voy a desvelar y deja un margen de tiempo y observa qué ocurre.** Es fascinante.

No dejes que nadie te cuente las cosas, y sin más las interiorices, te ánimo a que todo lo que llegue a tu vida lo pongas a prueba.

Terminarás dándote cuenta de que somos como una enorme torre de transmisión de televisión, que consigue atraer diferentes canales, a través de diferentes frecuencias. No necesitas pararte a pensar cómo funcionan esas frecuencias, simplemente enciendes la televisión y confías en que funcionará. Si tú también confías en que si vibras en frecuencias elevadas atraerás cosas positivas, éstas también te ocurrirán.

La Ley de la Gravedad, tiene el mismo efecto, no sabemos el porqué funciona, pero tenemos clarísimo que si nos precipitamos desde un décimo piso caeremos al vacío, seamos o no buenas personas.

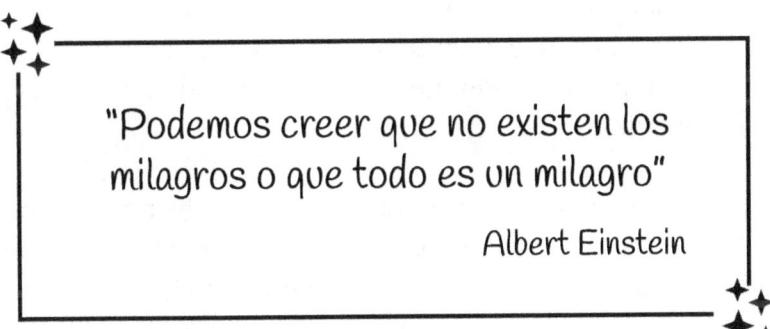

"Podemos creer que no existen los milagros o que todo es un milagro"

Albert Einstein

• •

Hay muchas cosas que no sabemos cómo funcionan, pero no por ello dejan de existir u ocurrir.

• •

Otro hecho por el que nos damos cuenta que nuestros sentidos no perciben todo lo que existe, es el descubrimiento del físico y químico neozelandés Ernest Ruthdenford.

Ernest, realizó un experimento y desveló cuál era la verdadera composición de un átomo. La comunidad científica se quedó conmocionada **cuando descubrió que en el interior del átomo lo que se encuentra en su mayor parte es vacío.** Imagina todo lo que aún se desconoce...

No limites tu visión de la vida a lo que se pueda demostrar hoy en día, te vas a privar de muchísimas cosas y rechazarás historias increíbles de personas que cuentan experiencias que la ciencia aún no ha podido demostrar, como curaciones espontáneas de enfermedades. Yo fui escéptica, pero cuando me abrí, vi un mundo de infinitas posibilidades.

Einstein, uno de los mejores científicos de la historia, escribió en su libro *Mi visión del mundo*: <<Al intentar llegar con nuestros medios limitados a los secretos de la naturaleza, encontramos que tras las relaciones causales discernibles queda algo sutil, intangible e inexplicable. Mi religión es

venerar esa fuerza que está más allá de lo que podemos comprender>>.

Bruce Lipton, que trabaja para la Facultad de Medicina de la Universidad de Wisconsin, concluyó algo que realmente me pareció fascinante y sorprendente, y es que **no somos fruto de nuestros genes, sino que nuestras creencias determinan nuestra biología.**

Pero tranquilo, hoy en día **los científicos también han descubierto que tenemos una enorme plasticidad cerebral y nuestras creencias actuales pueden ser cambiadas**, no son estáticas.

Así que no dejes de prestar atención a los pensamientos que te rondan por la cabeza, ya que ninguno está de paso y todos terminan dejando una huella en ti.

• •

No existe la suerte,

sino compruébalo tú mismo lanzando

trozos de madera al aire y a ver si una

de esas veces te cae una silla.

• •

Con nuestros pensamientos positivos ocurre lo mismo, aquello en lo que te centres será lo que se expanda y atraigas. Inconscientemente es lo que estás pidiendo.

Piensa que tomas más de 3.000 decisiones al día. Es lógico que todas no las puedes controlar, lo importante para saber si estás en buen o mal camino es ver cómo te estás sintiendo. Buenos pensamientos, generan buenas emociones.

Vas a pasar a ser una persona que empezará a creer para ver, y eso es lo alucinante ¿No crees? Harás como Walt Disney que soñó y vio su parque de atracciones primero en su mente un millón de veces y no paró hasta hacerlo realidad.

Walt Disney, encontró muchos desafíos porque por aquel entonces el concepto de parque de atracciones no existía y los bancos no querían proporcionarle crédito. No tenían claro que funcionase la idea de tener que pagar una entrada para subir a las atracciones. Era un concepto nuevo y lo nuevo siempre cuesta digerirlo.

Pero Walt, no paró hasta tener el crédito para montar su imperio y hoy en día todos contamos con un parque temático cerca, ya sea Disney o no, pues otros llegaron después para copiar la idea. Su idea triunfó. PRIMERO CREA EN TU MENTE, DESPUÉS EN TU REALIDAD.

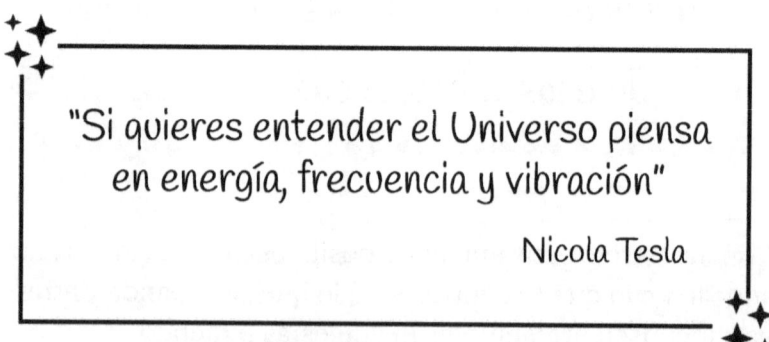

"Si quieres entender el Universo piensa en energía, frecuencia y vibración"

Nicola Tesla

Te pido que tengas la mente abierta y que no te limites diciéndote: *"esto ya lo sé"*. Más bien, observa si alguna vez lo pusiste en práctica. Todos saben que hacer 1 hora de ejercicio al día es beneficioso, pero ¿cuántos la practican?

Afortunadamente, hoy tenemos acceso a multitud de información, por lo que podemos crecer tan rápido como queramos en cualquier tema. Aunque la parte negativa de este suceso, es que **pasamos de una información a otra instantáneamente, no nos damos el tiempo de asimilar la información, probarla y ver si funciona. Queremos más y más.**

Vivimos en la época de lo exprés, lo rápido e inmediato.

Pero tú has aprendido que aquello que pongas en práctica, será aquello que aprendas realmente. Estudia y práctica aquello que te propongo porque si a otros ya les ha funcionado y les ha cambiado la vida: imagina qué podrás hacer tú.

Con este libro pretendo hacer lo que dijo Benjamin Disraeli: *"cuando necesito leer un libro, lo escribo"*. Este es un libro para ti, pero también para mí. Pues es un libro que voy a utilizar para releer y estudiar una y otra vez acerca de las cosas que sé que funcionan y no quiero que se me olviden JAMÁS.

Son ideas revolucionarias que una vez llegan a tu mente, ésta cambia y ya no vuelve a su estado original. Algo hace click. Vas a avanzar a un nivel increíble, ya lo verás.

Lo que te propongo que hagas es que automatices todas las cosas que quieras incorporar a tu vida, empieza a crear hábitos de pequeñas acciones que quieras incorporar a tu vida.

Es la única manera de lograr cambios, pues somos animales de costumbres. La mayoría del tiempo nos movemos en automático, de esta manera el cerebro ahorra energía: en la ducha, en la conducción, limpiando la casa...

A veces asusta, pero es así. Así que hoy te propongo tomar conciencia y dejar de llevar una vida "ordinaria" para llevar una vida "extraordinaria". Lleva la vida que desees. Puedes alcanzarla.

Hagámoslo...

Para empezar te voy a dar una herramienta práctica para tu día a día. Estarás de acuerdo en que a todos nos gustan las recompensas desde bien pequeños, el ver el trabajo bien hecho nos hace sentir orgullosos. Te propongo una herramienta para que te sientas orgulloso de tus avances y te sigas motivando a ir a más cada día.

No te puedo asegurar los tiempos que necesitarás para incorporar un hábito a tu vida. Pues siempre se ha dicho que son 21 días, pero luego han pasado otros autores a decir que mejor 60 días.

Así que yo te propongo: EL TIEMPO QUE NECESITES. ¿Qué más da? Nadie nos dijo: aprende a montar en bicicleta en 35 días y si no lo consigues desiste, simplemente lo hicimos sin parar hasta que lo conseguimos. Con esto igual.

¿Te apetece que vayamos por la idea?¿Sí? Pues al ataque...

> Escoge una libreta, mejor si es cuadriculada, pues los cuadritos te facilitarán la tarea. Escribe en el margen de la izquierda las acciones a implementar, empieza por pocas, y conforme las incorpores en tu vida, añade más. Y en el margen superior derecho pones los días de la semana.
>
> Cada vez que hagas una acción propuesta ese día: marcas la casilla. Tu Habit Tracker, como se le conoce a este método, debe acabar esa semana completamente tachado, lo cual significará que esa semana has logrado implementar el hábito.

★ Te daré un ejemplo:

ACCIÓN	L	M	X	J	V	S	D
Leer 20 minutos	X	X	X	X	X	X	X
Ejercicio 30 minutos	X	X	X	X	X	X	X
Tomar vitaminas	X	X	X	X	X	X	X
Leer un cuento a mi hijo	X	X	X	X	X	X	X

Si te creas el tuyo con tus acciones diarias y empiezas a implementarlo desde hoy mismo, empezarás a ver cambios asombrosos en unas semanas. ¡PROMETIDO!

Te propongo que, de verás tomes nota de lo que te cuento, que hagas como en la universidad y vayas subrayando aquellas ideas que quieras destacar de este libro y que más tarde puedas releer, estudiarlas y practicarlas.

No leas por pasar el rato, lee buscando el cambio en ti, piensa en cada idea que te propongo, en cómo la puedes implementar en tu vida para crecer más y más.

Empieza a ser reactivo, no seas víctima de tus circunstancias, desarrolla una visión superior para tu vida. No seas sujeto pasivo, sé el SUJETO ACTIVO de la oración.

Sólo optas a dos opciones, no hay más:

● ●

★ Obtener resultados

★ Buscar excusas.

● ●

Voy a serte muy clara, sólo tu puedes descubrir los secretos del éxito y hacerlos tuyos o bien decirte que eso no es para ti, que quizá en otro momento. Pero... EL MOMENTO ES AHORA.

Si este libro ha llegado a ti es porque tienes algún área en tu vida que puede crecer muchísimo más, y depende de ti, buscar: RESULTADOS O EXCUSAS. O lo uno o lo otro. Y por tu bien, te aconsejo la primera opción.

Dostoyeski dijo una frase revolucionaria que quiero que examines y te des cuenta de que es lo que les pasa a la mayoría de las personas. *"La mejor manera de que un prisionero no escape, es asegurarse de que nunca sepa que está en prisión".*

Muchos viven vidas mediocres, que no les gustan, que les hacen sentir insatisfechos, viven en sus propias prisiones sin saberlo, sin saber que haciendo unos cambios pueden saltar el muro de su prisión; y conseguir vivir en la libertad que hay al otro lado del muro, la que otros ya están viviendo.

Crea un COMPROMISO FIRME HOY MISMO CONTIGO, **lo que te digas que vas a hacer, hazlo. Sé persona de palabra, cumple contigo mismo.** Si lo haces cada vez confiarás más en ti. Conviértete en líder de tu vida y no dejes que nadie te diga jamás que hacer con ella, es lo único que tienes en propiedad que nadie te podrá arrebatar: ni casas, ni coches, ni pasaportes… TU VIDA.

Para abrir las puertas de tu paraíso, antes deberás cerrar las puertas de tu pasado. Da las gracias a las cosas tanto positivas como negativas que te trajeron aquí, pues gracias a ellas hoy estás dispuesto a ir tras el cambio que TE MERECES.

Ahora, te voy a contar los pasos que el Universo sigue para brindarte aquello que estás deseando. Es muy imprescindible seguirlos todos, sólo son tres, son simples, pero es precisamente por su simpleza por lo que la mayoría tienden a saltárselos o a desconfiar.

Veámoslos...

Paso 1: Pide

Tienes que escribir en una libreta aquello que quieres, debe estar en presente o pasado, tal como si ya lo hubieses recibido, explica muy bien que es lo que has obtenido. "Gracias por esta preciosa casa a orillas del mar que se encuentra en..."

Paso 2: Confía

Una vez que ya lo has pedido, debes actuar como si ya lo hubieses obtenido porque en realidad así es, lo que ocurre es que hay una brecha temporal hasta que lo recibes. Te encuentras viviendo ese momento en el cual no sabes cuando llegará tu pedido. En cambio, si tus pensamientos mantienen la idea de que aún no lo tienes, será eso lo que atraigas.

Paso 3: Recibe

Debes estar abierto a que te lleguen las cosas. Debes trabajar en esa dirección, pues será más fácil atraerlo.

> "Da el primer paso con fe. No tienes porqué ver toda la escalera. Basta con que subas el primer peldaño"
>
> Martin Luther King

Recuerda que cuando confías, tienes expectativas de que algo bueno está por pasar, en cambio cuando tienes miedo las expectativas son acerca de lo malo que va a suceder.

Lo que te acabo de contar espero que te haga ser más consciente de en qué tipos de pensamientos te encuentras vibrando y si necesitas cambiarlos de inmediato o no.

Cuando tomas conciencia de todo esto, ya no te quedas atrapado en el fango. Sabes que las palabras: SOY ASÍ, ya no tienen cabida en tu vida. **Lo que eres en el presente, es lo que has estado atrayendo a tu vida con tus pensamientos pasados. Es tu resultado.**

> "Todo lo que somos es el resultado de lo que hemos pensado"
>
> Buda

Si te fijas en las personas que han logrado grandes éxitos descubrirás que no sabían cómo lo iban a hacer. Sólo sabían que lo iban a hacer. Tenían únicamente asegurada su confianza, el resto iría llegando.

Los pequeños cambios que vas a ir descubriendo, quizá sueltos te parezcan poco, pero piensa en todos ellos en conjunto y en el resultado que te darán dentro de un tiempo.

¡Qué gran cambio de vida podrás obtener! Si un avión modifica tan sólo un grado su trayectoria, éste podrá acabar en un lugar muy, muy alejado del que tenía al principio marcado. Lo mismo te sucederá a ti.

"La buena noticia es que cuando decidas que lo que sabes es más importante que lo que te han enseñado a creer, habrás cambiado de velocidad en la búsqueda de la abundancia. El éxito viene de tu interior, no de fuera"

Ralph Waldo Emerson

La Ley de la Atracción es el nexo de unión de los 7 Principios Universales de los que te voy a hablar. Estos son los 7 Principios Herméticos que forman parte de las enseñanzas de Hermes, el grandioso maestro egipcio. Ellos te abrirán las puertas al mundo invisible.

Espero que lo disfrutes.

Comenzamos...

Principio del mentalismo

Este principio nos dice que aquello en lo que te concentras se expande. Por tanto, todo aquello en lo que tanto piensas, se acabará manifestando.

Por esta razón es tan importante ver cómo nos hacen sentir nuestros pensamientos, para saber si estamos en el camino correcto o no.

Voy a ponerte un ejemplo para que lo veas más claro.

- ★ Imagina que has pensado en comprarte un modelo de coche. Pongamos un Audi A1 Blanco. A partir del momento en el que tomas la decisión de comprarte un Audi A1 blanco, no dejas de ver ese coche por todos lados. Y déjame decirte que porque tú tomaras la decisión de comprarlo no se ha puesto más de moda el coche. Simplemente, te estás enfocando más en todo lo que tiene que ver con él.

Lo mismo habrás vivido si te has casado, seguro que te parecía que ese año se casaba todo el mundo. Con un embarazo ocurre más de lo mismo. El que está buscando oportunidades, finalmente las encuentra.

En ciencias, lo conocemos como **S.A.R.** (Sistema de Activación Reticular), a modo de resumen te diré que **es una red de conducción nerviosa por la que se filtran todos los estímulos que** recibes del exterior (visuales, olfativos, auditivos...), es decir, **acabas percibiendo en base a tus filtros o intereses.**

Voy a hablarte un poco más sobre este tema tan interesante en el siguiente apartado...

S.A.R. (Sistema de activación reticular)

Nuestro S.A.R. se encuentra en una región amplia de nuestro cerebro, es el encargado de filtrar todos los estímulos que nos llegan, deja los que cree que pueden tener interés en ese momento para nuestra parte consciente y son más relevantes.

• •

El S.A.R. es tu GOOGLE biológico, filtra todo lo que hay en el entorno y te muestra aquello que le has pedido inconscientemente encontrar.

• •

Imagina lo que podrías atraer si sólo pensaras en abundancia económica, en un nuevo trabajo, en conocer personas maravillosas... El límite lo pones tú.

Y aquí va la reflexión: ¿Has pensado que esto es tanto para lo bueno como para lo malo?

Seguro que alguna vez has pensado constantemente en que algo iba a salir mal y finalmente acabó sucediendo... Tras esto te dijiste: "*ves si ya lo decía yo que esto pasaría*"

¡Exacto! Ya te lo decías tú, no era intuición, era atracción, constantemente te acercabas a todas las situaciones que te llevaban a ese desenlace.

¿Qué hubiese pasado si tu mente hubiese pensado en positivo en aquel momento? Podrías haberte dicho: "*ya tenía yo la intuición de que iba a salir bien*".

Nunca jamás hables mal de ti: "*Que tonto soy*" porque atraerás cosas negativas a tu vida. Las Leyes del Universo actúan para todos por igual, tanto si lo que piensas que te va a pasar es bueno, como si es malo.

No hay verdades ocultas, siempre han estado ahí para los que han querido ver. Ahora tú las empiezas a ver, aprovecha el momento para ponerte la vida a tu favor.

Leyendo todo esto, ahora entenderás porque unos y otros reaccionamos de forma tan diferente ante una misma situación. Esto es así porque estamos percibiendo sólo aquello que nuestro S.A.R. nos deja ver.

Una vez conoces el funcionamiento del S.A.R. te apetece trastearlo, aprovecharte de él para que te muestre el camino hacia las metas que quieres lograr. ¿Te imaginas lo que te puede ayudar?

Vamos a exprimirlo...

Te invito a que, una vez tengas clara una meta, lo bombardees con esa información. Él percibirá lo importante que es para ti eso y te buscará información de manera inconsciente sin que te des cuenta. Habla continuamente del tema que te interese, busca información sobre ello, lee, ponte entrevistas, videos, películas... Bombardéate de información, que se note que eso es importante para ti.

Tu GPS interno empezará a trazar nuevas redes y conexiones hacia ello y te será más fácil andar el camino.

Denis Waitley, tomó el proceso de visualización del programa Apolo y lo instauró en el programa olímpico. Los resultados fueron espectaculares. Entrenaban a los atletas olímpicos para que realizaran su actuación mentalmente y les conectaban a un equipo de biofeedback. Comprobaron que se activaban los mismos músculos que cuando realizaban los ejercicios en la pista. Esto ocurría porque la mente no distingue entre lo mental y lo real.

Toma las riendas de tus pensamientos, y organízalos a tu interés, lleva a tu vida hacia donde quieras. Hasta que no sepas para qué has nacido, tu vida no tendrá sentido.

Dejemos de ser tan realistas, ¿crees que los hermanos Wright fueron realistas cuando en 1890 crearon el avión? Casi 400.000 kg en el aire flotando... Si hubiesen sido realistas yo no conocería las maravillas de los campos de hielo de Alaska a los cuales sólo puedes acceder a través de un helicóptero. Benditos irrealistas...

Si fracasas piensa que el fracaso contiene dentro la semilla del éxito. Aprende de los errores para poder avanzar. Nunca abandones tus sueños, sólo sigue las señales que te lleven hasta ellos.

El fracaso es una mentira. El fracaso realmente **no existe**, sólo existen los errores. Para aprender a comer, antes tiraste varias cucharadas al suelo. Para aprender a patinar, antes te caíste decenas de veces. Para aprender a dibujar, antes hiciste muchos garabatos.

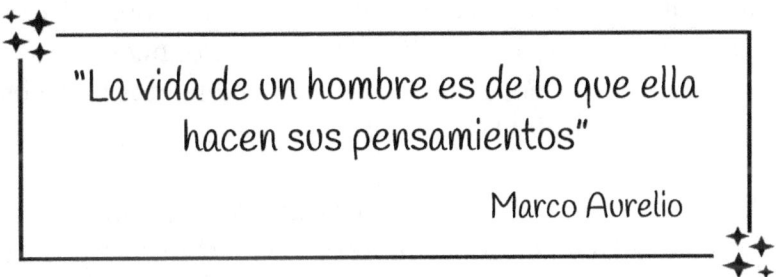

"La vida de un hombre es de lo que ella hacen sus pensamientos"

Marco Aurelio

Tienes ejemplos cada día ante tus ojos, pero sólo los verás si tienes hambre de curiosidad por saber qué cosas ocurren en el Universo.

El mundo tiene millones de ejemplos que te ponen de manifiesto estas leyes, estoy segura de que conoces algún ejemplo parecido al que te voy a poner...

Dos personas de 75 años:

- ★ Una que se resigna a vivir en casa y a salir a la tienda a por las cosas básicas para sobrevivir, pues presiente que su final esta cerca.

- ★ Otra que con 75 años empezó a caminar a diario hace un año y luego ha pasado a correr. Sale cada mañana a correr para llenarse de energía para el día cargado de actividades que le espera.

Dos ejemplos, de como la mente puede hacer que un hecho (tener 75 años) sea visto como una oportunidad o como una debilidad.

La mentalidad puede cambiarlo todo, no hay porqué irse a los extremos de la vida. Yo lo veo a diario, mientras escribo este libro trabajo haciendo reconocimientos médicos a personas de todas las edades.

Un día pueden pasar por mi consulta dos personas de la misma edad, de la misma empresa y para el mismo puesto de trabajo pero que sean completamente diferentes:

- ★ Una transmite energía y vitalidad.

- ★ Otra, transmite pesimismo y el mundo le parece un infierno.

Si yo te viese hoy, ¿en qué grupo estarías? Tus pensamientos son la clave, RECUÉRDALO SIEMPRE.

> "Cuestionar nuestras más arraigadas creencias requiere de mucho coraje porque implica aceptar que hemos podido estar equivocados toda la vida"
>
> David Fischman

Cambia tus creencias negativas por positivas. **¿Sabes cómo se forman las creencias?**

Más sencillo de lo que piensas: POR REPETICIÓN.

Si a un niño que nace y tiene una mente limpia y pura, le empiezo a machacar con que es un torpe, con que siempre que coge un vaso lo derrama, que cuando juega al fútbol siempre se tropieza, que cuando pinta un dibujo siempre se sale de los márgenes... **Le estaré dando múltiples razones repetidamente para creer que definitivamente es un torpe.** Crecerá pensando que es así desde que nació. Ya de adulto deberá cambiar conscientemente esa creencia para que su autoestima esté tan sana como se merece.

Es por eso, que lo que le decimos a nuestros hijos puede determinar la trayectoria de su vida, a no ser que éstos cambien sus creencias limitantes.

Los que hemos estudiado ciencias, sabemos que las creencias dan un juego increíble. De hecho, gracias a creencias como creer que el hecho de tomar un fármaco te va a sanar, se han hecho múltiples estudios en los que se pretendía verificar si un fármaco nuevo funcionaba o no.

El método es sencillo de explicar, se obtienen dos grupos de voluntarios que no saben si están tomando la pastilla efectiva o la placebo (una pastilla libre de fármaco). A un grupo se le da el fármaco a estudio que pretende paliar un síntoma "X" y al otro se le da el placebo.

Tras un tiempo tomando esas pastillas. Muchos del grupo del fármaco nuevo dicen mejorar del síntoma "X", pero lo más curioso es que también mejoran algunos de los que toman el placebo, ellos tienen la convicción de que desde que empezaron a tomar la pastilla sufrieron una gran mejoría. La mente les está condicionando a creer que es cierto lo que ellos están pensando: el fármaco funciona.

Y para muestra un botón: te voy a contar una historia acerca de lo fuertes que pueden llegar a ser nuestras creencias y de lo que pueden hacer con nosotros y nuestra vida.

Atento...

Clifton Meador, contó la historia que le ocurrió con un paciente al que le diagnosticaron cáncer de esófago. Por entonces, ese cáncer se consideraba letal y no había nada que hacer. A las tres semanas de contarle el diagnóstico, el paciente murió. Lo alucinante fue que al hacerle la autopsia no tenía cáncer. Entonces, ¿de qué murió? ¿murió porque su mente le dijo que iba a morir?

Lo que las personas creemos es más importante que la verdadera realidad del mundo. Cada uno vive su propia realidad. ¿Cuál es la real? Nunca lo sabremos, pues acerca de la misma dos personas ven lo opuesto.

Muchos han logrado llevar unas vidas excelentes gracias al conocimiento de estas Leyes. Ahora que tú también lo sabes, ¿qué harás al respecto?

Otro punto que debes de tener en cuenta es la forma en la que te expresas, lo más seguro es que debas cambiarla radicalmente, pues **tendemos a usar más palabras negativas que positivas, casi el doble.**

Se dice que la epidemia NO QUIERO es lo peor que nos pasa a las personas, puesto que sin darnos cuenta estamos atrayendo aquello que decimos que rechazamos. DEBEMOS CAMBIAR LA FRASE A POSITIVO.

Me explico...

NO pienses en Brad Pitt.

No me digas que has pensado en él... Si te dije que no pensarás en él, es más te lo puse en mayúscula y te lo subraye. Tranquilo, sabía que iba a ocurrir, por eso lo hice.

La mente se salta la palabra NO y directamente pasa al verbo de acción, y finalmente eso es lo que atrae.

Pongamos ejemplos de frases negativas versus lo que atraemos:

- ★ No quiero retrasos por el tráfico → Quiero retrasos por el tráfico.

- ★ No quiero resfriarme → Quiero resfriarme.

- ★ No quiero engordar más → Quiero engordar más.

Bob Proctor, nos anima a pensar en lo siguiente, **el hecho de que no sepas cómo funciona la La Ley de la Atracción no debe hacer que la rechaces. Tampoco conoces cómo funciona la electricidad y te beneficias de ella, pues la utilizas a diario para calentar la leche.**

Soy consciente de que es imposible controlar todos tus pensamientos. Los científicos afirman que tenemos unos 60.000 pensamientos al día.

Sé que piensas que es una locura controlarlos todos. Pero, ¿sabes que existe una manera realmente simple de saber si estás teniendo pensamientos positivos o negativos?

Vas a conocer cómo...

Puedes saber si estás teniendo buenos o malos pensamientos a partir de tus sentimientos. Si te estás sintiendo bien, debes seguir en esa línea, son pensamientos positivos, de lo contrario ACTÚA y cambia.

Pregúntate varias veces al día cómo te sientes y notarás cambios espectaculares... HABRÁS PASADO A CONTROLAR TU DESTINO.

Ten en cuenta que es imposible tener buenos pensamientos y sentirte mal a la vez, pues estarías yendo en contra de la Ley. Es un mecanismo de retroalimentación reflejado en los sentimientos.

Cuando mantienes un pensamiento durante un tiempo, estás enviando esa frecuencia al Universo y como un imán atraes magnéticamente vibraciones similares.

Seguro que te has levantado un día en el que empezaste a tener en mente algún pensamiento negativo, lo mantuviste y a las horas no sabías porqué pero empaste a sentirte mal. Comenzaron a pasar cosas desagradables en tu día, una tras otra, hasta que te acostaste por la noche. Lo que estuviste haciendo fue poner a actuar la *Ley de la Atracción*, pero esta vez en tu perjuicio.

Bob Proctor, nos anima a cambiar nuestro estado de ánimo en un instante siempre que queramos. ¿Cómo? Pensando en algo hermoso. Si tienes un perro piensa en él y en su amor incondicional, pon música alegre y canta, piensa en un acontecimiento ocurrido o que esté por ocurrir y que te haga sentir bien. Retén esos pensamientos. Te sorprenderás de que en poco tiempo empezarás a sentirte mejor. **La**

mente no puede atender a un pensamiento bueno y a otro malo a la vez, debe decantarse.

Avancemos un poco más...

¿Cuáles son las palabras limitantes que las personas exitosas no pronuncian jamás? ¿Quieres saberlas?

Yo también sentí esa curiosidad y de inmediato te animo que empieces a darte un alto mental cada vez que las digas. Hazlo hasta que logres eliminarlas por completo de tus conversaciones.

Vamos a por ellas...

De las personas exitosas **nunca escucharas salir un "*debería*", "*y si...*", "*no puedo*" o "*intentar*"**. Ellas han cambiado su diccionario mental radicalmente por palabras que las empoderan y las llevan a la acción:

- ★ Debería → Voy a
- ★ No puedo → Sí puedo
- ★ Y si → Directamente va fuera, no hay especulaciones.
- ★ Intentaré → Haré

Y en el caso de querer mantener los "Y si..." úsalos de forma positiva.

Te mostraré algunos ejemplos...

- ¿Y si este libro puede cambiarme la vida?
- ¿Y si en ese viaje encuentro un gran amor?
- ¿Y si ese nuevo proyecto me hace disfrutar más?
- ¿Y si resulta que cambiar de trabajo me hace reflexionar sobre lo que quiero en mi vida?

Detén de inmediato todos los pensamientos, imágenes o creencias negativas que lleguen a tu mente. Si te llegan por medio de un podcast, video o televisión, salta de inmediato de allí. **Si alguien te limita acerca de algo que deseas por medio de una conversación, termínala educadamente lo antes posible.**

> "Cualquier hombre hoy es resultado de los pensamientos que tuvo ayer"
>
> Napoleon Hill

Nútrete de buenos pensamientos, pues son el alimento que das a tu mente, si quieres tenerla sana tendrás que cuidarla, al igual que cuidas tu cuerpo.

Es fácil leerlo, lo difícil es ponerlo en práctica a diario y mantenerlo después de varios meses. Por eso, te recomiendo que subrayes las ideas principales y después de un tiempo vuelvas al libro a releerlas y compruebes si sigues por el camino correcto.

Imagina que eres director de cine y que estás rodando una película. En este caso te dejo elegir el título a ti, pues tú vas a ser el protagonista también.

Ponle un título que transmita pasión, que tenga gancho, que haga que yo quiera ir a verla... La mía se llama: *"Comienza tu éxito"* y está protagonizada por mí. Yo escojo el reparto, y te adelanto que sólo tienen papeles principales aquellos que siento que merecen estar cerca mía. Los escenarios también escógelos, dónde quieres estar, con quién vives, en qué trabajas, cuánto dinero tienes... Es tu película, tú escoges todo. Hazla a lo grande.

No es fantasía es realidad, créala y ve tu película constantemente. Piensa que inconscientemente, este truco lo han usado sin pretenderlo los que dicen repetidamente una mentira, hasta tal punto que acaban por creérsela y sentir que es real.

De tanto pensar en esa película inventada, su cerebro ha creado nuevas conexiones neuronales que les ha hecho aceptarla como real. Pues bien, tú también puedes crear nuevas conexiones neuronales que hagan que eso en lo que tanto piensas sientas que es real. Serás un IMÁN PARA TUS SUEÑOS. **Recuerda que aquello en lo que te enfocas, se expande.**

Tener claro tu propósito es tan necesario en tu vida que de no tenerlo te sentirás conduciendo por una carretera llena de niebla, cuesta abajo y sin frenos. ¿Dónde vas a ir a parar? Yo no lo sé, pero es que tú tampoco...

No seas uno más de los que simplemente van solucionando problemas según les llegan, está bien para imprevistos, pero no como una forma de vida. TOMA LAS RIENDAS. Muchos llegan del trabajo cansados, encienden la televisión y pasan el resto de la noche viendo la vida de otros, a través de las redes sociales, y no cambian nada. Cada año se hacen más viejos sin darse cuenta que no han conseguido nada que les merezca la pena.

Ten tu mapa de viaje bien definido, determina en cada tramo de vida por dónde quieres ir y si en algún momento hay un tramo en obras, busca una ruta alternativa, siempre hay una para ti.

Tu máxima debe ser PERTENECER al 3% DE LA POBLACIÓN.

Un estudio que realizó la Universidad de Harvard desveló datos asombrosos. Sólo un 3% de sus estudiantes tenían sus metas por escrito. Un 13% las tenían, pero no por escrito. Y un 84% no establecieron metas vitales. Tras diez años se volvieron a encontrar con los alumnos, y descubrieron algo alucinante: **el 13% de los alumnos con metas no escritas ganaban el doble de los que no tenían metas** (el 84%). Y lo más asombroso fue que el 3% de los que tenían metas escritas ganaban diez veces más que el resto.

Una demostración de cuán importantes son las metas en nuestras vidas, espero que esto te ponga en marcha y te haga definir cuáles son las tuyas.

Y es que si no tienes metas, ¿cómo sabes hacia dónde debes dirigirte? Yo te lo diré, no lo sabrás e irás hacia donde el viento te lleve.

Te propongo escribir tus metas ahora mismo si aún no las tienes. Te digo ahora mismo porque sé que nunca es un buen momento y siempre lo vamos dejando. Si eres de los que las tiene, enhorabuena, aún así te invito a que las revises:

• •

★ Pondrás en orden tus pensamientos.

★ Obtendrás actividades o acciones precisas que deberás seguir.

★ Sabrás hacia dónde te diriges, y podrás tomar decisiones más acertadas.

★ Tu S.A.R. (Sistema de Activación Reticular) se pondrá a trabajar para llevarte hacia ellas.

★ Tu entorno verá hacia dónde te diriges y podrá apoyarte.

NUNCA DEJES NADA SIN ACABAR. Debes llegar hasta el final, pues ir acumulando tareas sin terminar hace que te sientas incompetente. Te hace sentir incapaz de lograr nada y que cada vez quieras trabajar menos en nuevos proyectos.

No pospongas las cosas, irás acumulando ansiedad, pues sabes qué es lo que tienes hacer y no lo estás haciendo. Remángate las mangas y mójate los brazos, VE A POR TODAS.

Cuando yo tengo que arrancar un proyecto nuevo, sé que tengo que invertir mucha energía al principio hasta que llegue a ese punto conocido como MOMENTUM o FLOW o FLUIR donde las cosas funcionan por inercia. Hasta entonces vivo en el momento del DESPEGUE DEL COHETE.

Como ya sabes tanto un cohete como un avión requieren gastar muchísima energía (combustible) en el despegue, pero una vez que se estabilizan apenas lo consumen.

Esto mismo aplica para nosotros, cualquier actividad que te propongas empezar, en sus inicios te será muy tediosa, pero después de un tiempo apenas consumirá tus energías.

> "Somos lo que hacemos repetidamente, por eso el mérito no está en la acción sino en el hábito"
>
> Aristóteles

Comienza desde tu interior

Todo lo que quieras lograr en tu exterior primero has de comenzarlo en tu interior. Lo vemos cada día en la naturaleza. Un árbol empieza siendo una pequeña semilla que queda enterrada en la tierra; durante un tiempo a ésta no se la ve. Va pasando el tiempo y esa semilla va creciendo y echando raíces. Se va convirtiendo en un palito delgaducho y con el paso del tiempo si está bien alimentado, el palito llegará a ser un árbol frondoso.

Lo mismo ocurre contigo, cualquier acción, pensamiento o creencia, empezará en ti como una pequeña semilla que apenas apreciarás, hasta que un día se habrá convertido en acciones tangibles visibles para el mundo entero.

Este libro sigue el mismo proceso, todo empezó como una idea, que se convirtió en una página, luego en otra, luego en decenas hasta llegar a completar el libro que hoy sostienes en tus manos. **Pero todo empezó por una idea y una página en blanco.**

Principio de correspondencia

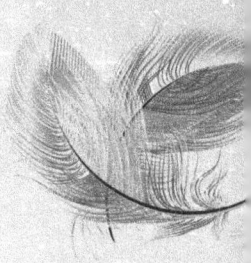

Lo que hay en tu interior se refleja en tu exterior. Somos un reflejo de lo que pensamos y sentimos.

Si no hay abundancia en tu interior, tampoco la habrá en tu exterior. Los similares se atraen, por eso los listos van con listos, los skeaters van con skeaters, los deportistas van con deportistas...

Ahora te voy a exponer 4 claves importantísimas:

★ <u>En una mente de carencia nunca va a haber abundancia.</u> Es importante que tengas en cuenta acerca de qué piensas la mayoría del tiempo.

★ <u>Las personas que tienes a tu alrededor son un reflejo de lo que eres.</u> Se dice que somos un sumatorio de las cinco personas con las que más tiempo pasamos. Y más aún de esa con la que pasas todo el día...

> ★ Enfoca tu mente para valorarte. Ten claro que debes gustarte porque <u>si tú no te gustas, ¿a quién vas a gustar?</u>
>
> ★ <u>Empieza por agradecer lo que tienes,</u> si te puedes duchar con agua caliente, piensa que realmente eres muy afortunado, pues te encuentras en el 2% de la población que puede hacerlo cada día.

Te invito a que conozcas las leyes que rigen el universo cuanto antes para poder ponerlas en práctica y atraer todo lo que desees. No se trata de usarlas (pues las usas aunque no seas consciente), sino de saber utilizarlas bien porque como ya te he comentado van a funcionar a tu favor o en tu perjuicio.

Espero que las escoja cada día de manera consciente.

Cuánto más lo creas y más claro lo veas en tu mente, antes vas a poder materializar estas Leyes. **Cuando alguien te dice que no cree que vaya a pasar "X" lo que en verdad te esta diciendo es que no va a crear las circunstancias para que eso ocurra.** Fíjate en que cambio de pensamiento te estoy haciendo, ¿te das cuenta?

Eres capaz de lograr mucho más de lo que piensas. Si hay algo que en tu vida no funciona bien, es tan sólo un síntoma de lo que hay detrás.

Una relación no se rompe de un día para otro. En el interior de esa relación ya habían conflictos sin resolver que sólo si eres valiente y te sientas a buscarlos encontrarás. Si lo haces a tiempo, quizá puedas salvar la relación o la acabes antes si lo que encuentras no te está gustando.

En metafísica se conoce como lo que ES ARRIBA, ES ABAJO. Aquello en lo que te concentras, se manifiesta. Toda tu energía irá dirigida allí como un láser.

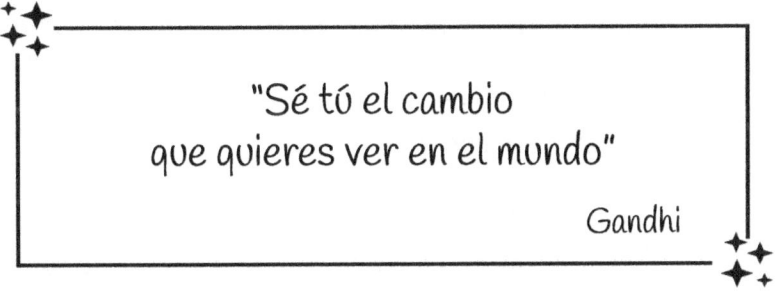

"Sé tú el cambio que quieres ver en el mundo"

Gandhi

Y así creas todo en tu vida: tus relaciones, tu economía e incluso tu forma de responder a las circunstancias que el mundo te presenta.

Cuando tengas un sueño, y decretes que realmente lo quieres, deberás actuar como si ya lo hubieses conseguido. COMO ES ARRIBA, ES ABAJO. Tardará un tiempo en manifestarse, si actúas como si ya lo tuvieras, más pronto que tarde acabará manifestándose en tu vida.

Es de vital importancia que para crear una nueva realidad te alejes de tus pensamientos y creencias actuales. Escoge creencias y pensamientos que te acerquen a tu esencia. **Tu vida actual es un reflejo de tu pasado**, no hagas como la mayoría que se centra en lo que tiene, en lugar de centrarse en lo que quiere. ELIGE:

Pasado o futuro

Todos nos encontramos en el maravilloso buffet libre de la vida, donde hay abundancia de todo y puedes escoger aquello que quieres. Cada comensal hace sus elecciones:

- ★ Unos ven algo que les gusta pero no lo echan al plato.

- ★ Otros lo echan pero no se lo comen, pues se han llenado con otras cosas.

- ★ Otros pocos a los que les gusta, lo echan al plato y se lo comen lo primero. El resto que han echado, después ya se lo comerán si tienen hambre.

Ve a tu buffet, escoge aquello que es tu prioridad y devóralo lo primero, el resto de ocupaciones deberán estar en ordenes inferiores dentro de tu vida.

Visualización

Ahora que ya sabes qué es lo que quieres, deberás mentalizarte con ello para que pronto lo puedas atraer a tu realidad. De nada sirve pensar por pensar, hay que ser como un rayo láser y saber hacer visualizaciones efectivas.

A continuación, vas a descubrir cómo hacerlas:

- ★ Visualízate como el protagonista.
- ★ Visualiza a otras personas que conozcas dentro de ella para que ésta sea más real.
- ★ Visualízate en pasado como si estuvieses viendo algo que ya sucedió.
- ★ Experimenta qué sientes en ese momento, una vez que ya lo conseguiste.
- ★ Usa alguna esencia, una vela aromática o un perfume que te ancle a ese momento.
- ★ Visualízalo por la mañana al levantarte, durante tu día y antes de dormir.

Empezarás a sentir la vibración de esa meta, y te irás encaminando a ella sin darte cuenta. **Como es arriba, es abajo.**

Al igual que ejercitas tu cuerpo, deberás ejercitar tu mente con este ejercicio. Dedica al menos 10 o 15 minutos a trabajar tu mente. **Recuerda que tu pasado no define tu futuro, lo define lo que eliges hoy.**

¿Qué has elegido hoy para ti?

Principio de polaridad

La vida siempre tiene dos opuestos: TÚ ELIGES EN QUE LADO ESTAR. Cada día te encuentras con cientos de elecciones que tomar: ser optimista o pesimista, hacer ejercicio o quedarte tumbado en el sofá, tener buen humor o mal humor, ser un quejica o ser resolutivo...

Excusas o resultados

Un ejemplo serían el amor y el miedo, ambos son polos de una misma cosa.

• •

★ <u>Amor es el máximo grado:</u>

emite una vibración alta.

★ <u>Miedo es el bajo grado del amor:</u>

emite bajas vibraciones.

• •

Otro ejemplo sería un cuchillo. ¿Es bueno o malo? La respuesta es que dependerá del uso que se le de. Si está en manos de un cocinero será bueno porque le dará de comer a las personas. Pero si se le da a un asesino será malo porque matará. Dependiendo del uso que se le de a un mismo objeto, todo cambia.

Quizá estés teniendo un mal día pero si sigues estos principios podrás polarizarte rápidamente a lo opuesto. Piensa en una pila con otra, los polos opuestos se atraen rápidamente. ¿Verdad? Opta por lo mismo. Pasa del mal humor al buen humor.

"Piensa en lo peor que te podría suceder y después da las gracias a Dios por lo bien que estás"

Dale Carnegie

Cuando tengas un problema intenta verlo desde la distancia, como si fuese un amigo el que te lo estuviese contando. Podrás empezar a verlo con otro significado e importancia.

No te estanques en lo negativo, avanza, la vida es cambio y evolución constante, todo lo que no lo está haciendo está muriendo.

La palabra **fracaso, no tiene cabida en tu vocabulario**. Los fracasos simplemente son resultados negativos inesperados, aunque a mí **me gusta más llamarlos errores**; que incluso planificando la táctica de nuevo y poniendo en práctica lo que ahora ya sabes, puedes revertir.

Una crisis no es más que una llamada a la evolución, al avance. Hay quienes se resignan a ella y piensan que no hay nada que hacer, no se dan cuenta que puede ser una bendición camuflada. Sus creencias limitantes no les dejan ver.

Haz las cosas maravillosas que te hagan sentir bien. BASTA DE VIVIR A MEDIAS TINTAS. Vive a lo grande.

Te voy a contar el principio que ya han seguido las grandes empresas y con el que consiguen mantenerse en el pódium año tras año.

¿Qué te parece poder aplicarlo en tu vida?

¿Te apetece saberlo?

Allá vamos...

Te dices que quieres estar en el punto "Z" pero aún te encuentras en la letra "D". Vaya... aún te queda bastante abecedario por recorrer.

¿Cómo llegas? Respondiendo a la siguiente pregunta... ¿Cómo te comes a un elefante? De bocado en bocado. Con tus sueños ocurre lo mismo, suceden objetivo tras objetivo cumplido.

No desesperes, pues te garantizo que vas a ir encontrando tu camino cuando te dejes fluir. Si aplicas estos principios todo irá mucho más rápido. No pierdas la fe.

Como ejemplo del principio de polaridad me encanta contar la historia de Confucio. Dicen que Confucio fue llamado por un emperador chino que quería regalar una medalla a su hija para que cuando ella estuviese feliz la mirase y ésta la hiciese sentir aún mejor, pero que cuando estuviese triste también la mirase y la hiciese sentir bien. A parte del gran reto propuesto, había un desafío más y es que en la medalla sólo cabían tres palabras.

Confucio se fue a pensar y volvió al emperador con la solución. Iba a escribir:

Esto también pasará

Cuando se sintiese bien, miraría la medalla y disfrutaría más intensamente, pues la situación en algún momento acabaría. Pero es que cuando estuviese mal, también la miraría y pensaría que es una situación puntual y que en algún momento acabaría.

Todo tiene dos polos. El frío y el calor no existen; lo que hay son distintos grados, piensa que en una habitación con unos mismos grados unos pueden sentir frío, otros calor y otros estar a gusto. Lo bueno y lo malo son polos.

Principio de vibración

Todo en el universo se encuentra en vibración, hasta la mesa más dura que tengas en casa. Si analizases la mesa con un microscopio muy, muy potente podrías ver que los átomos que la componen tienen electrones que se encuentran girando y emitiendo vibración.

Dependiendo del objeto se emiten unas vibraciones u otras:

★ <u>Objeto más denso:</u>
vibrará a una menor frecuencia.

★ <u>Objeto menos denso:</u>
vibrará a mayores frecuencias.

Lo que es una realidad es que vibraciones similares, vibran juntas. Por eso, tú te sientes más cómodo con ciertas personas y tu vecino con otras. Esto sucede porque vibráis en frecuencias distintas.

Si no encuentras a personas que confíen en tu obra es mejor permanecer solo por un tiempo. A Miguel Ángel le dieron una piedra de mármol de la que parecía que no se podía sacar nada bueno. Pero Miguel Ángel tenía claro que sí. Así que de esa piedra sacó el famoso David de Miguel Ángel y cuando le preguntaron cómo lo había logrado, dijo: "*El David siempre estuvo ahí, sólo tuve que quitarle lo que le sobraba*".

Debes juntarte con personas que sumen o multipliquen en tu vida, nunca con quienes te restan energía, dividen y fragmentan tus sueños.

La ciencia ya ha descubierto que todo en nuestro entorno se encuentra en vibración. Las personas que se enfrentan a una enfermedad y se dicen: "*de esta no salgo*", lo más probable es que desgraciadamente no superen esa situación.

En el libro *Moléculas de la emoción* el Dr. Candance afirma que el **cerebro humano no se encuentra en la cabeza, sino que se encuentra extendido por todo el cuerpo, habitando todas las células.** De alguna manera, las células forman parte de nuestra conciencia.

Principio del ritmo

Todo en la vida tiene un ritmo, y depende del ritmo que yo lleve llegaré antes o después a mi destino.

Ponle velocidad a tu vida y llega antes.

Sueños pequeños llevan a una vida pequeña, sueños grandes llevan a una vida grande. Los que no consiguen realizar sus sueños es porque no están dispuestos a pagar el precio.

Piensa en la naturaleza, en los árboles, ellos tienen su propio ritmo.

Hay periodos de avance y de retroceso. La crisis es un trampolín que te lanza más fuerte aunque hay algunos que la usan de sofá. La crisis puedes dejar que te hunda o que te eleve. Canaliza tus peores momentos y úsalos para crecer. El buen marinero se hace en los mares más bravos, no en los mares en calma.

Tu vida refleja aquello que le das, si lo que deseas es tener más amor, deberás dar más amor.

Si un ser humano renueva todas sus células cada siete años, valora **qué les podrías aportar a esas células nuevas que están creciendo en ti.** Apórtales alta vibración, positividad y salud.

El principio del ritmo te ayuda a relativizar, pues todo pasará. En esta vida todo es temporal. No hay nada inamovible, todo es cambio continuo, tanto lo bueno como lo malo tienen su tiempo.

Estoy segura de que alguna vez te habrás preguntando por qué hay cosas que a pesar de habértelas trabajado muy duramente no se te han cumplido. Pues bien, esto también tiene una explicación.

Vamos a verla...

Algunas de las cosas que deseas no se te cumplen porque creas **POTENCIALES EXCESIVOS**. Si alguna vez has deseado algo tanto, tanto que empezaste a temer no tenerlo, en ese momento lo bloqueaste y no dejaste que llegase a tu vida.

En cambio, te habrás dado cuenta que otras veces que has deseado algo y no te has preocupado tan fervientemente por ello, simplemente un día de repente llegó.

La diferencia entre ambos ejemplos es que en uno creaste un potencial excesivo y en el otro no.

Si por un lado deseas algo pero a su vez temes por igual no alcanzarlo, lo que estarás haciendo será mandar ordenes opuestas al universo, ambas fuerzas se bloquearán y nada ocurrirá. Amor y temor no pueden ir juntos.

Te voy a hacer una pregunta: ¿Quién crees que llegará antes al destino: la persona que va en coche, el que va en metro, el que va en avión o el que va en bicicleta? La respuesta es: que da igual en que medio vaya cada uno, llegará antes el que avance en la dirección correcta.

> "Nos prometieron que los sueños podrían volverse realidad. Pero se les olvidó mencionar que las pesadillas también son sueños"
>
> Oscar Wilde

Es obvio que vas a tener que esforzarte para lograr aquello que pretendes obtener, pero la clave está en que sigas tu camino trazado sin miedos. **Ve hacia tu objetivo como el que va a comprar el periódico, éste no teme ir y volverse sin él; simplemente va y confía en que lo conseguirá.**

El problema viene cuando desconfías o le das demasiada importancia al resultado, entonces es cuando empiezan los temores y los potenciales excesivos.

Deja de preocuparte y apuesta más por ocuparte.

Para estar más cerca aún de la frecuencia correcta te propongo hacer algo. Utiliza los agradecimientos a tu favor, agradece lo que tienes y lo que estás consiguiendo. De esta manera, conseguirás vibrar más en la frecuencia adecuada y no la bloquearás con miedos.

La razón por la que tus metas tardan en llegar o directamente no llegan, es porque TE PONES NERVIOSO POR EL TIEMPO QUE TE TARDARÁ EN SUCEDER, empiezas a mirar alrededor, a ver qué está pasando y como desconoces cuánto es el tiempo necesario, no dejas pasar el tiempo necesario, empiezas a sentirte mal y a vibrar en una frecuencia negativa y baja. Finalmente, lo único que obtienes es un bloqueo de lo bueno que estaba por llegar. Si hubieses sido perseverante, ahora estarías disfrutando de tu premio.

Si te detienes a recordar cuando lograste tus mayores victorias, te darás cuenta que fue cuando ante un desafío confiaste en tu poder, LUCHASTE durante el tiempo necesario y SENTISTE que algo bueno estaba por llegar. Posteriormente, cuando menos lo esperabas acabó ocurriendo.

El método Kaizen te propone la MEJORA CONTINUA. Si te centras en mejorar, te sentirás más seguro, confiarás en que lo que esperas sucederá y dejarás al universo actuar, pues no estarás creando potenciales excesivos. ¿Te imaginas mejorar un 1% cada día? En un año habrás mejorado un 365%, una brutalidad. Cada día implementa algo nuevo, mejora algo que ya sepas hacer, dedica un minuto más a algo, investiga acerca de algo que te apasione... con tan sólo un 1% al día, LOGRARÁS UN CAMBIO RADICAL AL CABO DE UN AÑO.

Hoy sé que te parece nada, pero es **como esa hormiga que granito a granito al final del verano tiene montones y montones gigantes de comida**. Trabaja como una hormiga, de poquito en poquito, pero sé constante.

Me encanta este principio, lo utilizaron los japoneses en una mala época y gracias a ello, consiguieron que sus empresas pasaran a ser potencias mundiales.

Todo tiene un tiempo de gestación y ese tiempo tiene la función de prepáranos, lo mismo que ocurre en un embarazo. Imagina que un día quieres un niño y que nunca antes lo has pensado. Y hoy que lo quieres de repente llegas a tu casa y ¡boom! lo tienes llorando en el sofá. ¡Qué locura! ¿No?

En cambio, el universo es sabio y desde hoy que lo quieres y consigues quedarte embarazada hasta que finalmente nace pasan 40 semanas. El universo te ha dejado un periodo de preparación ante el desafío que se te presenta con una recién estrenada maternidad o un próximo hijo, te da el tiempo necesario para que puedas acomodar tu vida a esa nueva experiencia.

Sabes que llegará y confías en que al finalizar el embarazo nacerá el pequeño, aquí lo ves claro, no dudas. Pero, ¿por qué con otras cosas si dudas?

Otro ejemplo sería: Vas por la calle y ves a una persona guapísima, con carisma que transmite buena energía; por supuesto a esta persona no la conoces de nada, pero te ha atraído bastante y te imaginas una relación con ella. De pronto, llegas a casa y te la encuentras... Vaya susto ¿no?

Lo suyo sería ir conociéndose, salir algunas veces más antes de iniciar la relación...

Por tanto, un periodo de gestación siempre es deseable.

Otro punto que debes empezar a trabajar es que igual que das a los demás, deberás estar dispuesto a recibir. Muchas personas aunque te parezca increíble, no están preparadas para recibir y no lo saben...

Es por eso, que parece que lo bueno siempre les pasa a los mismos, los que sí saben recibir.

Te lo mostraré mejor con un ejemplo que de seguro reconocerás. Dos conocidas se encuentran por la calle y la una le dice a la otra:

- Mayte, que guapa estás, tienes una piel espectacular.

- Ay, no, eso es el maquillaje que le da buena cara hasta a un muerto. -Responde la otra.

Seguramente ya te habrás dado cuenta de como Mayte no ha sido capaz de recibir unas bonitas palabras. Es igual que cuando alguien te da un regalo inesperado y le dices: *"¿para qué te has molestado? No hacía falta".* Claro que hacía falta, tú lo mereces.

Debes amarte más y estar preparado para recibir. La única cosa que se interpone entre tus metas y tú, son tus dudas. Cuando las tienes te estás autolimitando energéticamente.

La vida esconde tantos secretos como el bambú. Puedes plantar con toda tu ilusión hoy mismo tu semilla de bambú, que hasta dentro de 5 años no verás nada de nada. El quinto año, de repente empieza a crecer y a crecer, y en unos meses puede medir hasta 25 metros. ¿No es alucinante? Durante esos 5 años lo que estuvo haciendo fue echar raíces para convertirse en lo que sería después.

Si no conocieses los tiempos, quizá la hubieses abandonado y la hubieses dado por perdida.

Hoy algo puede resultarte duro y trabajoso pero piensa que cuando lo alcances y mires atrás, sólo tendrás buenos recuerdos y nostalgia. Normalmente, cuando miramos atrás solemos enfocarnos en lo bueno.

La clave para disfrutar del hoy, es que seas consciente de las bendiciones que tienes y pasas por alto dándolas por sentado.

Principio de causa y efecto

Este principio es el más sencillo y lo vas a comprender más rápido que los demás, se podría resumir en:

Lo que hagas hoy, será lo que obtendrás mañana.

Para muchos este concepto es conocido como **el Karma**.

Seguro que alguna vez te saliste con la tuya en algo en lo que realmente no eras merecedor de obtener, y más adelante sentiste que la vida te devolvía la jugada. Cuando esto sucede se habla de Karma, pero ahí **el Karma no te está castigando, realmente te está enseñando una lección para que no vuelvas a cometer el mismo error más adelante.**

El hacer acciones positivas en el presente te avisa de lo que te sucederá mañana, y viceversa.

Todo pasa por algo, la mente es como un jardín: si plantas buenas semillas, saldrán buenas plantas, pero es que también aunque no plantes nada te saldrán malas hierbas de todas formas. Así que más vale que cuides tu jardín mental.

La diferencia entre las personas ordinarias y las personas extraordinarias está en que unas son CAPACES DE PAGAR EL PRECIO EXTRA, el km extra. Les cuesta hacerlo, por supuesto, pero lo hacen de todas formas.

El problema que encontramos es que como hay un margen de tiempo que separa la causa del efecto no vemos la relación que existe. Cosas que muchos damos por sentadas otros no las ven.

En algunas tribus hasta hace no mucho, no relacionaban el acto sexual con tener un bebé, pues pasan nueve meses... ¿Cómo iban a pensar que eso tenía relación?

Aquello que hoy siembras, mañana lo cosecharás. Si plantas patatas, obtendrás patatas, no esperes melones. Si la relación con tus hijos es de regaños, no esperes una estrecha relación de confianza, pues te ocultarán cosas por miedo a tus reproches.

Para que nadie te vuelva a engañar, ni a manipular, ni te tiente a hacer algo... Fíjate antes en sus resultados. ¿Se corresponden con aquello que predica o está vendiendo humo?

La responsabilidad de lo que ocurre en tu vida es sólo tuya y esto aplica también para el resto del mundo. No permitas que nadie venga y te diga:

★ Me haces sentir mal...

★ Esto ha sido por tu culpa...

★ Has hecho que me equivoque...

No se lo permitas, ni de lejos. **La situación ha sido "X" y con su interpretación de los hechos esa persona se ha sentido de tal manera... Si no le gusta sentir una emoción negativa, él deberá tomar iniciativa y hacerse responsable de su vida, no tú.**

Lo mismo ocurre cuando tú te sientes mal ante una situación. Si alguien te hace daño es porque tú les has dado permiso para que eso suceda, no estamos hablando de agresiones... Eso es otro tema muy delicado del que estamos de acuerdo que ni se puede consentir, ni es tu responsabilidad, pues ese individuo se está saltando los límites de la libertad cuando invade la tuya...

Me refiero a los pequeños hechos cotidianos como: un saludo no correspondido. Si dejas que un mal sentimiento te invada es bajo tu responsabilidad. Ahí, deberás tener la entereza de pasar del tema y centrarte en otras cosas, puede ser que:

★ No se haya dado cuenta.

★ Que haya tenido una conversación difícil hace unos momentos y esté dándole vueltas al tema.

★ Que esté pensando en otras cosas y aunque estaba mirando tenía la mirada en el infinito.

★ Simplemente pasaba de saludar....

Y, ¿qué más da cuál sea la razón? NO DEJES QUE NADA PERTURBE TU TRANQUILIDAD.

> "Nadie puede hacerte daño sin tu permiso, tu felicidad depende de una persona, de ti"
>
> Gandhi

Platón decía que no se puede juzgar igual al que sabe, que al que no sabe. ¿Y tú?, ahora sabes lo que tienes que hacer. ¿Qué harás? Lo importante es hacer algo con lo que sabes.

La suerte no existe, tú creas las situaciones.

Dicen que Tiger Woods se encontraba ante un importante lanzamiento. Se paró, miró la bola y en su mente imaginó el recorrido que debía hacer la bola. Tras eso, golpeo la bola y llegó al agujero.

-Tiger, que buena suerte tienes. -Le dijo una persona.

-Cuánto más práctico más suerte tengo. -Respondió Tiger.

● ●

La suerte no existe, la creamos nosotros. Lo que si existe es el azar, pero no la suerte.

● ●

Para conocer tu futuro, tan sólo tienes que mirar tus acciones presentes. Para cambiar el rumbo de tu futuro, deberás enfrentarte contigo mismo, con nadie más. Será una batalla de tu mente contra tu mente.

Cuando emprendas algo nuevo, tu mente te dará mil razones para que te quedes en tu ZONA DE CONFORT O DE SEGURIDAD. En un ambiente controlado. Tendrás que darle argumentos y razones de peso para dar un paso al frente.

La mente quiere mantenernos protegidos, está cargada de buenas intenciones. Pero puede volvernos locos, pues estamos en una lucha constante entre el sí y el no.

La publicidad y el marketing han sabido como captar a nuestra mente para llevarla a un punto de acelerado consumismo.

La razón de tanto materialismo en la sociedad, viene de nuestros más antiguos predecesores. Antes vivían por supervivencia, el más fuerte y con más recursos era el que sobrevivía. Esto lo hemos arrastrado inconscientemente generación tras generación y la publicidad lo ha sabido explotar a unos niveles increíbles. Queremos seguir manteniéndonos entre los top para sentirnos "alguien"; nuestras posesiones nos dan una falsa seguridad.

Para que nuestra mente esté tranquila y satisfecha caemos en los estándares que marca la sociedad. Arraigamos creencias que lejos de hacernos crecer, nos hunden. Los anuncios nos incitan a: cambiar de vestuario cada temporada, comprar perfumes caros que atraen parejas, coches lujosos, cambiar de móvil cada año...

Rompe con lo que otros quieren que elijas para ellos crecer y ganar su partida comercial. **Escoge cuál es tu juego y juégalo para ganar.** Tú eres el capitán del equipo, dirige como tal.

Salir de la zona de confort es crucial para crecer. Es probable que no aciertes a la primera pero debes perseverar. Michael Jordan, considerado el mejor jugador de baloncesto de la historia, cuenta que ha fallado más de 9.000 tiros. Ha perdido casi 300 juegos, 26 veces le han confiado el tiro ganador y lo ha fallado. Ha fallado una y otra vez en su vida, y refiere que por eso es que tiene el éxito que tiene.

Esto es la ley de causa y efecto, **cuánto más practiques más probabilidades de acierto tendrás.** No por fallar debes desistir, es un camino, y como todo camino tiene sus tropiezos, trayectos que se te hacen cuesta arriba, pero a pesar de todo debes seguir adelante.

El que lo arriesga todo y persevera es merecedor de lo más grande. ¿Qué mereces tú?

El fallo es no intentarlo, ahí sí fallas, te fallas a ti. Recuerda que algo que sale mal, no es un fracaso, es una experiencia negativa que te hará crecer y estar donde quieres estar si eres capaz de aprender de ello.

Me parece realmente curioso como en el diccionario la palabra riesgo tiene connotaciones negativas, de pérdida. Pero en la vida, el riesgo también tiene connotaciones positivas pues te puede llevar a un crecimiento inmenso.

Te propongo que hagas el siguiente ejercicio.

Toma tu libreta y anota 5 cosas que hasta ahora hayas postergado y que no has realizado por miedos: una conversación difícil, apuntarte a clases de inglés, escribir un libro, dar una conferencia...

¿Las tienes? Perfecto. Ahora, si crees que eres merecedor de algo más grande, comprométete y toma acción. A pesar de los miedos, actúa.

Principio de generación

En el Universo ya existen todas las posibilidades. Esta ley dice que todo se genera. Tú, al igual que yo, somos co-creadores de nuestra vida. Al igual que un hombre y una mujer crean la vida de un bebé, nosotros con nuestros pensamientos generamos circunstancias. Todos somos un rico y un pobre en potencia, un exitoso y un fracasado... Depende de qué sea lo que desarrolles en tu mente más, así atraerás y obtendrás. Si pretendes tener más dinero, deberás mantenerte en esa frecuencia, no salgas con tus amigos y te pongas a hablar de la crisis económica.

¿Qué te gustaría obtener de la vida? La vida parece muy larga, lo sé, y parece que el tiempo siempre sea eterno, pero para los que están en sus últimos días: ¡Qué rápido se les pasó!

EMPIEZA AHORA: **Si quieres predecir tu futuro no acudas al tarot, ni a bolas de cristal, acude a ti y empieza a crearlo.** Podrás diseñarlo a tu gusto.

Cuando Henry Ford mencionó la idea de que todo el mundo podría tener un automóvil, las personas de su alrededor trataron de ridiculizar su idea y pensaron que se había vuelto loco con semejantes ideas. A pesar de ello, él persistió y gracias a sus revolucionarias ideas hoy cada uno de nosotros tiene a su alcance el poder tener un vehículo propio.

> "Tanto si crees que puedes como si crees que no puedes, estás en lo cierto"
>
> Henry Ford

Ley del dar y recibir

Me parece fundamental hablarte de esta ley espiritual universal que todos aplicamos cada día sin apenas darnos cuenta.

Aunque en un primer vistazo parezcan dos conceptos distintos, si te paras a pensarlo son una misma cosa, son dos caras de una misma moneda. **Recibir y dar son lo mismo, son dos puntos diferentes de un mismo flujo.** En el momento en que dejas de formar parte de este flujo estás obstaculizando esta energía.

Muchas veces se asocia esta ley a los aspectos económicos, pero ésta es mucho más profunda. Incluye aspectos emocionales como dar aprecio y amor.

Procura dar aquello que buscas recibir para conseguir que esa energía se active; aunque a veces, también pueda suponer una recompensa económica. Pues, **piensa que el dinero al fin y al cabo es un agradecimiento que das a otra persona por algo que para ti es valioso**: un buen servicio, una camiseta que compres, un menú delicioso...

Si buscas más mimos por parte de tu pareja, procura ser tú el primero en darlos. Si eres camarero y das un buen trato a una mesa esto te puede suponer una propina. Un acto de generosidad hacia alguien necesitado te puede hacer sentir valía y satisfacción.

Siempre deberás dar en mayor medida que esperes recibir. En la vida nunca vas a recibir algo a cambio de nada.

Recuerda lo que dijo Teresa de Calcuta: *"todo lo que no se da, se pierde"*.

No busques detrás de cada cosa que des una recompensa, pues esto también detiene el flujo, hay que hacerlo de una manera altruista, ya que verdaderamente esto es lo que da las recompensas. La Fundación para la Salud Mental de Reino Unido demostró mediante un estudio que ser altruista es beneficioso para la salud.

Hay personas que catalogan el hecho de dar continuamente como ser un blandengue, pero lo que está haciendo este hecho en la persona es reducir su estrés, aumentar su sentimiento de valía, amor... y un sinfín de cosas positivas.

La ley del mínimo esfuerzo

Todos a lo largo de nuestra vida hemos oído o incluso hablado de ella. Lo realmente triste es que esta ley está asociada a ser un vago. Cuando hablamos de ella nos solemos referir a que una persona hace lo mínimo que debe de hacer para salir airoso de una situación.

Pero la Ley del Mínimo Esfuerzo habla de otra cosa. Habla de que **cuando realmente te encuentras haciendo aquello que es tu pasión, te encuentras en un estado de *Flow* o de fluir, en el que las actividades que haces, las haces sin esfuerzo y si éstas lo requieren, éste te resulta mínimo ya que disfrutas haciéndolo.**

También ocurre lo contrario a lo que te acabo de contar. Estoy segura de que alguna vez realizaste una tarea con desgana y experimentaste que te costaba muchísimo esfuerzo y que el acabarla te acabó resultando eterno. Pues bien, esto ocurre porque no se realizó con amor, sino con odio.

Esta Ley engloba el "menos es más" que dice que cuando estás en tu pasión o elemento, todo se hace con amor, equilibrio, armonía, tranquilidad... Todo está bien, no hay resistencias.

Únete al club VIP

Decía Buda "*el problema de la humanidad es que se cree que tiene tiempo*". **Los años se nos escapan de las manos como gotas de agua.** No dudes en aplicar todo lo que estás aprendiendo cuanto antes para poner en marcha la máquina de los resultados. No derroches más gotitas, haz que cada una de ellas cuente.

Te voy a invitar al club más VIP DE TODOS LOS TIEMPOS. En él se encuentran grandes personalidades de todos los tiempos: Mandela, Robin Sharma, Stephen Covey, Tony Robbins, Benjamin Franklin... ¿Te apetece conocer sus ideas y grandes pensamientos? Yo creo que sí...

Ese club existe, no es broma, no te estoy engañando, y está más tuya de lo que te puedas imaginar. ¿No me crees? Ese club se encuentra en las bibliotecas, librerías de tu ciudad, incluso a un click si adquieres sus libros de forma digital. Hoy puedes tomar un café con Viktor Frankl o con quien más admires. Descubrir su forma de pensar, su historia, su manera peculiar de afrontar las dificultades... ESTÁ A TU ALCANCE.

¿Valoras verdaderamente lo que te estoy diciendo o sólo porque en cualquier momento lo puedes hacer, lo pospones? Creo enormemente que si buscas un cambio, este club VIP de personas te puede ayudar a dar el siguiente paso que estás buscando dar.

No tomar una decisión,

es también tomar una decisión.

> "Tarde o temprano tendrás que elegir entre el dolor de la disciplina o el dolor de lamentar"
>
> Jim Rohn

No sé si éste es el mejor momento de la historia o no porque no he vivido otro, pero sí que sé que éste es TU MOMENTO Y DEBES APROVECHARLO. **Deberás saber primero lo que quieres, para saber a dónde vas. Porque sino acabarás en cualquier lugar.** No hay vientos favorables para un barco que no sabe a dónde va.

La palabra **atracción tiene nueve letras y seis de ellas son acción**. Por tanto, si no te pones en marcha no lograrás nada. La formación no es una opción, es una obligación.

Eres literalmente lo que piensas, así que si piensas en cosas buenas, esa será la respuesta de lo que eres. **Nuestros logros o fracasos son la respuesta de aquello en lo que creímos.** Si te programaste diciéndote: "no puedo hacerlo" apuesto a que al final no lo obtuviste, pues fue lo que de forma inconsciente estuviste atrayendo.

¿Has pensado cómo quieres que acabe tu vida? Puede acabar habiendo vivido en una relación de pareja maravillosa construida desde el amor y el cariño o puedes acabar solo. Puedes haber vivido en una hermosa casa con todas las comodidades que desees o acabar en una casa de bajo coste, de alquiler que está agrietada... Y así podríamos hablar de cada uno de los aspectos de nuestra vida. La decisión de hacia dónde vas te debe hacer dar un salto hoy y redirigir el rumbo de tu vida..

> *"Si haces lo que la mayoría de las personas no hacen, podrás hacer lo que la mayoría de las personas no podrá hacer, durante el resto de tu vida"*
>
> Mark Twain

Ladrillo a ladrillo se construye el castillo, las pequeñas acciones que parecen insignificantes, serán las que marquen las grandes diferencias de tu vida. Pongamos ejemplos para clarificar aún más lo expuesto:

- ★ **CASO 1:** Persona que hoy toma la decisión de cada día hacer ejercicio por tan sólo media hora ¿en qué tipo de persona crees que se convertirá dentro de 5 años?

- ★ **CASO 2:** Persona que hoy no toma la decisión de hacer ejercicio y sigue sin hacer nada. ¿Será dentro de 5 años la misma persona que la del primer caso? Obviamente, no.

Cada decisión es crucial y cuenta, tanto si la tomamos como si no. El camino ya ha empezado.

Soluciones para cuando la mente te sabotee

La mente es muy lista y tratará por todos los medios de frenarte, veamos como:

★ Primero, <u>mentalmente</u>. Cuando vea que tiene que esforzarse y crear nuevas rutas, dirá: "no, esto no lo vamos a hacer" y te pondrá cientos o miles de excusas que suenen bien para que no sigas por el camino por el que vas.

Cuando esto te ocurra mira la lista de razones acerca de por qué estás haciendo lo que haces; ello te dará la energía necesaria para seguir adelante con tu plan.

★ Si este mecanismo mental no le ha surtido el efecto deseado, <u>atacará físicamente:</u> un resfriado, un dolor de cabeza, un dolor estomacal... Encontrará la manera de mantenerte en casa y que no te pongas en marcha. Estoy segura que esto ya lo habrás experimentado alguna vez. ¿Has tenido que ir a un viaje que te sacaba de tu zona de confort y el día de antes te has enfermado? Un clásico...

El momento en el que tomes una decisión importante, lo que deberás hacer es ir hacia delante sin saber que será lo siguiente por hacer, ya lo irás descubriendo. Céntrate en el final y no en el inicio de tus primeros pasos, así no te quedarás paralizado (parálisis por análisis).

Ése es el secreto. Los que logran sus sueños los consiguen porque cambian su mentalidad, lejos de pensar en el cómo se centran en el final al que pretenden llegar. Esto activa aún más su motivación.

Todos somos especiales y únicos, lo que ocurre es que la mayoría lo olvida y vive una vida mediocre, se dedica a quejarse y a esperar que otros les solucionen sus problemas. Pero tú no perteneces a ese grupo, tú ya has decidido tomar las riendas del cambio, has decidido crecer y convertirte en tu mejor versión. Es por eso que te hayas en la búsqueda de un nuevo rumbo con este libro.

Y porque quiero que recuerdes lo especial y único que eres, te haré un regalo, el regalo ya habita en ti sólo que aún no lo has abierto. Te voy a pedir que mires tus dedos y veas tus huellas dactilares, ¿te das cuenta que nadie más tiene las mismas que tú? **NUNCA MÁS OLVIDARÁS LO ÚNICO Y ESPECIAL QUE ERES.** Cada vez que dudes de ti, voltea tu mano.

Parte 2
Planifica tu éxito

Tu propósito de vida

Tu vida, la vida de tus sueños

¿Cuántas veces ves en la gran pantalla, en las revistas o escuchas en la radio entrevistas de personas que consideras exitosas y que admiras? ¿Qué es lo que te separa de tus sueños? ¿Por qué ellos no tienen esa brecha y tú sí?

Lo primero que se le pasa a la mayoría por la cabeza es: *que suerte ha tenido, es tan joven y yo ya no*, o al revés, *es mayor y tiene experiencia, tiene contactos y yo no*. Y, ¿qué me dices de que su familia es rica y así cualquiera? No vamos a negar que haya personas que quizá hayan forjado su imperio de esa manera. Pero, ¿todos? Seamos sinceros, no.

Quien ha destacado en algún campo ha sido siempre por su personalidad, su carisma, sus valores, su inteligencia, su originalidad... **Cada estrella brilla con luz propia, todos nacemos con esa luz.** Sólo que unos exponen su luz al mundo y otros la guardan bajo la almohada y sólo se limitan a soñar con lo que podrían ser.

Imagina a la vida como un catálogo de viajes; los hay a tantos lugares y con tantas combinaciones: de días, actividades, estancias, compañías aéreas... Tu vida es igual, el catálogo está ya en ti. Tienes posibilidades infinitas en tus manos y te estás resignando a lo que tienes cuando puedes obtener más.

¿Vives en el lugar que te gusta? ¿Tus amigos comparten la misma visión que tú de la vida? ¿Trabajas en lo que te hace feliz? ¿Ganas el dinero que quieres? Quizá te digas, claro, eso suena genial pero, ¿quién tiene eso? Yo te lo diré: los que han soñado en grande y apuntaron a lo más alto. Apunta a ser sol y sino lo consigues al menos, te quedarás siendo estrella...

Hay personas que se hicieron preguntas, las respondieron y se esforzaron por lograr su plan. **No será un camino de rosas suaves por las que andar, también habrá espinas en el camino con las que te pincharás**, te dolerá, pero también te recompondrás, lo sé; mantente firme y nunca pierdas el rumbo, disfruta del camino, no sólo te quedes con las espinas, disfruta la fragancia de las rosas.

Te propongo realizar un ejercicio para que busques muy dentro de ti aquello que de verdad anhelas. Para ello, debes implicarte con papel y bolígrafo y no dejarte nada en el tintero. Desarrolla cada una de las preguntas para que después seas capaz de ponerte objetivos para alcanzar tus sueños. ¿Estás listo?

Empezamos...

★ ¿Cómo sería un día ideal en tu vida: qué haces, cuáles son tus horarios, qué actividades realizas...?

★ Si tienes pareja, ¿Cómo es tu relación con ella?

★ Si no tienes pareja, ¿deseas tenerla?

★ ¿A qué te dedicas?

★ ¿Dónde vives (país, cuidad, playa, campo...)? ¿Cómo es tu casa?

★ ¿A qué lugares del mundo vas a viajar?

★ ¿Vas a tener hijos? ¿Cómo es tu relación con ellos?

★ ¿Cómo se encuentra físicamente tu cuerpo? ¿Lo cuidas?

★ ¿Cómo es tu círculo social? ¿Qué cosas compartís?

★ ¿Cuánto dinero ganas?

★ ¿Estás satisfecho con esos ingresos?

★ ¿Cuántas horas al día trabajas? ¿En qué trabajas?

★ ¿Qué aficiones tienes?

★ ¿Qué tipo de persona te gustaría ser? ¿Qué valores tendrás como prioritarios?

★ ¿Eres una persona alegre, optimista, cariñosa, valiente, detallista, amable…?

No te pongas límites, describe todo lo que se te pase por la cabeza, estás creando una visualización de tu futuro a largo plazo, piensa que todo es posible y no olvides que otros ya lo hicieron. Te hablo de personas realmente exitosas de las que vamos a ir hablando de ahora en adelante como: Arnold Schwarzenegger, Jim Carrey o J.K. Rowling, entre otros muchos.

Creo en ti. Y lo creo así porque lo he visto en otras personas de mi entorno, los que lo han logrado no son tan distintos a ti o a mí, disponen de la misma cantidad de horas que tú, físicamente se crearon exactamente por el mismo número de cromosomas que tú, lo único que nos separa a unos de otros es nuestra mentalidad. En la vida no es necesario recibir un premio Nobel o que nos den un Globo de Oro, basta con hacer y ser lo mejor que podamos lograr.

Ahora me gustaría inspirarte con las palabras de Viktor Frankl, un psiquiatra que sobrevivió a varios campos de concentración nazis, entre ellos Auschwitz y Dachau. A partir de lo que vivió y vio acerca de como cada persona experimentaba y enfrentaba aquella trágica realidad desarrolló el siguiente pensamiento:

> "Todo puede serle arrebatado a un hombre, menos la última de las libertades humanas: el elegir su actitud ante una serie de circunstancias, el elegir su propio camino. ¿No podemos cambiar la situación? Si no está en tus manos cambiar una situación que te produce dolor, siempre podrás escoger la actitud con la que te enfrentes al sufrimiento."

Un alto porcentaje de personas siguen cumpliendo las expectativas que otros tienen para ellas, ya sean padres, pareja, amigos... dejando de hacer por la persona más importante de sus vidas, ellas mismas, aquello que deberían hacer.

Lo normal es que esas expectativas ajenas sean buenas y positivas, pues vienen de las personas que más nos quieren. Pero, déjame decirte que las suyas no son las tuyas, algunas de ellas quizás coincidan aunque ambos sabemos que desgraciadamente no siempre es así.

Los siguientes versos del poeta Rumi, te harán ver lo que vales:

> Naciste con potencial.
> Naciste con confianza y bondad.
> Naciste con sueños e ideales.
> Naciste con grandeza.
> Naciste con alas.
> No estás destinado a arrastrarte.
> Tienes alas.
> Aprende a usarlas y vuela.

Escuela de la vida

> "Todos piensan en cambiar el mundo.
> Pero nadie piensa en cambiarse
> a sí mismo"
>
> León Tolstói

Cuando éramos pequeños íbamos a la escuela cada día a aprender una lección, a veces había lecciones tan, tan difíciles que pasaban días hasta que el profesor podía darlas por aprendidas. Entonces nos mandaba ejercicios y pruebas que ponían bajo lupa si habíamos entendido la lección y sabíamos aplicarla.

• •

La vida funciona exactamente igual, pero al revés. Primero se nos presenta una prueba y si hemos sido lo suficientemente listos habremos conseguido aprender una lección.

• •

Si tienes un sueño ve por él y ya irás aprendiendo por el camino. Mark Cuban, billonario, expresó lo que pensaba de los préstamos para negocios: <<Si estás buscando un préstamo para empezar un negocio, eres un idiota. Hay demasiadas incertidumbres en el momento de empezar un negocio. Al banco no le importan tus sueños, ni tu negocio. El 99% de los negocios no fracasa por falta de capital, fracasa por falta de inteligencia o esfuerzo>>.

No busques ahí fuera tu propósito de vida, ya está en ti, te lo dicta tu corazón. No necesitas un gurú que te diga qué tienes que hacer. ¿Cuáles son tus sueños? Realízalos. A través de ellos verás una vida completa y con sentido que mereció la pena ser vivida.

A mí, me encanta planificar cómo quiero que sea mi vida, para así poder ponerme en marcha hacia mis sueños. Recuerdo que un amigo un día me dijo: <<María, así pierdes espontaneidad en la vida. Además, las cosas nunca salen como las esperas, siempre suceden eventos inesperados.>> Y

¡para nada! Al planificar decido como quiero que sean mis días y si se presentan circunstancias adversas trato de encontrar la manera de reconducir mi camino.

Creo que la libertad, te llega cuando decides cómo quieres vivir cada uno de tus días. Ya que si tú no te encargas de planificar lo que deseas, ya se encargarán otros de hacerlo por ti.

Platón, encontró su esencia a través de la filosofía. Steve Jobs, a través de la creatividad. Salvador Dalí, a través del arte. Michael Jackson, a través de la música. Tú también tienes una razón de ser. ¿Por qué estás en el mundo? ¿Qué te haría feliz hacer?

¡Hazlo!

No te vendas barato

Cuando no tenemos pareja, el amor parece difícil de encontrar, es por ello que ahora son tendencia las plataformas para encontrar pareja. Se nos olvida que dejamos de buscar primero en el sitio más importante y en el único en el que vamos a encontrar el amor de nuestra vida: en nosotros mismos. Parece una frase hecha que queda bien, pero es muy profunda. Analízala.

Tu valía la tienes que hacer valer tú mismo, porque como no lo hagas y tu listón esté bajo, el precio que querrán

pagar por ti será el más barato. Por el hecho de evadirse de la soledad muchas personas se devalúan a si mismas y se conforman con rodearse de gente que no les suma nada, con tal de no estar solos.

La vida está tan llena de opciones que seriamos muy cutres si no aprovecháramos la riqueza que existe en: los amigos, la naturaleza, el tener ratitos para aficiones... Llénate los bolsillos de las cosas que te hagan sentir bien.

Nosotros tenemos un valor intrínseco de serie que va con nosotros desde que nacemos. **El diamante no se vuelve diamante cuando está expuesto en una joyería, ya es diamante desde que está enterrado en una excavación a la cual el minero aún no ha accedido.**

No olvides, que tú no necesitas que nadie te de el visto bueno para ser la persona que realmente viniste a ser. Cuando otorgas poderes sobre ti a otras personas, lo que estás haciendo es noquear tu autoestima por completo. Estás dando más valor a la opinión que tienen de ti los demás, que a expresar tus verdaderos sentimientos e intereses.

"Tienes que decidir cuál es tu máxima prioridad y tener el coraje de decir: no a otras cosas"

Stephen Covey

La mayoría de las personas son conformistas y no lo saben, se ponen cientos de excusas para no hacer aquello que deberían estar haciendo con sus vidas, se dicen: *"que hay que ser realistas, que no tienen el suficiente cash o que no tienen tiempo para ponerse manos a la obra".*

Yo he trabajado durante años haciendo reconocimientos médicos a personas de diversas profesiones que te cuentan que trabajan en actividades que no aman y que no les satisfacen; *hay que hacerlo porque es lo que toca,* se dicen. En cambio, hay otros que vienen con ilusión e incluso te cuentan que ese trabajo es un mero trampolín para acceder a lo que de verdad quieren hacer y agradecen tenerlo.

Hay personas felices en todo tipo de trabajos, **no hace falta ser emprendedor y tener un negocio propio para ser feliz (parece que ahora está de moda), todos no hemos nacido para venir a ser lo mismo.** Un trabajo por cuenta ajena puede hacerte igual o más feliz que uno propio si lo que aportas se relaciona con lo que percibes; los ingresos son oportunos y el horario te gusta, entre otras muchas cosas.

Pero hay que ser muy valiente para atreverse a decir al mundo que se hace lo que se hace sólo por dinero. La gran mayoría te intentará convencer de que está haciendo lo que hace porque era el camino correcto, que las personas responsables hacen eso y que lo que de verdad le apasiona, aprovecha para hacerlo en el poco tiempo libre que le queda. Porque es así, **el TIEMPO LIBRE es lo que les queda después del TIEMPO DE MARTIRIZARSE en un trabajo de 8 o 10 horas.** La sociedad ha establecido estos horarios:

- ★ Tiempo de sueño (8h).
- ★ Tiempo de martirizar (8h).
- ★ Tiempo libre (8h).

Por suerte, hay quienes hemos descubierto que nuestra vida no empieza cuando salimos de trabajar, sino que nuestra vida empezó muchos años atrás cuando nacimos, y en el momento en el que nos dimos cuenta de eso, tomamos la decisión de cambiar el rumbo de nuestras vidas.

Tu sendero sólo lo puedes recorrer tú

la gente tiene por costumbre opinar de la vida de los demás, proyecta su vida y sus experiencias en ti. Están seguros de que su camino es el correcto. Piensan que los límites que se pusieron eran los oportunos.

Así que, si tú te desvías del camino que ellos tomaron, ten por seguro que vuestros trenes van a chocar tarde o temprano. **Si das más valor a la opinión que tengan los demás, estarás pisando lo que tú de verdad sientes y amas.** No por tener más compañeros de vagón vivirás más feliz. El camino del guerrero siempre comienza en la soledad, con suerte el tuyo no, pero si pasa que pase, ya se unirán más aliados a mitad del trayecto.

Aunque no debes olvidar que las faltas de apoyo de las personas en quienes más confías: amigos o familiares; no son falta de empatía, de cariño o amor, nada más lejos de la realidad. Ellos de alguna manera te están protegiendo, te están metiendo en su molde, en el que no hay peligros, creen que si te sales de él, tal vez te metas en problemas, y lógicamente: quien bien te quiere, no querrá algo así para ti. **No les juzgues, ellos ven hasta donde pueden ver.**

El sendero de la vida no va a estar guiado por antorchas que te brinden luz durante el trayecto, quizá debas ser tú el que lleve su propia antorcha para iluminar el camino. **No siempre vas a tener a un referente delante que te dé las pautas a seguir.**

Si piensas en cientos de años atrás, te darás cuenta de que el conquistador de nuevas tierras, era tomado por un loco ante la sociedad, ¿quién se iba a atrever a cruzar con barcos la línea que separaba el cielo del mar, si nadie podía ver lo que había al otro lado?

En cambio, el conquistador fue capaz de enfrentarse a sus propios miedos y romper los límites que hasta entonces, nadie jamás había roto, aún sabiendo que en el intento estaría arriesgando su propia vida.

Eliminando miedos, acelerando el éxito

Tu parte dorada y tu parte negra

Todos tenemos **una parte dorada y brillante** en nuestra vida, esa que está llena de ilusión y pasión por hacer las cosas. Es la que ve el motivo de cada paso que das en la vida por muy difícil que sea, te mantiene disciplinado y en alerta cuando parece que quieres bajar la guardia.

Es la parte favorita de todos, seamos claros, los días en los que te sientes así, en los que esa parte de ti predomina, estás feliz, radiante y piensas que te puedes comer el mundo.

Pero también tenemos una parte que nos gustaría ocultar, que no nos gusta mostrarla al mundo porque nos hace sentir pequeños e inferiores. Esta es **nuestra parte negra, es la parte más vaga**, la que prefiere estar tirado en el sofá antes que ir a entrenar para hacer la "supuesta" maratón que tanta ilusión nos hace. Es la parte que sabes que el día que la tienes activa te sientes triste, malhumorado, y hasta te hace sentir cierta impotencia.

Pero, ¿cómo haces para que una parte adquiera un mayor porcentaje en tu vida?

Alimentándola, como si fuese un animal, cuando veas que ese día no está búscala, **crea momentos para que aparezca, revisa tu cuaderno de sueños, lee algo inspirador, ponte un video motivador, escucha música enérgica, habla con ese amigo que tanto te apoya con tus sueños y es positivo.** Alimenta tu parte dorada tanto como puedas.

De esta manera, tu parte negra se hará más pequeña. Los triunfadores se componen de una gran parte dorada y una parte negra diminuta. Los perdedores a la viceversa.

Tú sabes cuáles son tus pequeñas acciones cotidianas de perdedor o de triunfador. Debes ampliar tu parte dorada, la brillante, llueva o truene porque sino tu parte negra estará venciendo y se hará más grande. Esto es un trabajo que debes hacer tú solo, nadie puede lograrlo por ti.

Ahora, analízate. ¿Qué parte tienes más grande? ¿La dorada o la negra? A partir de este instante, no de mañana, ni dentro de un mes, ni de cuando tengas tiempo... **En ESTE momento, empieza a alimentar más a tu parte más brillante.**

Sigue leyendo para seguir obteniendo todas las claves que necesitas, resulta simple, si sabes cómo hacerlo.

Afrontar el miedo al cambio

¿Tienes miedo al cambio? Pues tu cuerpo en realidad no lo tiene porque tu cuerpo en sí mismo es cambio. **Las células de tu cuerpo quedarán renovadas al cabo de siete años.**

Tú eres cambio continuo. Pero aún así, te cuesta el cambio. Nuestro cerebro está creado desde hace más de dos millones y medio de años para la supervivencia y querer cambiarlo de hoy para hoy es imposible. Pues lleva miles de años siendo de esta manera.

Traemos programas mentales de serie desde el Paleolítico, que nos hacen buscar la seguridad, adquirir más calorías en la alimentación y buscar constantemente la tranquilidad y el confort. Con eso garantizábamos la supervivencia hace siglos y eso está genial, pero es que tu cerebro aún cree que sigue siendo así.

Debes discernir entre lo que tus programas mentales te piden que hagas y lo que en verdad sabes que debes hacer.

Para aniquilar tus programaciones derrotistas lo que debes hacer es justo lo contrario a lo que te dices. Veámoslo con ejemplos:

* Cuando te digas que estás demasiado cansado para ir al gimnasio, ve de todos modos.

* Cuando tengas que estudiar algún tema y estés perezoso, estúdialo de todos modos.

* Cuando tengas que planchar y te digas: *qué pereza*, hazlo de todos modos.

Derriba a la programación derrotista y crea una mentalidad con un alto índice de imparabilidad.

En estos últimos años se han visto cambios muy, pero que muy rápidos. Sectores como el de la construcción dieron mucho dinero. Chicos jóvenes salían de sus estudios para hacerse albañiles porque había mucho trabajo y se les pagaba bastante bien.

El viento soplaba a su favor. Venga ráfagas de viento y más ráfagas de viento que les hacía tripular su pequeño barco sin apenas esfuerzo. Hasta que llegó el momento que nadie esperaba: la crisis. **El viento dejó de soplar y miles de personas se quedaron paradas en la inmensidad del océano, preguntándose: ¿Y** *ahora qué?*

Aún así, hay personas que saben cuál es el ciclo del cambio que tanto nos cuesta afrontar y al que tanto tememos. Estas personas lo aceleran, lo viven más rápido y sin miedos.

Pero ojo, el ciclo no tiene atajos tienes que vivir cada fase de él plenamente para poder pasar a la siguiente. Por tanto, deja de ser espectador y pasa a ser protagonista en tu vida.

El ciclo ante una situación nueva o que consideramos amenazante empieza así:

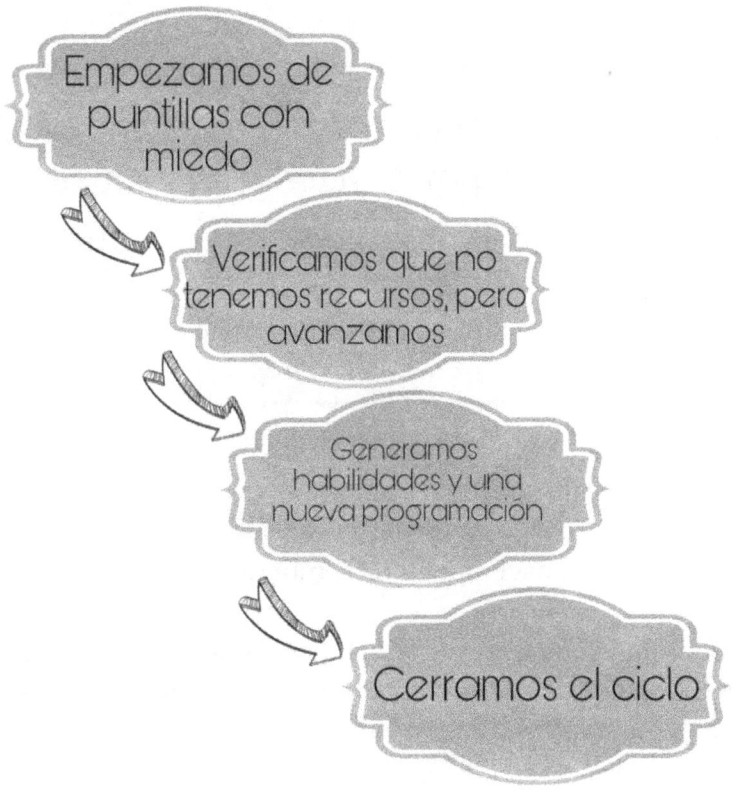

Este ciclo permanecerá cerrado por un corto tiempo, porque mientras estemos vivos tendremos diferentes desafíos que afrontar.

Ahora que ya sabes cómo se desarrolla el ciclo, acéleralo para disfrutar la tranquilidad de una acción conquistada y ve a por la siguiente.

El héroe cotidiano

> "Cada experiencia, por más mala que parezca, contiene en su interior una bendición de algún tipo. El objetivo es encontrarla"
>
> Buda

Creo en los héroes cotidianos, aquellos que no sólo son fruto de las películas de Hollywood, si no que salen cada día a la calle a hacer algo por el mundo.

Todos podemos tener pequeños actos de amor con los demás, empezando por nuestro entorno más cercano, no necesitamos ser el nuevo Gandhi e intentar salvar al mundo entero.

Basta con dar las gracias a aquel que te abre la puerta, saludar con unos *buenos días* y una sonrisa al dependiente de la de la tienda, en lugar de pagar e irte; dar un abrazo a tu pareja en lugar de irte con un *luego nos vemos...* Pequeños detalles, pero grandes muestras de amor.

Si quieres llevar una vida amorosa más plena, hazlo. **Vale la pena tener sueños, aferrarse a ellos y lucharlos con todas tus fuerzas.** No cometas el error de creer que las cosas buenas te pasarán sin más.

Cambia la forma de ver las situaciones, los problemas debes verlos como desafíos no como calles sin salida. Cuántos más desafíos tengas, más vivo te sentirás porque tendrás que poner todas tus facultades a trabajar.

• •

Sólo existen determinados lugares en los que las personas que están allí no tienen ningún tipo de desafío, no se quejan de ellos y es completamente verdad que no los tienen y están en paz. Esos lugares se llaman cementerios.

• •

Piensa que de todo vas a poder reponerte, excepto de morir, es lo único que no podrás remediar de ninguna de las maneras. Así que, **ponte los guantes de asalto y sal a pelear por tus sueños.** Porque hoy estás vivo y eso es una celebración.

Supera tus barreras

"El éxito no está en vencer siempre, sino en no desanimarse nunca"

Napoleón Bonaparte

Me contaron una historia que me encantó por la lección que encerraba. A continuación, te la comparto.

Lee atento...

Un millonario celebraba una fiesta en su mansión y en un momento en el que todo se iba de madre, el dueño de la mansión dijo:

-Voy a dar ahora mismo las llaves de mi mansión y de mi Jet privado a quien se atreva a cruzar el lago que está lleno de caimanes salvajes.

De repente, de entre la multitud se ve saltar un joven al lago. Empieza a nadar como un loco, pues los caimanes le acechaban. Se ve muchísimo movimiento en el agua y al cabo de un rato, el chico sale por el otro lado del lago.

El magnate impresionado le dice al joven:

—Enhorabuena, aquí tienes las llaves de mi mansión.

—No gracias, tengo una casa más grande que ésta. —Respondió el chico tratando de recuperar el aliento.

El magnate asombrado, le dice que le entrega su Jet privado. El joven vuelve a responder que no, que él ya tiene una flota cerca de casa para cuando la necesita.

—Entonces, ¿qué quieres? – Preguntó el magnate, boquiabierto.

—Encontrar al idiota que se ha atrevido a empujarme. —Respondió el joven.

Aunque es una historia bastante cómica, en la vida, a veces necesitamos a alguien que nos dé un pequeño empujón para saltar y luchar por nuestros sueños. Pero para evitarte sustos, será mejor que tú mismo tengas el coraje de darte el auto-empujón que necesitas.

Nuestra vida se compone de los éxitos que metemos en nuestra mochila: cuando logramos el trabajo de nuestros sueños, cuando hacemos realidad ese viaje soñado o cuando logramos dejar de fumar.

Creando sueños

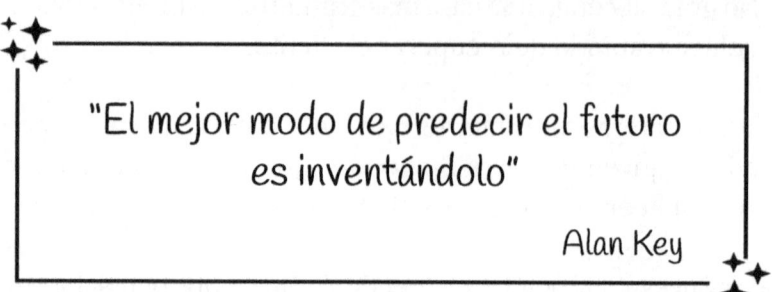

"El mejor modo de predecir el futuro es inventándolo"

Alan Key

Ingvar Kamprad, el creador de las famosas tiendas IKEA, con una fortuna valorada en más de 54.000 millones de dólares tiene un estilo de vida bastante austero. No adquiere lujos, de hecho sigue usando el transporte público en sus desplazamientos. El dinero no ha cambiado su esencia.

Ingvar, ha sido un vendedor de todo tipo de artículos: cerillas, bolígrafos, adornos de Navidad... Pero no fue hasta su genial idea de vender muebles, que no se hizo millonario.

A sus veinticuatro años distribuyó el primer catálogo de muebles IKEA, a sus treinta empezó con la venta de muebles de auto-montaje y muebles planos, que reducía notablemente los costes de transporte.

Y desde entonces hasta ahora, no ha hecho nada más que crecer.

Desgraciadamente, Ingvar en su juventud fue relacionado con grupos nazis, de lo que públicamente dijo estar muy arrepentido. Pero, nosotros con lo que nos quedamos es con su vida empresarial, su vida privada nos es de poco interés.

Todos albergamos dentro unas ideas geniales que podríamos explotar. El problema es que no las dejamos brotar, las enterramos en los quehaceres diarios.

No digo que tengas que montar un IKEA, pero sí digo que si lo eliges y persigues ese sueño, tu vida puede ser mucho más grande de lo que es ahora.

¿Te apetece expandir tu mente? Pues sigue leyendo este libro... Lo conseguirás.

Una vida que merezca ser contada

> "Nunca seas prisionero de tu pasado, sino arquitecto de tu futuro"
>
> Robin Sharma

Las personas somos la única especie animal que desde que nacemos nos sentimos plenamente unidos a nuestro entorno más cercano.

La ciencia ha demostrado que somos la especie que más tarda en madurar físicamente, ya que la mayoría de las especies han demostrado tener un sistema innato que les permite vivir con independencia de sus progenitores en un tiempo menor al nuestro. En cambio, nosotros para desarrollarnos necesitamos tener un entorno que nos proteja y nos sustente.

Estamos viviendo en una generación muy distinta a las anteriores, en las que los recursos y las posibilidades escaseaban, pero parece que más que una bendición, esto se haya convertido en un problema.

Estamos plenamente inmersos en el consumismo, siempre nos hace falta cambiar el móvil por una versión superior, la ropa la cambiamos constantemente según la temporada y aún así, abrimos el armario y no sabemos ni qué ponernos.

Tenemos los armarios y el frigorífico llenos de comida que en su mayoría no llegaremos ni a consumir; por tal exceso, **ésta caducará y tendremos que desecharla...** El problema que sufrimos es no saber escoger bien, no saber poner límites para poder ser más felices con lo que tenemos.

Apuesto a que alguna vez has experimentado que cuando los recursos escaseaban, los valorabas y los aprovechabas más. Si sabes hacer buenas elecciones, hasta tu cartera estará contenta.

También es cierto, que a pesar de la época tan buena que nos ha tocado vivir, quien más o quien menos se ha topado con una enfermedad personal o familiar o una pérdida familiar sin previo aviso... Desgracias que tocan y trastornan de lleno tu vida. Pero, si deseas vivir con plenitud, deberás aprender a sujetar el timón y mirar hacia delante.

La satisfacción que te da un sueño realizado no es nada en comparación a la **satisfacción que llegarás a sentir cuando** te des cuenta de los ovarios guerreros que habrás tenido, para que el ánimo no te decayese y seguir día tras día luchando por acercarte más y más a tu objetivo.

La mayor satisfacción no se da por las medallas colgadas que otros te puedan ver desde fuera. Sino, por el trabajo que sólo tú sabes que has tenido que realizar para llegar hasta ahí sin desvanecer.

¿Te ha pasado alguna vez que has conocido a cierta persona que la ves y ves detrás de ella una vida con sentido y te preguntas cómo ha logrado estar donde está? Su vida esconde cierto misterio y magia, una historia interesante que contar al mundo. Son personas que no paran, van aceleradas por la vida, pero felices, siempre tienen un plan por hacer que les llena. Cuando te cuentan acerca de sus próximos proyectos, sus ojos están brillantes, se filtra la felicidad por cada poro de su piel.

Tú también puedes lograr eso, **una vida que merezca ser contada**. Puedes convertir tu vida en una historia que tenga un título increíble.

"Todas las personas mayores han sido niños antes (aunque pocas lo recuerden)"

Antoine de Saint-Exupéry

Nuestras historias están marcadas en su principio y en su final por el misterio, ya que no podemos saber en qué momento íbamos a nacer y en qué momento nos vamos a marchar. Pero lo que sí que podemos hacer es escribir **nuestra trama de en medio**, que al fin y al cabo, es la parte más interesante de nuestra historia.

No montemos escenas aisladas, montemos un gran argumento en el que cada día haya una chispa por la que merezca la pena vivir y contar ese día.

Imagina tu película. ¿Cómo sería?, ¿qué tipo de personajes te gustaría que te acompañaran durante la misma?, ¿qué aventuras ocurrirían?, ¿le has puesto un título que resuene?

Elige como si fueras un águila

"El secreto de la felicidad es simple, averigua que es lo que te gusta hacer y dirige todas tus energías en esa dirección"

Robin Sharma

Si bien, disponemos de millones de posibilidades, parece que éstas lejos de acercarnos a la felicidad, nos alejan de ella.

Cuando escoges una opción entre un millón, te quedas pensando en las otras tantas que no has escogido y en lo que te estarás perdiendo por tu elección.

Ésta es la razón por la que muchos de nosotros nos quedamos paralizados cuando nos enfrentamos a un desafío. ¿La solución sería tener menos posibilidades? De ninguna de las maneras. La solución está dentro de ti, ¿has escuchado la frase: menos es más? Seguro que sí... ¡pues eso!

La verdadera claridad la encontrarás cuando pongas un filtro en lo que de verdad quieres, sin medias tintas, no se trata de limitarte sino de que **si quieres construir tu castillo, en algún lugar tendrás que empezar a construir tus muros.**

¿Has visto alguna vez un colgante de valor?, ¿dónde está?, ¿está en cualquier lugar? Desde luego que no... Está bien protegido, con alarmas y totalmente resguardado de aquellos que no sean capaces de pagar el precio.

¿Y tú?, ¿cuánto estás protegiendo y valorando lo más preciado que tienes: tu tiempo?

Vivimos en un momento de consumo brutal, en el que no nos queremos perder nada, queremos estar al día en todo...

A diario, somos bombardeados con miles de datos sueltos por todos los medios: Facebook, Twitter, televisión, radio…

¿Hasta que punto estás filtrando la información y opiniones personales que recibes de los demás? **No puedes conformarte con dejar entrar a tu mente, que es tu morada, cualquier tipo de opiniones.** Igual que tampoco dejarías que entrase en tu casa una persona que sabes que va a acabar destrozándotela y encima haciéndote enfadar.

Debes tomar el control y pilotar tu nave hacia donde quieras llevarla.

Tienes que empezar a leer más de aquello que te gusta y te enriquece, te invito a que asistas a más eventos inspiradores, a que hables con más personas con opinión diferente a la tuya, para que amplíes miras. Debes crearte un entorno de personas (puede ser a través de libros audios, videos… no sólo tienen que ser personas físicas) que te hagan crecer.

Sé consciente de que no todas las personas que conoces deben de formar parte de ti el resto de tu vida.

> Una vez me contaron que la vida es como un trayecto en tren, en el que ciertas personas van subiendo a tu vagón y bajando cada cierto tiempo. Algunas son agradables, se sientan a tu lado y compartes con ellas un maravilloso

> e inolvidable viaje hasta el destino final. Pero como en un tren cualquiera, otras han tenido que bajar unas cuantas estaciones atrás de tu destino.

Deja de ponerle excusas a la vida de que no tienes tiempo, los hijos, el trabajo, el dinero... Hay personas que han logrado cosas maravillosas sin poder moverse de una silla de ruedas o tener que hablar a través de un ordenador.

Conocemos a personas que han trabajado gratis para lograr conseguir ciertos conocimientos o habilidades en aquello que les apasionaba. Y alguno, aún se pone excusas para salir a hacer deporte a la calle (aunque haya sido SU ELECCIÓN para lograr el cambio físico que DESEA) porque dice que *hoy han bajado las temperaturas...*

¿En serio?

La sorpresa que no esperas

> "¿A quiénes de vosotros os gustan las sorpresas? Mentira, sólo os gustan las sorpresas que queréis. A las demás las llamáis problemas"
>
> Anthony Robbins

De la muerte no se habla. Pensamos que si no la mencionamos no existe, no queremos verla, preferimos creernos inmortales.

Dejamos de hacer cosas porque total, no nos va a pasar nada. Estamos sanos, aún somos jóvenes... pensamos hacer las cosas siempre más tarde: llamar a nuestra hermana, abrazar a nuestra pareja antes de marcharnos o viajar a Australia en unos años...Total al final del día, de la semana o del año que viene podremos hacerlo.

¿Verdad?

No es fácil hablar de la muerte, pues apetece más hablar de otro tema. La propia palabra suena fría. Pero **la muerte si no estás consciente de ella te puede dar una sorpresa y no será agradable. No sabes cuándo va a llegar, pero cuando lo haga va a romper todos tus esquemas.** Ya sea nuestra propia muerte o la de un ser querido.

Ya no podemos hacer como cuando éramos niños y estábamos en la cama y de repente notábamos la presencia de un ladrón. Nos tapábamos la cabeza y nos quedábamos muy quietos para que pensara que no había nadie y se fuera. Eso ya no nos funciona...

Debes hacerte responsable de tu propia vida, de vivirla como quieras vivirla, de ser feliz. Hasta la fecha, sólo tienes constancia de que tienes una única vida. NO LA DESPERDICIES.

> Toma tu agenda y planifica todas esas cosas que tienes pendientes por hacer, pero no tareas como llevar el coche a revisión o la próxima cita con el dentista. ANOTA AQUELLOS SUEÑOS QUE TE QUEDAN POR CUMPLIR Y TRATA DE CUMPLIRLOS.

Irte en invierno a una casita rural en un pueblo nevado, viajar al Machu Pichu, escribir un blog o un libro, comer en un restaurante estrella Michelin... lo que sea que te haga feliz. No dejes de escribirlo.

Es tu responsabilidad ser feliz, toma las riendas de tu vida de una vez por todas y sal a vivir.

Siento ser yo la que te diga esto... Pero **no esperes recibir un día la sorpresa de que la muerte está cerca, a través de una enfermedad incurable, para querer hacer todo aquello que no hiciste durante 30 años, es imposible.** Viaja más, ríe más, medita más, pasa más tiempo con amigos y familia...

Vive como nunca, como si cada día de tu vida fuese el último, porque en verdad, ¿quién te está **diciendo que mañana tendrás el placer de levantarte de nuevo?** No es pesimismo, ni mal rollo, es realismo tan real como la vida misma.

Vive el ahora.

Sin perder la esencia

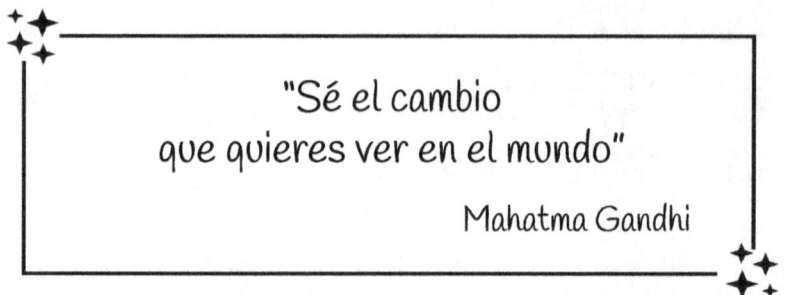

"Sé el cambio que quieres ver en el mundo"

Mahatma Gandhi

Considero que somos personas en continuo desarrollo y que a lo largo de nuestra vida cometeremos errores garrafales pero también aciertos increíbles.

Vivirás etapas en tu vida de éxtasis y felicidad absoluta y otras que las pasarás entre lágrimas. Pero pase lo que pase, **tanto si es bueno como si es malo, pasará.** Enfoca tu vida en lo importante. Peter Drucker lo explicó claramente: << no hay nada tan inútil como hacer de un modo eficiente aquello que no es necesario hacer>>.

Cada día se abren frente a ti ventanas de oportunidades y posibilidades múltiples. Tu destino quedará establecido en base a las elecciones que ejecutes. Los cambios dan miedo, pero si te quedas donde estás, con suerte seguirás en el mismo punto en el que estás o para tu desgracia te estancarás y con el tiempo retrocederás casillas. **Juega bien tu partida.**

Seguro que has observado alguna vez que un restaurante que frecuentabas, siempre estaba abarrotado de gente ya que contaba con un servicio exquisito, pero con el paso del tiempo se confiaron en que eran los mejores y el servicio acabó siendo malísimo. Esto ocurre porque **se han acostumbrado al éxito. Están cómodos y creen que su situación no cambiará.** Dejan de asumir riesgos, de mejorar y se empiezan a dormir en los laureles. Los valores que les hicieron triunfar un día han quedado en el desván.

No olvides que cuánto más éxito obtengas en la vida, más humilde y con más ganas deberás trabajar para mantenerte donde estás, de lo contrario bajarás más rápido de lo que subiste.

Y tras un trabajo bien hecho, no olvides tus recompensas...

Haz lo que te haga feliz, tanto si es tener un buen reloj, comer en un restaurante estrella Michelin o tener el último móvil del mercado. No podemos negarnos que la vida está llena de bienes materiales que nos hacen la vida mucho más cómoda. Pero no dejes tampoco que éstos sean el motor de tu vida.

Disfruta de lo que el mundo guarda para ti: el placer de un atardecer con una amiga, la playa paradisiaca que visitarás este verano o una noche de verano tranquila bajo las estrellas. Son regalos de la vida gratuitos e inolvidables, que quedan grabados en tu mente.

En el trabajo nos pasamos gran parte de nuestra vida, es por eso que debes realizar tu trabajo con pasión, sea cual sea tu trabajo, no tienes porque tener un título universitario para que tu trabajo sea inspirador.

Sería imposible describirlo mejor de lo que lo hizo Martin Luther King: << **Si un hombre está llamado a barrer las calles debería barrer las calles igual que pintaba Miguel Ángel, componía Beethoven o escribía Shakespeare. Debería limpiar las calles tan perfectamente que los moradores del cielo y la tierra se detuvieran a decir: aquí vivió un gran barrendero que hizo bien su trabajo**>>.

Transformando creencias

Creencias

Tus creencias son las ideas fijas que te hacen asociar un hecho a una idea. Las creencias son ideas que tienes arraigadas y que crees incondicionalmente, de manera consciente o inconsciente.

Se forjan durante toda la vida, pero es durante los primeros siete años cuando las que adquiriste lo hicieron de una manera más profunda, ya que te tomabas al pie de la letra aquello que se te dijo. Fuimos verdaderas esponjas. Algunos ejemplos de creencias:

★ A las mujeres les encanta comprar.

★ A los hombres les gusta el fútbol.

★ En verano siempre engordo.

Tus creencias, sean verdaderas o no, te impulsan a una acción. Piensa en lo que pueden llegar a hacer las creencias.

La creencia en Papá Noel te hacía fantasear toda la nochebuena, pensabas que en cualquier momento ese señor regordete y canoso entraría a casa cargado de regalos. Le ponías agua a los renos, en especial a Rudolf, y algunas galletitas para Papá Noel. Intentabas no dormirte esa noche para ver si conseguías verlo. Cosa que nunca sucedía.

Te preguntabas muchas veces por dónde entraba, ya que en tu casa no había chimenea. Durante años y años te estuviste creyendo esa historia, hasta que un día reuniste la información adecuada y descubriste que estabas participando en una mentira.

● ●

Esta historia nos deja bien claro que toda creencia puede estar basada en una mentira.

● ●

La información que transmiten algunos padres, no siempre es la que pretenden transmitir, pueden mandar información contradictoria y crear confusión. Veamos un ejemplo. Imagina que un niño está jugando con otro, de pronto el niño quiere un juguete que tiene su amiguito y como éste no se lo da, el niño le pega. Pronto el padre del niño, que lo ha presenciado, se acerca, riñe al niño pegándole en el brazo y le dice: *"no se pega"*. ¿No te parece contradictorio? El padre está haciendo justamente lo contrario a lo que quiere transmitir.

Otro punto importante para las creencias tiene que ver con la cultura. ¿Has pensado alguna vez que muchas de las verdades que para ti son incuestionables, si hubieses nacido en otro lugar del planeta o en otra época tal vez no lo serían? **El simple hecho de nacer en una familia u otra lleva ciertas creencias implícitas.**

"Es curioso como en Estados Unidos ser ambicioso es una virtud y en Latinoamérica es un defecto"

Jürgen Klaric

Me encanta el símil que pone Sergio Fernández acerca de las creencias, él nos dice que las creencias son como las estrellas. Si alguna noche te has parado a ver su resplandor maravillado, pensando en cuánto brillaban en ese instante, en realidad estabas creyendo una mentira. Pues, muchas de esas estrellas en realidad murieron hace millones de años. Con tus creencias pasa lo mismo, muchas de ellas dejaron de funcionar hace mucho tiempo.

¿Cómo construimos una creencia?

Imagina a tu mente como un jardín, hoy plantas una semilla que en un tiempo dará lugar a una planta. Lo mismo ocurre con la idea que se planta en tu mente, ésta con el tiempo dará lugar a una creencia. **Si hay algo en tu vida que no te está gustando, ve a ver cual es la raíz o semilla que lo ha producido y arráncala para plantar una nueva.**

Escoge aquellas creencias que te interese tener y planta sus semillas hoy mismo, no dejes que éstas sean al azar.

Reflexiona si tus creencias son limitantes o no.

Existen dos tipos de creencias: las expansivas/potenciadoras y las limitantes.

> ★ CREENCIAS LIMITANTES: te crean inseguridad, te infunden miedos, te hacen quedar estático...
>
> ✦ No puedo viajar sola.
>
> ✦ El inglés se me da fatal.
>
> ✦ No se cocinar platos elaborados.
>
> ★ CREENCIAS EXPANSIVAS/POTENCIADORAS: te hacen sentirte bien, te empoderan, te animan a hacer cosas...
>
> ✦ En cada viaje conozco personas interesantes.
>
> ✦ Me maquillo muy bien.
>
> ✦ Tengo buen ojo en los negocios.

Imagina que haces un viaje y llevas una mochila llena de cosas inútiles que lo único que hacen es que vayas más pesado y lento.

¿Qué puedes hacer?

Exacto, sacar todas las cosas inútiles para poder caminar por el camino con más facilidad, agilidad y tranquilidad. El viaje es tu vida, y la mochila cargada de cosas inútiles son todas esas creencias limitantes que no te dejan avanzar. Deberás deshacerte de todas ellas cuanto antes, para que puedas caminar con tranquilidad. Vamos a ver cómo las fuiste generando a lo largo de los años...

Las creencias las formamos a partir de 3 formas:

LO ESCUCHADO: Aquellas ideas que escuchaste en el colegio, en casa, a personas de autoridad... ¿Qué emociones tenían tus padres hacia el dinero?¿Era bueno o malo tenerlo? Cuando escuchabas acerca de las relaciones de pareja, ¿éstas eran complicadas o agradables de mantener? ¿Tus padres te decían que luchases por tus sueños o que la vida era demasiado dura y que había que trabajar mucho para obtener poco?

LO PERCIBIDO: Las situaciones que se vivían en casa fueron determinantes. ¿Qué tipo de alimentación llevaban tus padres? ¿El deporte era importante en casa? ¿Tenías momentos para charlar en familia?

LO EXPERIMENTADO: Las cosas que viviste en primera persona. ¿Viste a tus padres sufrir por la situación económica de casa? ¿No llegaban a fin de mes por más que trabajasen? ¿Creaste el concepto de que la vida es dura y de que por más que hicieses no sería suficiente?

Las creencias te pueden venir incluso de generaciones anteriores. Seguro que alguna de las veces que has ido al médico, éste te ha preguntado por tus *antecedentes familiares* de hipertensión, diabetes, colesterolemia... Pues si tus familiares tuvieron alguna patología, es posible que en un futuro, tú también la puedas adquirir. Lo mismo sucede con tus creencias, puede que hayas adquirido alguna y no te hayas dado ni cuenta.

Lo más alucinante que puedes hacer en tu vida es transformar tus creencias limitantes en creencias expansivas. Necesitarás tiempo y alto impacto emocional para que creas que eso que te estás diciendo ahora es cierto.

No hay que culpabilizar a los padres, pues ellos no te pudieron dar algo que desconocían. Ellos te dan y transmiten aquello que conocen con todo su amor, pues quieren lo mejor para ti. Así que **aunque son responsables de las creencias de nuestra infancia, no son culpables**. Pues con la información que ellos han tenido, han hecho las cosas lo mejor que han podido.

Si has descubierto creencias limitantes provenientes de tu infancia, no trates de echar culpas a nadie, más bien trata de responsabilizarte, pues **hoy tú si que tienes una información bastante reveladora y puedes tener con ella una vida extraordinaria.**

¿Cuántas de tus antiguas creencias aún te mantienen atado al pasado y te impiden avanzar?

Vamos a crear un plan para romper cadenas y crear bendiciones en tu vida.

Empecemos...

★ PASO 1: Busca una creencia limitante:

✦ "No puedo viajar sola".

★ PASO 2: Transfórmala:

✦ "Puedo viajar sola".

★ PASO 3: Encuentra hechos pasados que te ayuden a confirmarla:

✦ Cuando tuve que desplazarme a otra ciudad para hacer la entrevista de trabajo viajé sola.

✦ Cuando mi tío enfermó tuve que viajar a otra ciudad.

✦ Cuando tomé el avión a Paris para reunirme con mis compañeros de trabajo.

★ PASO 4: Repítete, tan a menudo como puedas esta asociación, dite que sí puedes, que ya diste pequeños pasos en el pasado y un día lánzate en un viaje sola para comprobarla.

★ PASO 5: Confía en ti.

Mi mentor Laín, me enseño cómo conseguir los resultados partiendo de creencias expansivas. Te lo mostraré:

Utiliza el acrónimo **"CPEAR"** para retener el proceso.

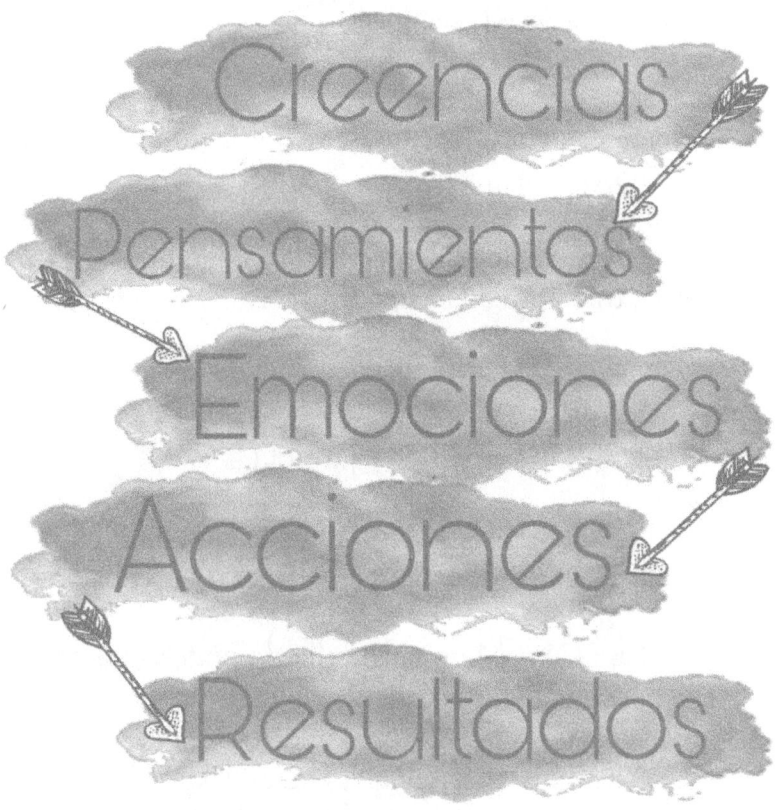

Ya te he descrito lo que son las creencias, ahora lo haré con el resto...

¿Qué es un PENSAMIENTO?

Es un impulso eléctrico automático que se produce ante un estímulo. Los estímulos se relacionan íntimamente con tus creencias.

¿Qué es es una EMOCIÓN?

Es la manifestación física que experimentas ante un pensamiento.

Usemos el ejemplo de nuestra creencia limitante: *no puedo viajar sola*, transformada a una expansiva.

> ★ CREENCIA: Puedo viajar sola.
>
> ★ PENSAMIENTO: No dependo de nadie para viajar dónde y cuándo me apetezca, soy libre.
>
> ★ EMOCIÓN: Me siento feliz de poder planear mis viajes con libertad.
>
> ★ ACCIÓN: En mis vacaciones de Mayo iré sola a Australia, un viaje que siempre he soñado hacer.
>
> ★ RESULTADO: Vuelvo con la confianza cargada a niveles máximos, un sueño cumplido y con nuevos viajes por hacer en mente.

Te habrás percatado que lo que hemos creado a la hora de cambiar una creencia limitante por una expansiva ha sido una afirmación. ¿La ves?

Las afirmaciones te servirán para reprogramar tu mente en positivo. Para que de verdad funcionen no vale sólo con que las repitas como un lorito, sino que debes creerlas y **llevarlas a la acción tan pronto como puedas.**

¿Cuál es tu creencia más limitante? Estoy segura que tienes bastantes en diferentes áreas de tu vida: en el amor, negocios, relaciones, dinero, físico, espiritualidad...

Un pasado desastroso nunca ha augurado un futuro excelente si no hay un cambio radical.

Veamos algunos ejemplos inspiradores de personas que rompieron con su pasado...

- ★ **Chris Gardner**, pasó de ser un chico violado a los 8 años y de vivir en la calle a ser multimillonario.

- ★ **Oprah Winfrey**, hija de una criada adolescente que apenas podía mantenerla, fue mandada a vivir con su tío. Éste la agredía sexualmente, salió de esa situación y ahora es considerada una de las mujeres más influyentes.

- ★ **Nick Vujicic**, tiene una historia que ha dado la vuelta al mundo a través de las redes sociales. Un hombre sin brazos, ni piernas que no experimenta imposibles en su mente. Ahora es un conferencista motivacional internacional y orgulloso padre de familia.

Estas personas podían y tenían todo el derecho a establecerse unas creencias limitantes a consecuencia de su pasado. Pero lejos de eso, las cambiaron por creencias expansivas que les permitieron ser mucho más de lo que jamás hubiesen soñado.

• •

Te propongo detectar tan sólo 5 creencias limitantes y cambiarlas por creencias expansivas.

• •

¿Lo has hecho? No me digas que has preferido seguir leyendo antes que cambiar tu vida. No has venido aquí a pasar el rato, has venido a transformar tu vida. ¿No es así? Pues manos a la obra, yo seguiré aquí esperándote para cuando estés listo para seguir.

A por ello...

¿Ya? Muy bien, eres un crack, sabía que lo harías, eres imparable. **Gracias por confiar en ti y romper moldes.** En otro momento quizás no lo hubieses hecho, pero se nota que estás cambiando. ¡¡¡FELICIDADES!!!

Continuemos aprendiendo más y más...

Como has visto según tus pensamientos, así serán tus emociones, que a su vez darán lugar a unas acciones con resultados positivos o negativos.

> *"Todo lo que somos es el resultado de lo que hemos pensado"*
>
> Buda

Los pensamientos que tienes transmiten una vibración y ésta puede ser:

★ VIBRACIÓN DE ALTA FRECUENCIA, PENSAMIENTOS POSITIVOS: harán que nos sintamos bien cuando los tengamos.

★ VIBRACIÓN DE BAJA FRECUENCIA, PENSAMIENTOS NEGATIVOS: nos hacen sentirnos pequeños, débiles, inseguros...

Dan Millman en *El Guerrero Pacífico* refleja: <<**Ni tu decepción, ni tu cólera son causadas por la lluvia. La lluvia no es más que una manifestación normal de la naturaleza. Tu decepción, a causa de tu merienda estropeada y tu alegría al regresar el sol, son ambas fruto de tus pensamientos**>>. Como vimos atrás, tus pensamientos son generados a partir de tus creencias, y estos a su vez dan lugar a tus emociones.

Tus creencias equivalen al software de tu ordenador, que nada más encenderlo empieza a funcionar. Tu inconsciente al igual que un ordenador, no determina si el programa en cuestión es bueno o malo, simplemente lo ejecuta.

Tus creencias y pensamientos automáticos te hacen sentir bien o mal, y en base a ello actúas. Si esas creencias (programas) son de escasez, será lo que acabes obteniendo en la vida.

Como dijo T. Harv Ecker: "Si un roble de treinta metros de altura tuviese la mente de un ser humano, sólo alcanzaría una altura de tres metros". La naturaleza explaya todo su potencial, el árbol crece todo lo que puede crecer. ¿Por qué tú no?

Si tus creencias son limitantes, crearás en ti la indefensión aprendida. **La indefensión aprendida se refiere a cuando nos comportamos pasivamente ante una situación, ya que creemos que no tenemos la capacidad de poder hacer algo para salir de ahí.** Pongamos un ejemplo de ella...

Si pones en un bote a un saltamontes y lo tapas, el saltamontes intentará huir saltando, pero no podrá escapar debido a la tapa. Llegará un momento en el que tras muchos intentos, desista y ya no luche por escapar. Aunque quites la tapa éste pensará que no tiene escapatoria y ni intentará saltar para huir.

A nosotros, nos sucede lo mismo que al saltamontes, **tras muchos años usando el mismo patrón de creencias, cree-**

mos que es lo único que existe y no hacemos nada por cambiar nuestra situación.

Paulov, un fisiólogo ruso, hizo un experimento para comprobar como la programación era posible pasarla de generación en generación.

Cogió dos grupos de gusanos y los metió en cajas diferentes e hizo lo siguiente:

- ★ *Caja 1*: a estos gusanos les alimentaba y les dejaba tranquilos.

- ★ *Caja 2*: a estos gusanos les pinchaba con una aguja. Los gusanos para defenderse se hacían una bola.

Al cabo de un tiempo, los gusanos de ambas cajas tuvieron crías. Las crías fueron separadas de sus madres nada más nacer para que no fueran influenciadas. Lo que ocurrió con las crías fue lo siguiente:

- ★ *Crías de la caja 1*: cuando se las alimentaba estaban tranquilas.

- ★ *Crías de la caja 2*: cuando se abría la caja para alimentarlas se hacían una bola. (En ese momento no había intención de pincharlas). Se hicieron bola porque ya estaban condicionadas genéticamente.

Lo que significa que cuando las crías nacieron ya llevaban implementada la programación de sus padres en el ADN.

Como buen aprendiz del éxito que eres, vas a buscar trascender por encima de las creencias limitantes que adquirieron tus antepasados.

El escritor James Allen, nos ofrece un maravilloso poema para reflexionar acerca de nuestras capacidades:

> Obsérvate a ti mismo, amigo mío.
> Tú posees todo aquello que los grandes hombres tuvieron.
> Dos brazos, dos manos, dos piernas, dos ojos
> y una mente para usar, si estás despierto.
> Tú eres el mismo obstáculo que has de superar.
> Tú sólo has de señalar a dónde quieres ir,
> el objetivo que quieres conseguir.
> Y el sacrificio que estás dispuesto a pagar.
> Coraje y valor deben de venir de ti,
> toda persona marca su camino.
> Obsérvate a ti mismo, amigo mío,
> tú posees todo aquello que los grandes hombres tuvieron.
> Con el mismo equipaje, ellos empezaron.
> Pon en ello, pues, tu empeño y di: <<Yo puedo>>.

Lo que nos diferencia a unos de otros, lo que hace la diferencia entre los que obtienen éxito y los que no, es el nivel de fe y creencia en que sí pueden lograrlo. Como dijo Tony Robbins: **"no existen personas sin recursos, sólo estados emocionales sin recursos".**

Las circunstancias que te ha tocado vivir pueden ser complicadas, más que las de cualquiera que tengas a tu alrededor, pero tener una mente derrotista o victoriosa es sólo decisión tuya.

Lo mejor que podemos hacer es lo que hizo el futbolista Cristiano Ronaldo, con las circunstancias familiares vividas. Su padre murió durante su adolescencia por problemas con el alcohol y él decidió no beber alcohol en exceso. Él consiguió revertir una situación desastrosa e hizo con su vida justo todo lo contrario. Su creencia se convirtió en que: *beber alcohol en exceso arruina vidas.*

Donde empiezan los sueños

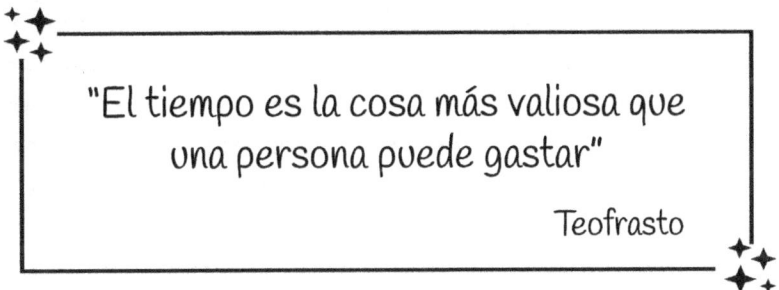

"El tiempo es la cosa más valiosa que una persona puede gastar"

Teofrasto

La edad no tiene límites, si tú no los quieres poner. Vas a conocer la historia de cómo una chica a los 15 años fundó su propia empresa.

Lucía Sánchez Pozo es una chica española, nacida en el año 2000. Todo un ejemplo de superación y creatividad. Es CEO de Unicorn Gamer. Y cuenta con tres aplicaciones de juegos para móviles: Spanish Driver, Crazy Blocks y Smash Ball.

Desde bien jovencita, aprendió el arte de la programación de manera autodidacta. Apenas contaba con diez años cuando veía videos en YouTube y usaba la plataforma Stencyl. A sus doce años empezó a desarrollar juegos.

En 2015, fundó la compañía Unicorn Gamer, de la que es la CEO. Un año más tarde fue conferenciante en el congreso Future of Advertising (FAO) en Madrid y también participó en TEDx con su charla: "*Aprenderlo todo en YouTube*".

Toda una lección acerca de cómo se pueden conseguir grandes cosas a través de los medios que tenemos hoy en día a nuestro alcance. La edad no fue un impedimento para que ella se pusiera manos a la obra. Entonces, ¿por qué hay tantas personas limitándose por su edad?

Esta chica en vez de diversificarse en miles de aprendizajes e ir avanzando un pasito en cada proyecto, se centró en una sola cosa: la creación de juegos. **Centró todas sus energías y apuntó a un solo foco. Todas las fuerzas que no estaban expandiéndose a otros lugares, se concentraron tanto en un mismo punto, que hicieron que creciera muy rápido.**

Tienes que ponerte en marcha en aquello que quieres lograr, porque como dice el dicho: *agua estancada no mueve molinos*. Es inútil sentarse y estar preocupado por ver cómo harás las cosas. **El baile se aprende bailando.** Con el tiempo irás mejorando.

Tu mente es tu mayor muro, tienes que derribarlo. Tú sabes lo que tienes que hacer y no puedes paralizarte.

A veces, el entorno también espera de ti ciertos comportamientos, **si aún no te sientes preparado para decirle al mundo lo que piensas hacer: hazlo nada más**. No se lo cuentes a nadie. Ya llegará el momento en el que te sientas preparado para contarlo, que eso no te paralice.

No puedes quedarte estancado en situaciones que quizá nunca ocurran o si ya han ocurrido no tienen marcha atrás. Debes enfrentarte a lo que tienes delante. Si tienes un desafío, lo afrontas, pero no pierdas el tiempo con cosas que ahora no te aportan, sólo te restan.

> Piensa, cuando hagas algo, si es lo más importante que podrías estar haciendo en ese momento con tu tiempo y tus recursos.

En muchas ocasiones estamos invitados a eventos que no nos resultan atractivos o no nos apetece ir, pero que por quedar bien acudimos. Haz que el simple hecho de estar invitado no sea una razón de suficiente peso como para que tengas que asistir.

Cuando llegues a ese punto en el que dejes de decir sí a todos, podrás empezar a dedicar más tiempo y energías a tu proyecto de vida. La pregunta que tienes que hacerte es: **¿Estoy invirtiendo el tiempo necesario en las actividades primordiales?**

Espero que tu respuesta sea SÍ.

Ladrones de sueños

Hay personas que se dedican a robar sueños, pareciese que esta fuese su profesión. Todos lo hemos vivido. Personas que te dicen que por estar obeso no puedes correr una maratón, profesores que le han dicho a alumnos que no sirven para hacer determinada carrera, padres que les dicen a sus hijos desde bien pequeños que no valen para dedicarse a eso que quieren.

¿Quién nos hemos creído que somos? Repito. ¿Quién nos hemos creído que somos?

Todo empieza en uno mismo y acaba en los demás. Cuando te conviertes en líder de tu vida y a pesar de las críticas sigues adelante, otros que están en la situación que estabas tú cuando te encontrabas en tu punto de partida, te seguirán. Querrán lograrlo al igual que tú lo hiciste. Y ya no podrás parar porque entonces, sabrás que tienes detrás a personas a las que estás inspirando.

Lo maravilloso de ese momento es que los pensamientos de escasez y de impotencia ante lo que te suponía un desafío, se habrán disipado.

Vivimos en una sociedad conectada donde todo se comparte. Vemos a otros compartir historias de superación constantemente, que nos motivan y nos hacen de palanca para tirar nosotros también adelante.

Necesitamos brillar para ser brillantes, no fingir que somos brillantes.

No podemos seguir viviendo como se ha estado haciendo hasta ahora: trabajo de ocho a tres, cásate, hipotécate por una casa que no puedes pagar, cómprate un coche que no puedes permitirte para que personas que ni conoces se giren a mirar... Eso ya no sirve. Algunas personas se han dado cuenta ya de esto, y han dicho NO.

Se han transformado.

Hay personas que se han levantado, han creído en sí mismas, han pasado de ser seguidores a ser líderes, han roto imposibles, se han superado a sí mismas haciendo cosas que jamás pensaban que podrían lograr.... Y gracias a internet, esto se está difundiendo a velocidad de vértigo para que otros se unan y digan: YO TAMBIÉN PUEDO.

Debes arriesgarte para que suceda porque si por miedo no lo haces, nada sucederá; y si nada sucede, nada contará. Lo que importa es lo que sucede después de fallar, pues lo más probable es fallar.

Falla mucho, pero fracasa poco, porque fracasar significa que ya sabías que eso no funcionaba y aún así repetiste lo mismo.

Debemos ponernos en marcha, no esperar que venga otro y nos diga: TÚ ERES EL ELEGIDO, puedes ser capitán del equipo, serás ascendido... De este modo, lo único que hacemos es ser víctimas y excusarnos en que si no me eligen es porque ellos aún no se han dado cuenta de lo que valgo. Esa es una actitud victimista.

Elígete a ti mismo.

YouTube me fascina, desde que se abrió esta red, muchas personas increíbles salieron a la luz, chicos como Justin Bieber colgaron sus primeras canciones en la red y el apoyo de la gente hizo que hoy esté donde está.

Ya no hay que ser una gran empresa, un gurú o un famoso para hablarle al mundo entero. Hoy gracias a las redes sociales todos podemos exponer nuestras ideas libremente.

Somos más de 7 billones de personas las que estamos vivas en estos momentos en el mundo, deseando conocer lo que tú tienes que contar. Debes dejar una huella que diga QUE TÚ ESTUVISTE AQUÍ.

Crea tu empresa, un podcast, escribe un libro, abre un vlog, una web, crea una ONG, crea un producto, crea una APP... Tú decides dónde poner tu talento.

Cómo desprogramarte

Desprogramarte de las creencias limitantes es crucial. Si quieres avanzar y cambiar tus resultados, primero deberás trabajar sobre la raíz.

Los primeros siete años de vida son cruciales en la vida de un niño, pues llega a conclusiones erróneas por no saber diferenciar lo que es una broma de lo que es cierto, pues aún está en proceso de aprendizaje. Una vez pasan los siete años su cerebro empieza a ser más parecido al que tendrá de adulto.

Es por eso que los niños tienen más sueños y aspiraciones que los adultos, pues no tienen esas creencias limitantes que les impidan, por ejemplo, pensar qué quieren ser de mayores. **Ellos escuchan sus deseos, los deseos del alma, no acallan esa voz que los adultos parecemos ya no tener.**

Cuando fuimos niños hicimos asociaciones que tomabamos como verdades absolutas, aunque realmente no fuesen ciertas. Ahora hay que derribar esos muros.

La pregunta es: ¿dejarías que un niño de siete años tomará decisiones en tu empresa? ¿Elegirías a tu pareja en base a lo que un niño de siete años te digiera?

Pues si no quieres que esto suceda debes actualizar tu software mental y reprogramarlo con creencias que tengan sentido y no con las que se crearon en tu más tierna infancia.

Cada persona lleva sus gafas personalizadas, cada lente hace que cada persona vea el mundo de una determinada manera. Ni tú, ni yo, llevamos la misma graduación. Por tanto, nuestra manera de ver el mundo es muy distinta.

Eres responsable de lo que piensas, como dicen los sabios: **"en la naturaleza todo lo que no está creciendo, está muriendo".** Empieza a enriquecerte de nuevos pensamientos. Te lo debes.

Tu miedo surge porque hay cosas que desconoces aún o que no comprendes. Tu "ego" tratará siempre de protegerte, su función es ponerte unos muros que protejan tu fortaleza: la seguridad que ahora sientes.

• •

Algunas de tus creencias están caducadas y si no las desechas y las sustituyes por unas nuevas, te pasará igual que si te tomas un yogur caducado de hace tres años.

• •

Otra idea fundamental es que cada vez que tomes una decisión veas si lo haces desde el amor o desde el miedo. **¿De verdad lo quiero hacer o lo hago por miedo a perder algo?** Escucha tu voz interior.

Reconoce cuáles son tus límites, esa parte negativa de ti, acéptala y trata de trabajarla. Cuando la aceptes y te conozcas en lo bueno y en lo malo, las críticas te dolerán menos. Pues, tú sabrás lo que es cierto y lo que no.

Tú al igual que yo, tendrás algo que no te convenza de ti. ¿Qué es aquello que menos soportas? ¿A qué cosas temes más? ¿Qué situaciones te cuesta manejar?

Seguro que te ha pasado que un día te sentías mal y no sabías porqué. Si te hubieses parado a analizarlo con tranquilidad, hubieses descubierto que ese día habías estado teniendo pensamientos negativos acerca de una situación, una persona, algo pendiente por hacer... Por eso te sentías mal, alimentaste tu mente de algo negativo, y te acabó pasando lo mismo que si hubieses comido un yogurt caducado, acabaste sintiéndote mal. **No sólo por lo físico enfermamos, también lo hacemos por lo mental.**

Cada vez que te encuentres criticándote, auto-exigiéndote, auto-saboteándote... para de inmediato esa crítica. ¡Detente! **Contrarresta el odio con amor, háblate como le hablarías a un niño, con ternura:** todo es mejorable, en ese momento las cosas no salieron bien, pero la lección quedó aprendida. Es tu ego quien te está gritando, no le dejes.

Si los comentarios que no te gustan son externos, de poco te sirve ponerte a la defensiva, salvo para ponerte de mal humor. Usa la empatía. Piensa como lo haría la psiquiatra Marian Rojas: **cuando alguien nos comente algo que no le gusta de nosotros, pensemos que *es sólo su opinión*. A mí, me gusta esto y acepto la opinión aunque no la comparta.**

Si te molesta que otra persona te diga que tus zapatos no le gustan y a ti te encantan... dile con empatía: *pues a mí sí que me gustan*; y descarta el tema. No entres en discusiones con esa persona, ya que te pondrás de mal humor. Acusar, culpar o echar cosas en cara sólo empeorará la situación. Ya lo sabes.

Algunos se han acostumbrado a que los demás les den la razón y no sólo eso, sino que cuando quieren algo, lo quieren instantáneo. A veces, simplemente no es el momento porque aún no están preparados para administrarlo y no pasa nada, hay que tener paciencia. Todo llegará en su momento apropiado.

Debemos detenernos de vez en cuando y dejar que las cosas fluyan, no siempre podemos estar forzando la máquina. De hecho, el tiempo es el encargado de salvar muchas situaciones que de haberlas forzado hubiesen acabado bastante mal.

Cuantísimas veces hemos tenido un desafío que nos parecía imposible de solucionar y cuando ya lo hemos conseguido superar, descubrimos que mereció la pena la espera. **Cuando estás haciendo las cosas de la mejor forma que sabes hacerlas y aún no han salido como esperas, lo mejor es confiar.**

*Lo que ha de ser para ti,
lo acabará siendo.*

Éxtasis de vida

Salvador Dali dijo una frase que me encantó: "*Yo no tomo drogas. Yo soy una droga*". Tomarse la vida tan en serio como para ser feliz suena fantástico, pero pocos la toman enserio. Warren Buffett, el conocido inversor de Wall Street decía que **los pobres son los que invierten en dinero, los ricos en cambio invierten en tiempo**. La forma en la que afrontas la vida es determinante.

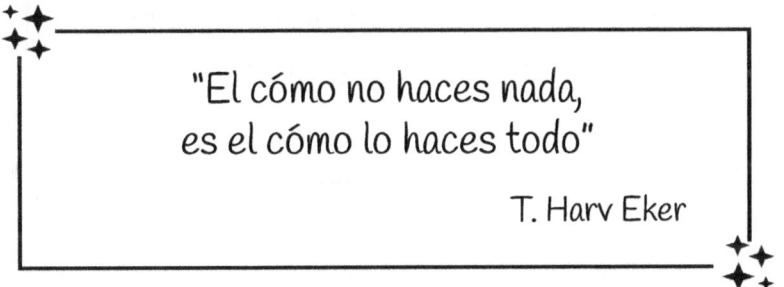

"El cómo no haces nada, es el cómo lo haces todo"

T. Harv Eker

Cada cosa que estás comprando la compras con tiempo, el tiempo de vida que dedicas a trabajar a cambio de dinero, pero ¿merecen la pena todas esas cosas que compras? A veces sí, otras en cambio... no tanto.

Nos encontramos sumergidos en un mundo de consumismo en el que apenas tenemos el tiempo para pararnos a pensar en si algo lo necesitamos tanto como creemos. Te dices a ti mismo: << me lo merezco, hoy he trabajado mucho y ese abrigo es mi recompensa. ¿Sino para que trabajo tanto?>>. Aunque la reflexión en realidad debería ser: **Si necesitase menos cosas, ¿necesitaría trabajar tantas horas?** o **¿Con las horas que trabajo y los ingresos que genero,** si aprendo a invertirlos mejor, estos podrían llevarme a tener esas experiencias que tanto anhelo?

Cada uno tiene experiencias que le encantaría vivir **¿Cuál es tu lista?** Sobrevolar el Gran Cañón del Colorado en avión; Nueva York en navidad; un exótico viaje por Tailandia...

> "La tragedia de la vida no es la muerte, sino que nos dejamos morir mientras aún seguimos vivos"
>
> Norman Cousins

Guau, suena tan, tan bien... Ahora te estarás diciendo sí, voy a hacer mi lista e invertiré mejor mi dinero. Pero eso no basta, deberás crearte un plan más estructurado; **planea cuánto dinero guardarás al mes para sueños y haz de ese dinero un fondo intocable** (como si ya no existiese). Seguro que llegará el día en que quieras gastarlo en algo que te parezca indispensable y no lo sea realmente, aunque tengas la tentación ahí... no tires la toalla. Es justo en ese momento en el que deseas abandonar en el que debes demostrar tu firmeza, tu fuerza interior.

En tu vida cuida hasta el más mínimo detalle: lee libros que te inspiren y te ayuden a crecer como persona, aliméntate con la mejor comida que puedas, experimenta platos, visita lugares fantásticos que te colmen de energías positivas, rodéate de personas que te transmitan serenidad, alegría, ganas de mejorar...

"La comida que comes puede ser la más poderosa forma de medicina o la forma más lenta de veneno"

Ann Wigmore

No sigas estando con personas con las que sólo estás porque las conoces *desde siempre*. Permítete abrirte a nuevas relaciones, empiezas a ser una persona renovada. Empezarás a mantener relaciones con personas que, unas serán conocidas *desde siempre* y otras serán conocidas más recientemente.

No olvides, que tú también debes cuidar las relaciones, **una relación es cosa de dos y tú también debes estar al lado de esa persona cuando esté asumiendo un nuevo desafío.**

El niño eterno

Los adultos somos niños deteriorados... pues cuando éramos pequeños todos teníamos un afán de superación increíble, nos gustaba experimentar y las opiniones ajenas no eran lo más importante.

Poco a poco, **los adultos fueron restando poder a nuestro héroe interior** hasta que estos acabaron encerrados en una habitación oscura de la que apenas salen contadas veces. Están en una habitación con acceso restringido, en la que **sólo cuando alguien nos da la suficiente confianza como para presentarle a nuestro héroe, éste logra volver a ver la luz y demuestra sus poderes.** Es en ese momento cuando más vivo te sientes, el tiempo pasa más rápido y el corazón parece latir con más fuerza pues está lleno de ilusión. **Es la magia del eterno niño.**

Con el tiempo, todos aprendimos a ser "normales", a vivir vidas "normales", buscamos la forma de encajar en la sociedad, buscamos la forma de tener más bienes materiales... Pero si de verás quieres vivir una vida a lo grande, deberás buscar tú mismo la forma de traer de nuevo ese héroe a tu vida.

> "Vivir en los corazones que dejamos atrás, no es morir"
>
> Thomas Campbell

Aférrate al sueño que tengas como la meta más importante a lograr, como si fueses un niño. Dedícale tiempo. Recuerda que **cuando ves a alguien en un pódium, triunfando en los negocios o con una familia fantástica, lo que estás viendo sólo es el resultado.** Lo cierto, es que esa persona dedicó horas y horas a su objetivo. Tuvo enfoque en su objetivo, paciencia en los momentos de derrota y siguió adelante con su plan.

Todos empezamos con poca o sin experiencia en la persecución de nuestro sueño, pero **a base de convertir los objetivos diarios en hábitos, lograrás convertirte en la persona exitosa que merece recibir ese estilo de vida que anhela.** Tú puedes hacerlo, creo en ti.

Para cada persona, **la excelencia** significa algo distinto, para una puede ser:

- ★ Convertirse en una enfermera excelente que deja huella en las personas que cuida y las fortalece para que salgan adelante.

- ★ Convertirse en un padre excelente que sea un ejemplo para sus hijos. Un padre del que puedan aprender valores y con el que lo pasen bien.

- ★ Crear su empresa online para poder dedicarse a viajar por el mundo y cumplir el sueño de sentirse libre.

No existen límites, **todos buscamos formas distintas de vivir una vida plena y todas son válidas** si son respetuosas con los demás. Dejemos de vivir vidas a medias en trabajos que realmente no nos aportan alegría.

Rentabiliza tus segundos

Veo a diario a personas que postergan sus sueños para más adelante. A mí, en cambio me encanta viajar, y a menudo pregunto a las personas por los sitios a los que han ido o les gustaría ir. Y es increíble descubrir cuántas de ellas postergan sus sueños para: cuando sus hijos sean mayores, cuando terminen de pagar el coche, cuando cambien de trabajo, cuando ganen más dinero o incluso cuando se jubilen.

Creemos que somos eternos, que llevamos un escudo protector para que no nos afecten las enfermedades, la vejez o los accidentes imprevistos. Nos decimos: <<Eso les sucede a los demás, a mí me quedan muchos años de vida por delante>>.

Estamos en una hipnosis colectiva descuidando la vida real.

Malgastamos los mejores años de nuestra vida apoyando nuestra escalera en la pared que no era la que queríamos trepar, sólo por no pararnos unas horas a pensar si estábamos haciendo algo que dentro de unos años nos siguiese haciendo felices.

Esperamos que cuando pasen los años y nuestras piernas estén menos fuertes, nuestro corazón más débil... podamos escalar el Himalaya tal como hoy de jóvenes soñamos, en lugar de encontrar la forma de hacerlo hoy que estamos más ágiles de lo que lo estaremos dentro de 10 años.

•••••••••••••••••••••••••••••

Nunca vas a volver a ser más joven

de lo que lo eres hoy.

•••••••••••••••••••••••••••••

> "Si todo parece estar bajo control, es que vas muy despacio"
>
> Mario Andretti

Los obstáculos que te encuentres por el camino utilízalos a tu favor, piensa que están puestos en ese preciso lugar para comprobar hasta que punto estás comprometido. **Cada desafío que enfrentas es una poderosa prueba de fidelidad a ti mismo.** No siempre te llegarán las cartas ganadoras, por eso, tú deberás de ser capaz de saber cómo jugarlas bien.

Si quieres empoderarte deberás antes deshacerte de la parte perdedora, vaga, cansada, la que está esclavizada en el ayer, la que te dice: *una vez lo intentaste y fracasaste, no lo vuelvas a intentar o fracasarás una vez más...* Debes deshacerte de esa parte que habita en ti. Y eso sólo lo conseguirás mediante la **mejora constante, el enfoque y una reflexión profunda a diario.**

De una misma fuente, no pueden brotar dos aguas

La frase: "De una misma fuente no pueden brotar dos aguas distintas" aparece en la Biblia. De modo que o te eres fiel a ti mismo o lo eres con el entorno.

Algunas personas pasan gran parte de su vida adquiriendo cosas que realmente no necesitan y haciendo dinero en un trabajo que no es su pasión para tener cierto poder; buscan la aprobación social, quieren ser respetados. Hasta que llega el día en el que se dan cuenta que gustar al vecino no les llena, no son felices.

Algunos **esperan que el mundo material llene el vacío que sienten en el mundo espiritual,** y eso no funciona. El éxtasis momentáneo que brinda una nueva adquisición parece cubrirlo, pero lo hará durante unos días, después se darán cuenta que fueron engañados por ellos mismos.

Conforme nos acercamos a la mitad de nuestra vida, más cuenta nos damos de que todo es efímero, de que perdemos seres queridos de manera instantánea e injusta, probamos de cerca a la mortalidad. En esos instantes valoramos más que nunca la oportunidad de estar vivos, empezamos a hacernos preguntas y nos prometemos dar a nuestra vida un giro de 180°.

Opón tanta resistencia como puedas a lo mediocre, lidera tu vida, sé implacable con la negatividad, marca diferencia haciendo aquello que haces actualmente... **Los grandes cambios empiezan haciendo lo más mínimo con detalle.** Aporta al mundo una perspectiva distinta de cómo se pueden hacer las cosas, sé alguien ejemplar, tu aspiración debe ser dejar un legado que sobreviva al paso de los años.

Piensa que aunque sólo logres hacer una sola cosa valiosa, si ésta consigue influir de manera positiva a otras personas, habrá valido el esfuerzo. Comprométete con tus resultados y haz que tu objetivo sea una verdadera obra maestra.

Construirte una vida

Imagina la vida como una autopista donde hay diferentes carteles que te indican por dónde vas y cuál es la próxima salida, podrás llegar al lugar que desees siempre y cuando sigas la señal correcta.

Nos dejamos influir más por el a dónde hay que ir, que por el hacia dónde quiero ir. Haz de tu vida lo que desees, si la meta es pura a nadie le puede hacer daño; y si es que en algún **momento dado se lo hace a alguien de tu entorno, si esa persona te aprecia con el tiempo entenderá tu decisión.** Y esto no es un acto de rebeldía, es un acto de RESPONSABILIDAD. Es tu deber tomar el control. No dejes de perseguir tus sueños por el temor a lo que otros puedan opinar.

No seas la persona que espera que la vida le traiga lo que necesita en el momento adecuado sin mover un dedo. CREA TÚ EL MOMENTO. No esperes a que llegue otra persona y haga algo por ti, eso nunca sucederá.

Cada vez que alguien rompa un récord, no lo veas como un acto de demostrar superioridad, sino como una motivación que te dice: <<chicos no hay límites, los límites sólo son mentales, si yo pude, tú podrás>>.

En nuestra niñez no poníamos límites a lo que soñábamos; soñábamos con ser futbolistas en un equipo importante y no con ser el mejor del barrio; soñábamos con ser cantantes de los que iban de gira por el mundo y no con ser cantantes en las fiestas del pueblo… Nuestros sueños no tenían límites, pero fuimos creciendo y las barreras crecieron con nosotros, autolimitándonos.

> "Éste es el verdadero goce de la vida, ese ser utilizado con un propósito que uno reconoce como importante. Ese ser aúna fuerza de la naturaleza, y no un montoncito febril y egoísta de malestares y molestias que se queja de que el mundo no se consagra en hacerlo feliz.
>
> Soy de la opinión de que mi vida pertenece a toda la comunidad, y de que mientras viva es mi privilegio hacer todo lo que pueda.
>
> Cuando muera, quiero estar completamente agotado, pues cuánto más duramente trabajo, más vivo. Gozo de la vida por la vida misma. Para mí la vida no es una pequeña vela. Es una antorcha espléndida

que sostengo con fuerza, y quiero que arda con el mayor brillo posible antes de entregarla a las futuras generaciones."

George Bernard Shaw

Viaje hacia la alegría

El optimismo en la vida se aprende. Hay personas que bajo una serie de circunstancias son alegres, pero no como payasos, sino que se enfadan menos, no generan conflictos, sonríen más, tienen sentido del humor... Y hay otras, que en esas mismas circunstancias son agrias, ponen mala cara, discuten, se quejan...

Tú sabes lo maravilloso que es estar con personas alegres porque esa alegría se contagia, y cuando estás alegre la vida es mejor.

Robin Sharma desarrolló un concepto que me fascinó: *"hacer las pequeñas cosas ordinarias de manera extraordinaria"*. De manera que si eres barrendero: sé el mejor en tu trabajo, limpia las calles como si fuese lo más extraordinario que hagas en tu vida. Que la gente admire tu trabajo. Y es que hay personas que hacen las cosas de manera mediocre, aunque no lo sean, pero están bajas de ánimo y se dejan llevar.

Tú ya has experimentado que **cuando ayudas a alguien te sientes bien**. Llevas dentro ese mecanismo que te hace ser buena persona.

De pequeños a todos nos enseñaban a dar las gracias, pero hoy en día apenas se mantiene el hábito y no porque sea algo difícil de ejecutar, sino porque nos olvidamos de que la persona que tenemos delante es una persona como nosotros, con ganas de sentirse valorada por su trabajo, exactamente igual que tú.

Vemos a los demás haciendo su trabajo y creemos que es su obligación darnos el servicio. Pero es que dando las gracias el otro se siente bien y tú también. ¿No merece la pena?

Una situación que muestra esta pasividad hacia los demás es la que ves cuando subes a un autobús. ¿Cuántas personas de las que se suben al autobús saludan al conductor? Apenas unas pocas, la mayoría hacen como si no estuviera y a veces, el propio conductor hace lo mismo, supongo que cansado ya de ver gente que le hace sentir como *"el hombre invisible"*... Con lo fácil que es decir un *"buenos días"*.

El despertar

¿Has visto las personas cuándo se preocupan? Lo hacen cuando piensan en el futuro y en el pasado. En el momento en el que lo hacen no se dan cuenta que dejan de vivir el presente para pensar en algo que no se puede cambiar o en algo que ni ha llegado o que quizá y lo más probable es que nunca llegue.

Victor Frankl en su libro en *El Hombre en Busca de Sentido*, se dio cuenta mientras vivía en los campos de concentración nazi, que la gente que se levantaba a diario sin ilusión, moría antes. En cambio, la gente que tenía un porqué como un familiar enfermo del que cuidar no moría tan pronto.

> Cualquier persona que tenga una razón de vivir y por la que luchar, encontrará siempre el cómo.

El problema es que muchas personas aún no han encontrado su porqué. **Están cambiando su vida productiva por dinero, hasta que sus cuerpos ya no resistan trabajar más.**

No vendas tu vida, si quieres una vida maravillosa, un trabajo maravilloso, lo primero que deberás hacer es ser es una persona maravillosa.

Atraemos aquello que vibra en frecuencias similares a las nuestras. Deberás pensar como pensaría alguien en el que quieras convertirte. ¿Sabes que el ser humano es el único animal que cuando piensa algo lo sufre como si fuera real? Mantente alerta en lo que piensas.

"Nos consume la humildad de pedir indicaciones, seguir al líder y no arriesgarnos. Hemos apostado por la humildad de no tomar iniciativa y de diseñar una vida en la que nadie nos puede culpar absolutamente de nada. Mientras no suframos una escasez de humildad, el problema real será éste: seguir volando demasiado bajo. Temamos tanto demostrar nuestro orgullo desmedido, nos asusta tanto la vergüenza de que nos digan que hemos volado demasiado alto, nos

> "paraliza de tal modo el pánico a no encajar, que nos creemos la propaganda y no hacemos todo lo que podemos"
>
> Seth Godin

Felicidad

Todos la queremos, la buscamos sin cesar, pero ¿dónde está? ¿puedo obtenerla? Sí y sí. Piensa en esos momentos en los que consigues sentirte feliz, en cuándo fue la última vez que sentiste que el corazón se te salía...

Muchas personas se preguntan qué debe ocurrir para sentir ese estado de felicidad. La respuesta es sencilla...

La felicidad la sientes cuando tienes unas expectativas acerca de una situación y éstas se dan o incluso la sobrepasan mejorándola. En ese momento, te sientes extasiado.

Tú puedes escoger la felicidad.

Te voy a proponer que pruebes ser feliz a diario. Puede parecer loco, pero hay quien lo tiene por bandera y lo ejecuta a diario, así que no lo puede ser tanto....

Es obvio, que como persona que eres, tengas momentos de bajón, pero debes conseguir que sean sólo eso, momentos. No permitas que los malos sentimientos o momentos ocupen tus días. Debes procurar que la mayoría de tus días sean felices. ESTÁ EN TUS MANOS.

Si al volver a por tu coche, te encuentras una multa, se te permite cabrearte y decir cuatro palabras. Faltaría más. Pero después de eso, corta ya. A por otra cosa. No llegues a casa y sigas dándole vueltas, te acuestes pensando en ello y te levantes con el run run de eso... Eso no se te permite.

Cambia la frecuencia. Te propongo el **ejercicio de la felicidad**. Cada día deberás implementarlo hasta que se vuelva una rutina. ¿Te apetece? Pues empecemos...

Coge una libreta y apunta en ella todas las cosas que te sacan una sonrisa. Hablar con un amigo, salir a pasear por la playa, ver una puesta de sol, bailar, cantar en la ducha, comer un muffin de chocolate, un baño caliente, una noche de lectura, ver una película... Apunta todo, todo, todo.

Una vez que hayas creado tu lista, prioriza las 10 cosas que más felicidad te aportan.

Ahora viene la clave: debes hacer al menos una cada día. Que no pase un día en tu vida en el que no hagas algo que te haga sentir feliz, pleno, ilusionado... Piensa que si esa tarde vas a hacer algo que de verdad te apasiona, pasarás TODA LA MAÑANA pensando en ello y eso te generará emociones positivas. ¿No es brillante?

Cuando tengas un desafío, afróntalo cuanto antes, de no hacerlo tendrás un estado de ansiedad constante que te impedirá ser feliz. Si es algo que se escapa de tus manos, y que no puedes hacer nada para solventarlo, haz como cuando eras niño. Olvídalo.

Un niño pequeño no tiene problemas, simplemente es feliz, disfruta, ríe, sueña... Los problemas se los mostramos los adultos para que sea uno más del club.

Deshazte todo lo que puedas de los problemas que aporten poco o que no tengan solución. Ya se ha estudiado que los trabajadores más productivos son aquellos más felices y optimistas. Así que si alguna vez tienes que contratar a alguien que sea productivo, ya sabes...

Es hora de ponerte manos a la obra... Si se premian cosas como el Récord Guiness al máximo tiempo haciendo girar una pelota de baloncesto en la nariz que, por cierto es de 7,7 segundos; o la máxima rotación de un pie que es de 157 grados. ¿Por qué no nos íbamos a premiar a nosotros mismos con nuestra felicidad?

Los sencillos consejos para alcanzar tu máximo potencial y sacar lo mejor de ti se podrían resumir en:

★ Haz ejercicio a diario e hidrátate bien.

★ Medita cada mañana y haz respiraciones conscientes.

- ★ No veas la televisión simplemente encendiendo el aparato, escoge tú lo que quieres ver.

- ★ Saca de tu vida el alcohol, el tabaco y cualquier adicción, incluida la comida "basura o chatarra"...

- ★ Termina aquello que empieces.

- ★ Sonríe todo lo que puedas.

- ★ Ríe, pero ríe mucho, mucho: con personas, con series, con películas...¡de todas las formas posibles!

- ★ Rodéate de buenas personas y sé buena persona.

- ★ Agradece toda tu vida pasada, lo que eres y lo que serás, lo que tienes y lo que tendrás.

- ★ Sé alguien inspirador para el mundo con tu forma de estar en él.

- ★ Añade a la lista todo lo que te haga expandirte...

Confía en ti, eres la única persona que no te va a fallar.

Permítete lo mejor, sé merecedor de una vida más grande

Orienta tu vida a largo plazo, a muy largo plazo, no a 10 años, ni a 20 años sino más allá. Piensa el legado que vas a dejar en el mundo después de 100 o 200 años... Einstein dejó el suyo, Rosa Parks, Oprah Winfrey... ¿Cuál será el tuyo?

Críticas

La crítica es un plan del que quien más, quien menos ha hecho uso en sus tardes ociosas... Pero, sólo cuando nos hemos parado a analizar una crítica, nos hemos dado cuenta del daño que nos hace a nosotros mismos, pues después nos acabamos sintiendo fatal.

Cuando ves en el otro algo que te gusta o te disgusta y lo analizas, con el tiempo te das cuenta de que en algún grado tú también lo tienes.

> Aquello que ves en los demás, incluidas las cosas negativas en alguna medida están en ti; por eso sabes reconocerlas, sino no sabrías lo qué son.

Criticar, dicen que es como tomarte tú el veneno esperando a que el otro muera, cuando el que está muriendo eres tú.

La famosa frase: *"vivirás tus propios juicios"*, proviene de que de alguna manera mientras estás diciendo **ese comentario desafortunado tu subconsciente creerá que le estás hablando de ti y te llevará a experimentar una situación similar.**

Si piensas que alguien es rematadamente torpe, tarde o temprano acabarás viviendo una situación que te hará sentir de esa manera. Podría ser durante una exposición pública que debas hacer y empieces a confundir ideas, a trabarte, se te pueden caer los papeles...

Deja de juzgar y aprende a empatizar. Empatizar no es ponerte en el lugar del otro y decir yo tampoco lo hubiese hecho o yo si lo hubiese hecho. Empatizar, es un poco complicado de llevar a cabo, pues para hacerlo bien deberías tener en cuenta las creencias y pensamientos que han llevado a la persona a tomar esa decisión. No es CON **MIS** CREENCIAS Y **MIS** PENSAMIENTOS yo hubiese hecho... Es: con **SUS** CREENCIAS Y **SUS** PENSAMIENTOS haría...

Cada persona tiene unas circunstancias especiales y es por eso que se nos da tan mal empatizar. Y nosotros creyendo que sí sabíamos...

Te voy a contar una historia que me fascina. Cada vez que la leo me hace ver lo grandes que podemos llegar a ser cuando nos permitimos creer en nosotros mismos.

Un padre estaba en casa tranquilamente leyendo el periódico, de pronto su hijo de 8 años entró en el salón con ganas de jugar un rato con él.

El padre ideó una estrategia para mantener a su hijo entretenido por bastante tiempo. Arrancó del periódico una hoja donde aparecía el mapa del mundo, la hizo trozos y se la entregó a su hijo.

Hijo mío, tu misión es recomponer el mundo. –Dijo el padre.

Al rato, el niño entregó a su padre los trozos pegados del mundo recompuesto.

Ya está papá. –Respondió el hijo orgulloso.

El padre quedó sorprendido al ver como su hijo de tan corta edad había logrado hacerlo en tan poco tiempo, con sus escasos conocimientos.

¿Cómo lo has hecho hijo? – Preguntó el padre boquiabierto.

El hijo respondió al padre:

Es fácil papá. Al arrancar la página me di cuenta de que había un hombre detrás. Cuando empecé a arreglar el mundo me di cuenta de que no sabía hacerlo, así que le di la vuelta a los papeles y empecé a arreglar al hombre que sí sabía cómo hacerlo. Una vez que arreglé al hombre, le di la vuelta a los papeles y me di cuenta de que al arreglar al hombre, había arreglado el mundo.

Una preciosa historia que nos hace entender que cada uno de nosotros es importante en el mundo, pues cada uno de nosotros de alguna manera aporta un granito más de arena a la montaña y que, haciendo cambios en nosotros mismos, de alguna manera también se los estaremos haciendo al mundo. Al mejorarnos nosotros mismos, mejoramos el mundo.

Cree en ti

"Tú eres tu solución. No señales a otro diciendo: "Estás en deuda conmigo y has de darme más". Por el contrario, tienes que darte más a ti mismo. Dedica tiempo a darte a ti mismo, y en cierto sentido a satisfacerte el máximo posible, hasta que des a chorros."

John Gray

A menos que pienses primero en ti y te llenes tú primero de amor, de felicidad, de confianza... No podrás dar eso de ti a los demás.

Con frecuencia dejamos en manos de otras personas nuestra propia felicidad y esperamos que ellos nos la den: hijos, amigos, parejas, padres... cuando sólo somos nosotros quienes nos la podemos proporcionar. Los demás sólo pueden compartirla con nosotros, nada más.

> "El 99% de lo que eres es intangible e invisible"
>
> R. Buckminster-Juller

Puedes ser el tipo de persona que elijas ser, estás en constante evolución, incluso en tu cuerpo físico.

> "Hay partes de tu cuerpo que cada día son sustituidas. Otras partes tardan meses, otras tardan años. Pero al cabo de unos pocos años todos tenemos un cuerpo totalmente nuevo."
>
> Doctor John Hagelin

Concéntrate exclusivamente en las cosas que quieras lograr, en lo positivo, no concentres tu energía en lo negativo, o será lo que se expandirá.

La Madre Teresa de Calcuta lo reflejaba muy bien con sus palabras: "Nunca iré a una concentración antibelicista. Cuando hagáis una concentración a favor de la paz invitadme". CENTRABA SU ATENCIÓN EN LO POSITIVO.

En cambio, la mayoría de las personas están centradas en los aspectos negativos de la vida, de hecho ¿por qué crees que las noticias de los telediarios cuánto más negativas e impactantes más se ven?, ¿por qué los periódicos más comprados son los que traen en portada una gran tragedia?

Dicen que hace más ruido un árbol caído que miles creciendo, que llama más la atención una bomba que miles de caricias.

Las grandes empresas con un gran equipo de marketing detrás, nos están dando lo que pedimos y así ellas venden más. Todos ganan. **Si lo que más se consumiese fuesen noticias positivas, aunque sólo fuese por intereses económicos, nos las harían llegar.**

Considéralo y te darás cuenta de la gran verdad que encierra...

> "Una persona que enfoca su mente en el lado oscuro de la vida, que vive y revive los infortunios y decepciones del pasado, está pidiendo infortunios y decepciones similares para el futuro. Si no ves nada más que mala suerte en el futuro, estás invocando esa mala suerte y seguro que la conseguirás."
>
> Prentice Mulford

Seguramente quieras ser más consciente y desees dejar de vivir en piloto automático y te preguntes: ¿*cómo puedo hacerlo?* Tranquilo, voy a ayudarte con un sencillo truco para que seas capaz de volver al consciente bastante de seguido.

Escoge alguna de las circunstancias cotidianas que tienes a tu disposición para volver al aquí y ahora: cuando suene una alarma, cuando escuches un perro ladrar, cuando escuches un claxon… En esos momentos pregúntate ¿soy consciente?, ¿estaba en el aquí y ahora o estaba en piloto automático? Cada vez que lo lleves a la práctica con el momento que hayas escogido, SERÁS CONSCIENTE AUTOMÁTICAMENTE.

No hay excusas para no reconducir tu vida cada día, es increíble ver que puedes aprovechar toda circunstancia para crecer.

El ego

Nuestro ego se parece mucho a la figura de un niño asustado que necesita que lo tranquilices, pero que a la vez es un niño al que debes hablar con autoridad. **El ego fue creado por nuestra mente como barrera de protección hacia el mundo.**

Vas a empezar a darte cuenta de que el mundo que te presenta tu ego no es la realidad absoluta, empezarás a ver **que lo que te muestra no es** más que una pequeña parcela de la realidad. **La vida es mucho más de lo que se te ha estado mostrando.**

Ahora que lo conoces, sabes de dónde viene y qué es lo que ha estado haciendo por ti todo este tiempo, podrías darle las gracias por todo lo que ha estado haciendo por ti y decirle que ahora las riendas las tomas tú.

El pasado es pasado, ya fue. No revivas situaciones pasadas, pues cada vez que las revives, sobretodo si son acontecimientos negativos, te llenas de esos sentimientos tal como si esa situación estuviese ocurriendo en ese mismo instante. **Piensa en que ya tuviste bastante en aquel momento como para ahora tomar ración doble de lo mismo.**

Imagina que tienes una botella de agua y quieres llenarla, pero que está llena de tierra y piedras. Primero, tendrás que vaciarla para poder llenarla y no contaminarla. ¿Verdad?

Para que tu vida tome el rumbo que deseas primero debes salir del entorno en el que te hayas y rodearte del nuevo ambiente necesario que te haga prosperar. Tú ya sabes cuáles son los cambios que has de dar.

No pierdas de vista tu intuición. Te voy a explicar cómo funciona porque es bastante interesante conocerla desde el punto de vista científico:

★ Tu MENTE SUBCONSCIENTE procesa 40.000 millones de bits por segundo.

★ Tu MENTE CONSCIENTE maneja 2.000 bits por segundo.

Por eso, no es de extrañar que cuando estás con una persona que no conoces, unos minutos más tarde, esa persona te haya generado una sensación buena o mala.

Tu mente subconsciente, a una velocidad abismal ha estado analizando gestos, tono de voz, expresiones...y ha sacado sus propias conclusiones.

Debido a su rapidez, es muy difícil ponerle freno al subconsciente. Piensa que por tu mente a lo largo de un día pueden pasar 70.000 pensamientos y controlar todos se hace imposible, a parte de que si son subconscientes no estarás siendo consciente de ellos. Déjate invadir por las sensaciones que estos te provocan y notarás si estos te hacen sentir bien (serán pensamientos positivos) o no (pensamientos negativos) y en base a ello podrás ser más consciente de qué estás pensando.

Me encantan las personas optimistas. En la vida te encuentras dos tipos de personalidad que responden de manera totalmente opuesta a un mismo desafío:

1- *Negativista:* Le preguntas *cómo lleva su último reto* y te responde apenado: *"mal"*, notando en su rostro el desánimo.

2- *Optimista:* Ante la misma pregunta, éste te responde: *"pues no va muy bien pero estoy poniéndole muchas ganas y haciendo hasta lo imposible para que se arregle cuánto antes"*.

La pregunta es:
¿En qué grupo estás tú?
¿En quién te deseas convertir?

Hay un truco para eliminar de tu mente los pensamientos negativos ¿te apetece conocerlo? Imagino que sí... Adáptalo y ponlo en práctica tan pronto aparezca tu pensamiento negativo.

Atento...

El truco consiste en pensar en algo simple y absurdo pero que te llame enormemente la atención y te abstraiga, cuanto más extravagante mejor. Puedes pensar en un CERDO AZUL. Imagina que estás pensando en lo mal que te ha ido en la presentación de tu proyecto, en las caras que ponía la gente, en que se te ha trabado la voz varias veces... Y de pronto, te digo: cerdo azul. ¿En qué piensas? En un cerdo azul, los pensamientos negativos por un instante han desaparecido y sólo estás pensando en ese gracioso cerdo azul.

Funciona.

A veces, lo más sencillo y lo que más a tu alcance está es lo que más puede ayudarte. Sólo necesitas conocerlo.

Las dificultades pasarán

Después de todo lo que he leído, he visto y he hablado con quienes me he relacionado, puedo afirmar que todas las dificultades pasan. Es como cuando vas conduciendo por una carretera de tierra, empieza a haber viento y a levantarse la tierra suelta, se te empolva el cristal y apenas ves nada. En ese instante está todo sucio pero si te paras y limpias el cristal todo vuelve a estar bien.

A veces, el cristal no está tan limpio como lo estaba al principio pero al menos, ya nos deja ver con más claridad.

> En la vida, al igual que en esa carretera polvorienta, también te llegarán esas dificultades que pasarán. Cuando te veas inmerso en ellas, sé consciente de dónde te encuentras y piensa que estas dificultades también pasarán.

San Agustín nos animaba a buscar la felicidad dentro de cada uno de nosotros, pues ahí es donde verdaderamente reside. Todos la llevamos con nosotros cada día, sólo que unos la ponen bonita y la sacan a relucir cada día y otros la dejan creando polvo en una orilla.

Nuestra mente es como una habitación, dependiendo de con que cosas la llenemos, así se encontrará. Si vas por el camino pesimista es como si la llenases de trastos, bolsas de basura, de polvo... Llegará un momento en el que habrán tantas cosas estorbando que apenas te podrás mover en ella y te quedarás bloqueado.

Detente y haz limpieza. Armoniza tus pensamientos. Cuando tengas pensamientos tan negativos que hagan que te bloquees, actúa de manera inteligente. Te aconsejo que los trates como a una planta. Si la cuidas, la abonas, la riegas y le prestas atención cada semana, esa planta crecerá, se hará bien grande y bonita. Pero, ¿qué ocurre si te vas de vacaciones un mes y la planta se queda en casa sin agua? Pues que se secará. Lo mismo has de hacer con tus malos pensamientos, no les prestes atención y estos morirán.

¡Mándalos de vacaciones!

Eligiendo sueños

Planificando sueños

Voy a empezar aclarando que una **meta** es aquello que te planteas hacer y que de hacerlo mejorará notablemente tu vida.

En cambio, cuando hablamos de **propósito**, éste de hacerse realidad mejoraría tu vida y la vida de otras personas. Un propósito siempre va ser algo más grande.

Vamos a diferenciar propósito y meta con un ejemplo...

En mi mundo profesional, como sabes soy enfermera, decimos que en un momento de supervivencia el organismo tiene:

★ El PROPÓSITO de mantener a salvo los órganos que hacen que el cuerpo siga funcionando. Se mandan aportes de nutrientes y oxígeno a órganos como el cerebro, corazón, pulmones...al fin y al cabo, los órganos vitales.

★ En cambio, la META de un órgano como el corazón es mandar sangre a todo el organismo. Su acción forma parte de un propósito mayor, pero ésta es su meta particular.

Metiéndonos más aún en materia, Enrique Rojas nos dice que las personas debemos saber diferenciar: **metas y objetivos.**

Las METAS están pensadas a largo plazo.

Los OBJETIVOS son ejecutables a corto plazo.

Para lograr una gran meta debes saber desmenuzarla muy concienzudamente en pequeños objetivos que te ayuden a alcanzarla. No dejes que nadie te diga que algo es difícil o que no lo puedes alcanzar.

¿Qué sabe el otro de hasta dónde estás tú dispuesto a luchar?

¿Quién es capaz de meterse en tu cuerpo y mente para decirte que capacidades y habilidades posees o no? Y de no tenerlas aún, ¿quién te puede decir si eres capaz o no de adquirirlas?

Si algún objetivo no se cumple o no llegas a él en el tiempo estimado, no importa. Cambia la fecha de tu resultado final por otra y sigue adelante. No hay hay mal que cien años dure, ni tempestad sin calma... Relativiza. Lucha.

Hay que darle la importancia justa que tiene cada desafío. Hay problemas que se resuelven solos, incluso sin hacer nada aunque te quedases sentado en el sofá. Otros que no.

Como dice Enrique Rojas: *"consigue más el constante que el inteligente"* ya que el constante no decae y sigue hasta que lo consigue.

Vida tienes sólo una, que sepas, y EL MEJOR TIEMPO PARA ALCANZAR TUS OBJETIVOS ES HOY.

Aprende cómo enfocar los objetivos de forma eficiente, ya que o bien lo haces de manera positiva o negativa. Un ejemplo que siempre hemos visto se encuentra en el colegio.

Un niño trae a casa una calificación: un 7, esto no es ni excelente, ni malo; pero el padre echa una reprimenda al hijo diciéndole: *"¿Un 7? ¿Pero es que no te enteras cuando vas a clase? ¿Para qué vas a clases particulares?"*

Lo que acaba de suceder es terrible porque está enseñando al niño de manera inconsciente a pensar que el colegio es difícil y que por mucho que se esfuerce no es suficiente.

Cuánto cambiaría la historia si el padre le hubiese dicho: *"¿Un 7? Juan felicidades aunque tú si quieres puedes llegar a sacar un 8, es más un 9 o 10. Tú puedes lograrlo si te lo propones..."* Es la misma nota, pero en el segundo caso el padre le está dando un reto positivo al niño que puede alcanzar. Le está motivando. Así es como tú te debes plantear las metas de ahora en adelante.

Crear metas

Voy a detallarte cómo se planifican las metas y los objetivos a realizar:

- ★ Lo primero que debes hacer es <u>valorar cuales son tus sueños y tus valores.</u> Antes de aventurarte debes estar seguro de que haces lo que deseas realmente.

- ★ Una vez descritas las metas, las desglosarás en objetivos que te ayuden a alcanzarlas. Los objetivos deben estar escritos en frases precisas que <u>describan el qué, el cómo y cuándo lo debes hacer sin lugar a confusión.</u> Deben empezar con un verbo que indique acción y deben tener una fecha y hora, de lo contrario se irán dilatando y desvaneciendo con el tiempo... cada vez les dedicarás menos tiempo hasta que desaparezcan de tu agenda por completo.

    - ✦ Ejemplo de un objetivo bien formulado: "*cada tarde a las siete, dedicaré una hora a mis finanzas leyendo un libro de Robert Kiyosaki*".

- ★ <u>Establece un plazo</u> para lograr cada uno de los objetivos. Sé realista con los tiempos. Es muy importante fijar los plazos para que empieces a moverte. Los deadline, esas fechas límite como cuando estabas en el instituto y tenías un examen, funcionan muy bien.

* ★ <u>Paciencia</u> y perseverancia son los ingredientes esenciales para lograr aquello que te has propuesto.

Lo primero que debes hacer en la vida es tener unos objetivos claros, trazar un plan.

¿Sabes dónde te gustaría vivir? ¿Qué trabajo o negocio te gustaría tener en unos años? ¿Quieres tener pareja, hijos? ¿Viajar? ¿Dónde, con quién, cuándo?

Quizá, tengas una vaga idea pero debes llevarla al papel porque **si no sabes a dónde vas, ¿para qué vas a arrancar?** La mayoría de la gente no sabe dónde va y pierde el tiempo por el camino para acabar llegando a... ninguna parte.

Cuando tienes tu porqué claramente definido se acaban las excusas de: *estoy cansado, tengo otras cosas por hacer, no me apetece...* y un sinfín más. Así, a lo único que vas a llegar es a estancarte, y agua estancada no mueve molinos. No sigas en el mismo lugar. ¡¡Cambia!! Muévete de dónde estés. Haz aquello que te acerque a tu vida ideal.

Para acercarte a tu ideal, deberás hacer algo que rompa con todo lo que estás haciendo hasta el día de hoy, si verdaderamente estás decidido y entusiasmado no hagas algo pequeño para empezar. Haz algo grande. Algo que te descoloque y te ponga incómodo.

Si quieres liderar tu vida debes dejar de ser un zombi distraído con las redes sociales y empezar a estructurar tu vida hacia la maestría.

Si quieres llegar a ser alguien que deje huella, **debes enfocarte más en dar que en recibir.** El recibir te llegará automáticamente cuando tenga que llegar tu recompensa.

En la vida no tiene más el que más acumula, sino el que más ofrece.

Apaláncate en la impotencia que sientes ante la vida que llevas, esa que no se asemeja a la vida que soñabas para ti cuando eras niño. Pero créeme, **si confías en ti, puedes reconducirla**. Cuando éramos niños todos estábamos llenos de ganas de experimentar, de descubrir, de asombrarnos, de ilusionarnos...

Y, ¿qué estás viviendo ahora?

Muchas personas se encuentran en un trabajo que las asfixia, su vida personal está llena de preocupaciones y responsabilidades que roban su tiempo...

De repente, se ven trabajando y gastando las preciadas horas de su vida detrás de comprar un nuevo modelo de móvil que le han promocionado hasta en la sopa. Se ven con ese móvil y se imaginan siendo tan felices... A veces, hasta llegan a creerlo, de hecho momentáneamente al principio de adquirirlo así es. Pero con el paso del tiempo, ese deseo disminuye y ya van a por el siguiente objetivo material. Es un suma y sigue que no para. Siempre hay algo nuevo. Algo mejor.

Pero, ¿a caso quieres ser la persona que viva la misma semana mes tras mes? Mucho lo dudo, a eso no se le puede llamar vida. Una vez escuche una frase que me marcó *"hay personas que mueren a los cuarenta y se les entierra a los ochenta"*. No dejes que esto te pase, si soñabas con vivir experiencias gratificantes, especiales y maravillosas, ve tras ellas, aún estás a tiempo. No te permitas seguir viviendo en bucle.

Muchas personas confunden la frase: *"vive la vida"* en la que se trata de transmitir que se ha de vivir una *vida plena y satisfactoria* con todo lo contrario, *vivir una vida alocada y de desenfreno*, total no se sabe cuándo uno se va a morir... Yo siempre hablaré en referencia a la primera definición, la segunda no entra en mis planes, me parece absurda en sí misma.

Rompe con los límites

Vivimos en una sociedad en la que a pesar de ser bastante moderna, en algunos aspectos la cultura se ha quedado muy estancada. Todo tiene una edad. Seguro que te suena la siguiente historia de vida en la que:

★ Cuando eres joven te preguntan: ¿tienes pareja?

★ La segunda pregunta viene cuándo ya tienes pareja : ¿cuándo os vais a casar?

★ Cuando ya te has casado: ¿cuándo vais a tener un hijo?

★ Si ya has tenido un hijo, te toca la de: ¿cuándo vais a darle un hermanito?

★ Y si ya tienes varios toca la de: ¿vais a parar o queréis más?

No niego que haya personas que pregunten por sincera estima a tu persona, aunque un gran porcentaje de ellas lo harán por puro cotilleo, pero sea cual sea el motivo... ¿Hay necesidad?

¿Tenemos que vivir todos el mismo *status quo* que se está imponiendo: universidad, coche, pareja, hipoteca, casa, hijos...?

Ya desde pequeños nos da miedo no encajar... ¿Te has dado cuenta de cuántas manos se levantan en clase, aún sabiendo que varios de esos niños que no la levantan conocen la respuesta?

No nos gusta destacar, pues sabemos que **habrá miradas de desprecio tanto hacia el que mucho sabe como hacia el que poco sabe.** No queremos ser ni el listo de la clase, ni el tonto, pretendemos ser uno más. Un igual. Aunque luego admiremos a personas que han sobresalido de esa *normalidad* en la que todos inconscientemente queremos permanecer...

Cuando tenemos un talento, sabemos que de mostrarlo podríamos hacer peligrar nuestro puesto dentro del grupo, ya que asumimos que los demás lo podrían ver como un desafío hacia ellos y nos podrían mirar con ojos de recelo o rivalidad, algo que no queremos, así que preferimos ocultar nuestro talento.

Debes poner tu vida en modo **"ON"**. Poniendo tu vida en modo *encendido* descubrirás quién te quiere de verás y si de verdad estás en el entorno adecuado o no, verás el apoyo aún cuando no comprendan del todo tus porqués. Pero si por el contrario, estás en el grupo equivocado, notarás críticas o incluso soledad. Es una manera de hacer buen cribado de quienes te rodean. **Nada más que por eso merece la pena que seas quien has venido a ser.**

La historia de Mike Todd quizás te inspire. Mike es el marido de Elisabeth Taylor, este señor se arruinó en una de sus producciones. Tan llamativa fue la pérdida que salió en los periódicos y los que por aquel entonces eran sus amigos aprovecharon la ocasión para burlarse de él.

-¿Cómo te sientes siendo pobre, Mike? -Le preguntaron.

-Yo nunca he sido pobre, sólo he estado arruinado. Ser pobre es un estado de la mente. Estar arruinado es una circunstancia temporal. - Respondió Mike.

Como bien puedes vislumbrar, Mike generó otro proyecto en el que le fue bastante bien y volvió a recuperar su fortuna.

Si tienes claro quién eres y dónde quieres llegar, ninguna circunstancia te detendrá.

"Antes de que puedas tener algo más o algo diferente, debes convertirte en alguien con algo más, o con algo diferente"

Earl Nightingale

La pregunta que debes hacerte es:

• •

¿Quieres ser uno más

o quieres ser líder de tu vida?

• •

Debes ser coherente contigo mismo y decidir si en el rebaño eres oveja o eres el perro que les muestra el camino a las ovejas. Es absurdo querer tapar la luz de una estrella con un dedo, pues tarde o temprano alguien la verá brillar desde otro lado.

Ten claro que cada vez que alguien hace de su don, un talento que mostrar al mundo, esta persona está inspirando a alguien más a sacar lo mejor de ella.

La vida es lo que te está ocurriendo

Hay tantas personas que para empezar a hacer aquello que tanto anhelan, esperan que: *mejore la situación económica, se calmen las tensiones familiares, encontrar a la persona adecuada...* .

¿A costa de qué?

De su tiempo. Eso que pasa en nuestro móvil cada vez que miramos la pantalla, como si no tuviese coste alguno. Pepe Mujica nos diría: **"como si el tiempo se pudiera comprar en los supermercados..."**

Imagina poder decir: *"deme diez años más de vida que se me han gastado y los necesito".* Desgraciadamente, esto no funciona así y lo sabes, no necesitas que alguien venga a decírtelo, pero de vez en cuando necesitamos tanto recordarlo.

Es tan fácil enredarse en las tareas del día a día, semana tras semana, año tras año... Que un día te paras a analizar tu vida y te dices ¿de verás?, ¿esto es todo? y sí, lo es. No lograste apenas nada y si tuviste la suerte de lograr algo que anhelabas de corazón, quizá tardaste más tiempo del que pensaste que te llevaría por no haberlo planificado lo suficiente y tal como se merecía.

Éste es el coste de la vida, **todos empezamos la vida con el contador de tiempo al máximo nivel pero cada uno decide cómo gastarlo**.

Imagino el tiempo como si fuese una deliciosa tableta de chocolate. El día que nacemos desenvolvemos su envoltorio, nuestro contador de tiempo por vivir se pone en marcha y poco a poco vamos dándole bocados, vamos consumiendo nuestra tableta.

A veces, ni te das cuenta de que estás comiendo (*tareas diarias, el trabajo, las compras; monotonía, al fin y al cabo*), otras veces sí que eres consciente y ¡vaya si disfrutas! cada trocito de chocolate, lo saboreas y te relames los labios (*un viaje, unas vacaciones, una cita, algo puntual*).

Pero de repente, un día vas a tu nevera a por un poquito más de chocolate y te das cuenta que alguien sin que tú lo vieras le dio un bocado y ya queda menos (*¿una enfermedad, quizá un accidente?*) nunca lo sabrás, pues son imprevistos. Todos lo hemos visto o vivido en algún momento.

En ese instante, decides guardar tu chocolate como si de un tesoro se tratase, pues como es tan delicioso por qué ibas a dejar que se desperdiciase.

Escoge como vivirás, como saborearás cada minuto de vida. Ya nada vale la pena si lo más importante no ocupa el lugar que merece en tu vida.

Aún puedes estar tranquilo, eso han sido sólo unas líneas escritas, con el propósito de recordarte lo que ya sabes. Empieza a ser excelente en tu vida, consíguete una excelente salud física y emocional, conviértete en una persona con la que merezca la pena sentarse en una puesta de sol a charlar, inspira a los demás con tus acciones y sé el ejemplo de aquello que te gustaría ver en el mundo.

"Tras alcanzar la cima de una gran montaña descubres que hay muchas otras por escalar. Me he tomado un momento para descansar, he admirado el espléndido paisaje que me rodea y contemplado el camino recorrido, pero no puedo descansar demasiado tiempo, porque la libertad comporta responsabilidades, que ni me atrevo tampoco a entretenerme, porque aún no ha terminado mi largo caminar"

Nelson Mandela

Te voy a dejar **3 píldoras para la excelencia**:

★ ELABORA UN PLAN DE VIDA. Pero uno bueno, que merezca la pena ser vivido a 6 meses, a 5 años, a 10 años... Deberá abarcar todas las áreas de tu vida: personal, profesional y social.

✦ No dejes nada sin planificar, si algo falla por el camino ya elaborarás un plan de reconducción.
✦ Teniendo un mapa hacia los tesoros que deseas conquistar, te será más fácil acceder a ellos, tomarás decisiones más acertadas y tendrás menos remordimientos.

★ GESTIONA LOS TIEMPOS. Agenda todo. Lo que no está escrito, no se hace. Créeme. Los días de mi vida más productivos son aquellos en los que me programo todo, hasta una llamada tiene su lugar en mi agenda.

✦ Haz la noche anterior una lista con todo aquello que te acercará a tus metas y búscale un lugar en tu agenda.
✦ Busca un equilibrio en las distintas áreas de tu vida, al principio te resultará difícil, estresante y hasta quizá agobiante, pero con la práctica lograrás unos resultados que ni te imaginas.

★ ARRIESGA. Haz cosas que te hagan sentir incómodo, sal de tu zona de confort, emprende las acciones que siempre hayas soñado pero que hasta ahora no te hayas atrevido a llevar a cabo. Toma riesgos calculados.

Grandes preguntas

"Muere más lentamente quien no viaja, quien no lee, quien no oye música, quien no encuentra gracia en sí mismo"

Pablo Neruda

Las personas suelen planificar cosas intrascendentes: el viaje del fin de semana (ruta, dónde dormir, qué comer, qué visitar, con quién ir...) y luego el viaje de toda su vida no son capaces de planificarlo... Qué ilógico, ¿verdad?

Te animo a que cojas una tarde de domingo para trazar el plan que te permita morir sin lamentaciones. ¿Qué semillas quieres plantar?

Tu actitud cambiará cuando empieces a planificar objetivos, empezarás a tener más energía, más entusiasmo, más ganas de vivir.

Pero necesitas trazar un mapa que diga dónde está el punto de partida y el punto de llegada. No olvides, ir creando campamentos base que te permitan disfrutar aún más del camino.

Para lograr una vida excelente, **deberás empezar a hacerte más preguntas excelentes que te requieran respuestas excelentes.** Para inspirarte te daré una lista con algunas de ellas. Después, te animo a que crees las tuyas personales, éstas te permitirán conocerte aún más.

Empieza por éstas:

- ¿Cuáles son mis fortalezas, habilidades, capacidades?

- ¿Qué me hace vibrar?

- ¿A qué dedicaría mi tiempo si no fuese el dinero un impedimento?

- ¿Qué rasgos de mi carácter debería mejorar ahora mismo?

- ¿Qué clase de amigos tengo? ¿confío plenamente en ellos, me inspiran, me animan a alcanzar mis sueños...?

- ¿Cómo estoy en las grandes áreas de mi vida: a nivel físico, económico, de relaciones familiares, a nivel espiritual...?

- ¿Qué creencias me paralizan: soy muy joven, muy viejo, mujer, hombre, no tengo estudios, no soportaría fracasar...?

- ¿Quién quiero llegar a ser, conseguir...?

- ¿Dónde me gustaría vivir?

- ¿Qué lugares me encantaría visitar?

Respóndelas y amplíalas con otras que sientas que las complementan. Cada día debes acostarte sabiendo que has crecido algo más. Sabiendo que has invertido tiempo en estar más cerca de lo que anhelas.

El precio de los sueños debe pesar más en tu vida que el miedo. Tómate el tiempo necesario para hacerlos realidad. **Empieza a hacer que las cosas sucedan.** Revoluciona tu vida.

Declina lo no esencial

> "Dame seis horas para cortar un árbol con un hacha y me pasaré las primeras cuatro afilando el hacha"
>
> Abraham Lincoln

El autor best seller de libros Stephen R. Covey, también se centra en lo esencial de cada cosa, con su lema por bandera: **que lo más importante sea lo más importante**, descubrimos que el ENFOQUE siempre ha sido la clave en los que han triunfado y siguen haciéndolo.

La clave está en decirle sí a todas las cosas que sí son importantes para ti, el resto declínalas. Para que cuando las hagas, dispongas del tiempo necesario, ya que no estarás sumergido en asuntos banales.

Por eso, debes ser elegante al declinar una oferta o cita.

Podrías utilizar respuestas como:

★ *"Me siento agradecido porque has pensado en mí, pero me temo que en estos momentos no dispongo del tiempo apropiado para poder llevarlo a cabo de la forma que se merece".*

★ *"Me atrae mucho la idea pero en estos momentos tengo varios compromisos que atender primero".*

Tú eliges la forma más elegante de declinar, lo único que debes hacer es ser claro con el *no*, aunque éste no se diga explícitamente.

Nos han dicho que el tiempo es oro, pero yo creo que vale más que el oro. Pues éste, conforme se gasta ya no se recupera. Oro, si lo deseas, siempre podrás obtener más.

Debes cuidar el tiempo que pasas haciendo una actividad. Ya que al igual que nos dice la ciencia que los gases se expanden hasta llenar el espacio en el que se encuentran; también, se ha comprobado que pasa lo mismo con el tiempo que tienes para realizar un proyecto. Si tienes tres horas, lo haces en tres horas; pero es que si te dan tres días llegas hasta el ultimo minuto de esos tres días. A este fenómeno se le conoce como **Ley de Parkinson**.

¿Realmente cuánto necesitas?

Escribe tus sueños en piedra

"Los hombres están ansiosos por mejorar las circunstancias, pero son reacios mejorarse a ellos mismos, por lo tanto, permanecen estancados"

James Allen

No dejes que nadie escriba en el cuaderno de tu vida sin tu permiso. Debemos procurar ser una generación que rompa por fin, con ese *status* QUO al que todos nos vemos abocados (estudios, trabajo todo el día por un sueldo que no lo compensa, hipoteca, boda, hijos..).

Nuestro objetivo yace en crear un nuevo y propio *status* QUO que merezca la pena, que rompa moldes. Hay quien trabaja a través del ordenador y vive cada tres meses en una parte del mundo distinta, quien no quiere hijos para no perder su libertad, ni su tiempo libre, quien no se casa porque no le ve el sentido...

Y está BIEN, elijas lo que elijas, mientras te haga feliz y no haga daño a los demás, es perfecto. Pero, si lo que te hace feliz es el actual *status* QUO entonces adelante, sé feliz.

Forma parte de una revolución, de un nuevo modo de vida. **Las revoluciones surgen cuando se cree que algo es imposible y de repente, llega alguien y lo hace.**

"El tiempo es el único capital de las personas que no tienen más que su inteligencia por fortuna"

Honoré de Balzac

Supongo que quizás hayas oído eso de la lista de las cosas qué hacer antes de morir. Un gran referente para mí es John Goddard. Quien cuando tenía quince años tuvo una conversación con su abuelo y éste le decía que se lamentaba de no ser más joven para poder realizar sus sueños.

John, no quiso repetir la historia de su abuelo, así que tomó papel y boli y se plantó a hacer su propia lista. Tras hacerla, se puso manos a la obra para hacer realidad toda su lista de sueños. John, murió en 2013, y aunque no completó su lista, le quedaron pocos sueños por conquistar.

¿Quién en su lecho de muerte se puede quejar de tal vida?

Consiguió llevar una vida plena, en base a sus sueños. Te comparto algunas de las metas de su lista para que logres inspirarte y crees la lista de tus sueños. No te olvides de que lo más importante no es escribirlos si no ir tras ellos.

EXPLORAR
✓1 El Nilo
✓2 El Amazonas

ESTUDIAR CULTURAS PRIMITIVAS EN:
✓9 El Congo
✓10 Nueva Guinea

ESCALAR:
✓21 El Everest
✓22 El Aconcagua (Argentina)
✓23 El McKinley

OTROS:
✓37 Estudiar Medicina y tener conocimientos de exploración (John empezó a estudiar Medicina y trataba enfermedades entre las tribus primitivas)
✓38 Visitar cada país del mundo (le faltaban 30)

FOTOGRAFIAR:
✓42 Iguazú (Brasil)
✓43 Las cascadas de Victoria (Rodesia)

SUMERGIRME EN:
✓48 Los arrecifes de coral de Florida

VISITAR:
✓54 El Polo Norte y el Polo Sur
✓55 La gran muralla de China

> **NADAR EN:**
> ✓ 68 El lago Victoria
>
> **CONSEGUIR:**
> ✓ 76 Volar en un globo aerostático, en un planeador
> ✓ 77 Subir encima de un elefante, un camello, un avestruz y un caballo salvaje
> ✓ 127 Vivir para ver el siglo XXI

Te he resumido algunas de sus 127 metas para lograr vivir esa vida plena y satisfactoria que él anhelaba, si quieres conocer el resto puedes encontrar la lista completa en internet.

Deseo que hagas como él y crees la tuya, es la única **check list** que realmente te garantizará llevar una vida acorde a tus deseos.

Yo tengo la mía.

¿Y tú?

Escríbela **AHORA.**

Objetivos

Cuando tengas claros tus objetivos a corto plazo (suelen ser de una duración inferior a un año), clasifícalos en periodos más cortos: por días, semanas o meses.

> "Toma la responsabilidad de rendir a un nivel más alto de lo que nadie pueda esperar. Nunca pongas excusas. Nunca sientas lástima de ti mismo. Sé un maestro duro para ti y sé benévolo con los demás"
>
> Henry Ward Beecher

Es importante dividir un sueño en pequeñas subcategorías, pues te hagan sentirlo más cerca. Los objetivos a corto plazo pueden parecerte menos trascendentes que los de largo plazo, pero nada más lejos de la realidad, serán la GASOLINA que te mantenga motivado.

Ahora te invito a reflexionar y pensar:

¿En qué persona te has de convertir para alcanzar todo lo que deseas?

Escribe sobre el papel cuáles son las habilidades y conocimientos que necesitas tener para llegar hasta allí. Es <u>muy importante que valores</u> si estás dispuesto a pagar el precio de convertirte en la persona que se requiere ser para alcanzarlo.

Cuando quieres estar en un determinado lugar, primero deberás preguntarte si estás dispuesto a cambiar la persona que eres hoy o si por el contrario deberías cambiar tus deseos. Recuerda que **si sigues haciendo lo que llevas haciendo tantos años; seguirás siendo la misma persona que eres hoy, dentro de otros tantos años.**

No te estoy juzgando, es una decisión que sólo puedes tomar tú. Por mí está bien que dentro de diez años seas: como eres hoy o como en quien te gustaría convertirte.

Creo que mereces algo grande. Pero la decisión es sólo tuya.

Yo te animo a que cambies tu actitud y eleves tu vibración. Pues si en estos momentos te encuentras demasiado vago y sin ganas de formarte en aquello que necesitas, no vas a poder atraer lo que anhelas.

No infravalores el largo plazo

Para llegar a buen puerto, antes debes plantearte si en verdad diferencias las acciones inteligentes versus acciones necias.

★ **Acción inteligente: te acerca a tus objetivos.**

★ **Acción necia: te puede perjudicar o alejar.**

Como diría Winston Churchill: *"hace mucho tiempo dejé de escuchar lo que la gente decía. En cambio, me fijo en lo que hacen. El comportamiento es la única verdad".*

Lo que te va a diferenciar del resto no es lo que piensas o quieres hacer, sino lo que vas a hacer. Cuando te pones en marcha y haces lo que tienes que hacer cambias a ojos del espectador. Te conviertes en una persona de resultados.

Más importante aún, es lo que haces cuando se te cruza un desafío o tienes tentaciones más suculentas.

Imagina que vas al futuro y visualizas tu vida perfecta.

¿La tienes?

Tráela al presente con tu barita mágica. Tu barita mágica son aquellas metas que te tienes que programar para que la magia ocurra.

Escribe tus metas, verlas escritas te acercará a ellas, te ayudará a trazar estrategias astutas para allanar el terreno. Si de verdad deseas algo, escríbelo. Thomas Edison dijo:

"pensar es el trabajo más difícil de todos, por eso la mayoría de la gente intenta evitarlo a toda cosa".

Todos sabemos que para alcanzar metas debemos plantearnos objetivos inteligentes, pero ¿cuántas personas realmente se sientan con papel y bolígrafo a escribir? Seamos sinceros, 3 de cada 100, lo dice la estadística.

Peter Drucker, nos dice que: **"la gente a menudo sobrevalora lo que puede conseguir en un año, pero infravalora lo que puede conseguir en cinco años".**

Y es así.

¿Cuántos tiran la toalla si las cosas no les salen a la primera?

¿Cuántos si es demasiado difícil, ni empiezan?

Todos quieren alcanzar grandes cosas, pero pocos son los que se detienen a trazar el plan. Tú puedes ser del segundo grupo si así lo deseas y te decides. En este libro vas a descubrir cómo trazar el plan hacia tus metas.

"La persona de éxito ha desarrollado el hábito de hacer las cosas que a los mediocres no les gusta hacer. A ellos puede que tampoco les entusiasme hacerlas. Pero su desagrado está subordinado a la fuerza de su propósito"

Albert Gray

Sé de primera mano que empezar a forjar hábitos cuesta, sobretodo después de la euforia que tenemos al principio, ese pico de motivación que tanto ayuda pero que luego se desvanece...

Ten fe recordando la frase de Goethe: *"todo es difícil antes de ser fácil".* De hecho, **si te vas a un pozo a extraer agua y empiezas a darle a la manivela estarás un rato sin sacar agua, luego empezarán a salir unas gotitas y al final conseguirás un buen chorro.** Pero si al inicio desistes porque no ves resultado, no obtendrás nada.

Cuando tengas que tomar decisiones importantes date un buen margen de tiempo. En los hospitales entre la firma del consentimiento informado y la intervención programada hay un margen de unos días para que el paciente medite bien su decisión. **Las decisiones importantes requieren una buena consideración.**

Tómate dos días antes de lanzarte con un sí o un no, a algo grande. Así te aseguras que el día que des la respuesta, ésta se haya decidido a conciencia.

Si la respuesta has de dársela a otros y te están presionando entonces respóndeles: *"De primeras tengo que decirte que no. Pero si me dejas un tiempo para meditarlo, quizá te responda otra cosa".*

Aprendí esto de Sergio Fernández, él dice que es mejor dar un *no* primero y después decir *sí*; en lugar de quedar mal ante una propuesta diciendo que *sí* para luego rectificar y decir *no*.

Entiendo que son muchas las modificaciones que estás implementando en tu vida para alcanzar esas metas pero como dijo Zig Ziglar: **"si eres estricto contigo mismo, la vida será fácil para ti. Pero si insistes en ponerte las cosas fáciles, la vida será muy difícil para ti".**

Para tomar las mejores decisiones posibles tendrás que nutrirte del mejor conocimiento: en seminarios, libros, videos, mentorias... No dejes nunca de formarte, pues ello te ayudará a crecer más vertiginosamente.

Warren Buffet, una de las personas más ricas del mundo, nunca deja de leer e informarse acerca de todo lo que puede afectar de alguna manera a sus inversiones. Dedica a su formación la mayor parte de su día.

Efectivamente, te estoy incitando a que seas un ratón de biblioteca, a que te adentres en todos los libros que te puedan aportar algo positivo en la salud, en lo personal y profesional.

Carlos Slim, uno de los hombres más ricos de México, también lee todo lo que puede a diario para que las decisiones que tome sean las mejores según su nivel de conocimientos.

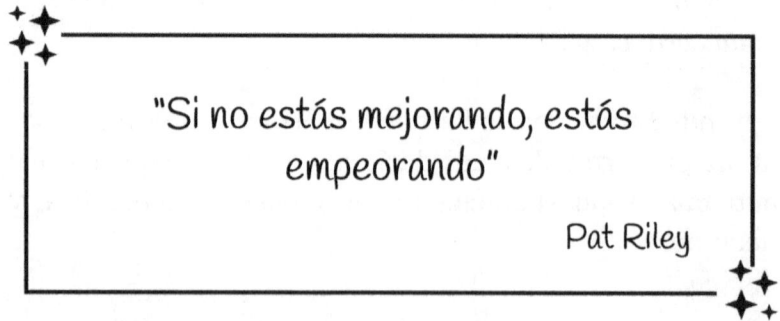

"Si no estás mejorando, estás empeorando"

Pat Riley

Copia a los grandes. Replica sus hábitos, si haces lo mismo, lo más probable es que te sucedan cosas grandes. Son moldes a seguir. Hazlo igual que si fueses la masa de galletas que metes en el molde, si el molde que usas es el mismo, lo más probable es que las galletas que salgan sean similares.

Recuerda que también es esencial el tiempo de cocción de las galletas. Tú decides cuánto tiempo vas a dedicar a nutrirte mentalmente (tu tiempo de cocción), si me preguntas cuánto tiempo es suficiente, lo tengo claro: **tanto como puedas.**

Si tienes en cuenta *la Ley de Causa y Efecto*, pronto te darás cuenta de lo que te estoy comentando, para esto también aplica. Si empiezas a nutrirte de la sabiduría de las personas exitosas, el efecto que obtendrás será que con el tiempo tú acabarás siendo una de ellas.

Un nuevo mundo te espera, así que más vale que estés lo mejor preparado posible para afrontarlo. Aquí vas a descubrir cómo empezar, pero el primer paso has de darlo tú, yo no puedo darlo por ti. Los cambios son acelerados, ya los has visto. ¿Recuerdas cuando Nokia era la marca líder de telefonía móvil? ¿Qué pasó con ella?

Pasó que en 2007 llegó al mundo el IPhone; en unos pocos años Nokia dejó de vender sus móviles y la compañía fue adquirida por Microsoft. El IPhone no fue tomado en serio por sus rivales e incluso BlackBerry llegó a considerarlo como un juguete que sólo atraería a los más jóvenes; no vieron su potencial y pasaron de tener ventas de un 49% a un 0,4% en apenas cinco años.

Esto mismo afectó a más campos, donde no se querían ver venir los cambios de los pequeños negocios que iban ascendiendo a zancadas.

No sé si recuerdas a la empresa Blockbuster, líder en proporcionar películas para ver en casa. Esta empresa no vio el potencial de la nueva plataforma de Netflix, creía que era demasiado pequeña y con menos que ofrecer. Pensar así llevó a Blockbuster a la bancarrota.

Así de rápido es cómo funcionan las cosas en la actualidad, tan pronto estás en la cresta de la ola, como tan pronto otra ola te abate. Si no estás bien preparado y bien formado en tu negocio, nicho o profesión pronto quedarás rezagado y podrás ser sustituido.

• •
Invierte en ti.
• •

Hay personas que se quedan estancas en la *homeostasis* de su vida actual. Tienen miedo a implementar cambios que hagan que algo se desequilibre en su balanza. Su falsa zona de confort les atrapa en sus redes como si fuera una tela de araña.

Ahora puedes ver la diferencia entre ellos y tú, que buscaste avanzar y compraste este libro para expandir tu vida y salir de esa zona.

Algo en ti ha cambiado. ¿Lo notas?

Descubre tu pasión

Si aún no sabes cuál es tu pasión, aquello que harías realmente de corazón y de por vida, sigue leyendo. Te voy a desvelar dos ejercicios muy reveladores que usan grandes mentores, y que han ayudado a cientos de personas...

Vamos con ellos...

- ★ DINERO
  Imagina que tienes en el banco diez millones de dólares y tienes una esperanza de vida marcada de diez años.

  - ✦ ¿En qué emplearías tu tiempo?

  Muchas personas se limitan porque dicen no tener suficiente dinero o recursos para poder hacer realidad sus sueños.

  - ✦ ¿Qué harías si dispusieras de suficiente cash?

- ★ TIEMPO
  Ahora el escenario que toca es bastante distinto. Imagina que vas a al médico y tras un examen especial te dice que tiene dos noticias. La primera es que tu vida acabará en seis meses y la segunda es que mientras vivas tu salud será idéntica a la que tienes en este momento.

  - ✦ ¿Qué quieres hacer durante estos meses?

  - ✦ ¿Con quién quieres compartir tu tiempo?

Gran parte de las personas se limitan a la hora de crear sus metas ya que piensan que son imposibles de lograr, ¿cómo piensan eso? Descubre qué es lo que han estado haciendo las personas de éxito que han llegado a lo más alto y modélalo. Napoleón Hill, ya nos dijo que **la clave del éxito se encuentra en usar las fórmulas del éxito que ya han sido probadas.**

No dudes de ti, empieza AHORA.

"Un buen plan ejecutado vigorosamente ahora, es mejor que un plan perfecto para la semana que viene"

George Patton

Si preguntas a cualquier persona si tiene metas, te dirá que sí. Y lo que en realidad no sabe es que no las tiene. Lo que tiene son sueños, deseos, aspiraciones... pero, realmente no tiene un plan trazado. Construye todos los castillos en el aire que quieras pero pon siempre los cimientos en la tierra.

"La imaginación es literalmente el taller en el que se forman todos los planes creados por el hombre"

Napoleon Hill

Tener un plan es fundamental, Henry Ford ya nos decía que *"cualquier meta puede lograrse si la fragmentas en partes lo suficientemente pequeñas"*. A mí, me gusta crear listas de verificación, pues traen a la tierra cualquier sueño y lo convierten en factible. En mi proceso de estudio de las personas exitosas, me pregunté cómo conseguían generar esos ingresos que les facilitaban la vida y la respuesta era más sencilla de lo que parecía.

Las personas altamente exitosas logran ser más productivas que el resto, por eso generan mayores ingresos. Ellas **consiguen más y mejores resultados en menos tiempo** y eso hace que la gente les quiera pagar.

Las personas altamente exitosas dedican la mayor parte de su tiempo a las tareas realmente importantes que generan gran valor.

¿Cómo puedes modelar esto?
Sencillo.

Empieza a usar tus LISTAS DE VERIFICACIÓN, invierte en ellas todas tus energías. Ésta será tu mejor herramienta para la gestión del tiempo pues, te estarás centrando en lo que realmente quieres hacer y no te verás inmerso en otras actividades superfluas.

Aristóteles, el más famoso filósofo de todos los tiempos, se dedicó a estudiar al hombre y llegó a la conclusión de que el último objetivo de la persona es la felicidad. Llena tu *check list* con actividades que te lleven a ese estado de felicidad.

Durante la ejecución de tu plan, te abordarán diferentes pensamientos negativos para abortar la misión. NO DEJES QUE ESOS PENSAMIENTOS SE SALGAN CON LA SUYA.

Si quieres sacar de tu mente esos pensamientos negativos, saca ventaja del hecho que hace que tu mente sólo pueda trabajar con un pensamiento a la vez. Así que, si sustituyes un pensamiento negativo por otro positivo, el positivo será el que reine en tu mente. Ya que dos no pueden habitar a la vez.

Los pensamientos negativos tienden a ser los más habituales en nuestra mente, suelen ser generados de manera automática y son la opción favorita de nuestro cerebro. Tendrás que esforzarte y poner todo tu empeño para sacarlos de tu mente.

Despréndete de lo negativo

Conforme vas avanzando por este camino te habrás podido dar cuenta que llevas arrastrando culpas que no te dejan avanzar. Perdónate.

A veces, las personas llegan a creer que el perdón es sólo hacia los demás, y nada más lejos de la realidad. Debes empezar por perdonarte a ti mismo primero. Para alcanzar tus metas con tranquilidad y mayor agilidad deberás ir libre de cargas.

Quizá, tengas en tu mente algún acto malintencionado que hiciste a alguien o una palabra fuera de lugar, que te rondan por la cabeza.

• •

Simplemente, perdónate.

Sin remordimientos, sin darle más vueltas.

Pues ya no lo volverás a hacer, hoy tienes conocimientos que ayer no poseías, dejaste de ser la persona que hizo aquello.

• •

Eres alguien nuevo.

Otra de las situaciones negativas que nos ancla y no nos deja avanzar, es cuando no admitimos el hecho de habernos equivocado.

Todos hemos visto alguna vez, lo necio y ridículo que queda aquel que sabe que está equivocado y se niega a admitirlo.

Admite que cometiste un error y pasa página.

La diferencia que encuentras entre las personas de éxito y el resto es su manera de razonar. Las exitosas cuando se enfrentan a un desafío, se ponen de lleno a barajar las diferentes opciones que tienen, buscan soluciones, alternativas, recursos... Se centran en la SOLUCIÓN.

En cambio, las no exitosas ante el desafío, se ponen de mal humor, buscan culpables, evaden el tema...se centran en el PROBLEMA.

¿Te das cuenta que hay mucho de mentalidad detrás de una persona exitosa? Estudia y aplica las reglas que el resto no conocen y obtén **resultados extraordinarios**.

Jim Rohn dijo en una ocasión que: *"lo importante no es llegar a ser millonario, es la clase de persona en la que te debes convertir para llegar a serlo. Si pierdes tu dinero puedes volver a recuperarlo de nuevo porque ahora tú eres una de las personas que sabe cómo generar ese tipo de riqueza".*

Expandir la mente

Puede ser que quieras llevar a tu vida al siguiente nivel y que aquello que te plantees hacer hoy te parezca muy loco. Romper barreras es la realidad que tuvieron que vivir los que un día emprendieron con su negocio.

Apple, cuando todos los móviles llevaban teclados de serie, se preguntó cómo podría poner el teclado dentro de la pantalla del móvil, en lugar de las teclas antiguas que todos los móviles llevaban.

Amazon, se preguntó cómo podría hacer que cualquier persona en cualquier lugar del mundo que estuviera, pudiese acceder a un libro en el momento sin tener que ir a una librería física. Tras esa pregunta, empezó a comercializar el libro electrónico.

Cuando Fred Smith, fundador de *FedEx* planteó la idea de la entrega de correo urgente en Estados Unidos parecía algo loco. Pues se tardaba alrededor de cinco días en la entrega de paquetes y la idea de recibir el correo de un día para otro parecía algo disparatado, pero Smith demostró que se podía hacer.

Si tienes una idea o visión, algo que podría mejorar enormemente la vida de las personas, no dejes que unos pocos la entierren.

Estrategia y foco en lo importante

Niveles de vida

El gran secreto de la vida está tan al alcance, que precisamente por eso no somos capaces de verlo. Se nos vende el libro, el video, el artículo de: *"descubre la palabra con la que cambiarás tu vida para siempre"*, *"haz esto y triunfarás"*...

¿Quieres aprender un idioma?

¿Quieres tocar la guitarra?

¿Quieres montar un negocio?

Sigue leyendo...

La vida es como un videojuego, para avanzar necesitarás superar niveles. Empezarás jugando como un principiante, pasarás por principiante avanzado, serás competente, eficiente y finalmente experto. En enfermería, así nos lo enseñaba la teórica Patricia Benner, para la adquisición de destrezas en nuestra profesión. Y esto aplica a cualquier campo.

Si conduces recordarás así tu trayectoria de aprendizaje:

- ★ Antes de empezar a llevar un coche tenías ilusión y algunos <u>miedos.</u>

- ★ Diste tus primeras clases como <u>novel</u> en las que aprendiste normas de circulación.

- ★ Más tarde, cogiste un coche por primera vez y te fijabas en haber seguido todos los pasos correctamente: asiento cómodo, espejos bien colocados, prestabas atención a cada marcha del coche, en fin... siempre <u>ibas pendiente del siguiente paso.</u>

- ★ Tras sacarte el carnet de conducir esto <u>seguía así durante un tiempo.</u>

- ★ Hasta que un día sin saber cómo, ya conducías de manera inconsciente. Asimilaste todo el conocimiento a base de repetición y te volviste un <u>experto.</u>

Así es como se empieza cualquier sueño o meta en la vida: con ilusión, tiempo y esfuerzo.

El dinero y los contactos está claro que ayudan a lograr algunas cosas, pero es que sin ellos también se puede. Quizá tardes más tiempo, pero si sigues lo lograrás.

El timón de tu vida debes sostenerlo siempre firme y con el rumbo bien marcado para no desviarte del rumbo hacia una vida extraordinaria.

Muchos abandonan sus objetivos antes de tiempo porque se frustraron por no haber logrado el objetivo que se propusieron en el tiempo que ellos habían calculado, pero esto no es matemática de sólo suma. Puede que el camino de alguien sea tan sencillo como 1+1=2. Y a otros, les lleve más tiempo lograr el mismo resultado y su ecuación sea esta: (3x2)-(1+3)=2.

¿El resultado es el mismo? Sí, pero la forma de llegar a él ha sido distinta; para una persona ha sido un cálculo muy rápido y la otra, en cambio, ha tenido que emplear un poco más de tiempo.

Lo que te vengo a decir es que si mantienes tu objetivo bien fijo y luchas por él con **ilusión, esfuerzo y tiempo,** llegarás igualmente.

Lo realmente importante

"Me doy cuenta que si fuera estable, prudente y estático viviría en la muerte. Por consiguiente, acepto la confusión, la incertidumbre, el miedo y los altibajos emocionales, por que ése es el precio a pagar por una vida fluida, perpleja y excitante"

Carl Rogers

Creo que por lo que las personas tendemos a decir sí a gran parte de las cosas a las que deberíamos estar diciendo *no*, es porque antes de contestar no nos hacemos las preguntas adecuadas. Es como la organización de tu armario.

Me explico...

Tu armario puede ser un completo caos si vas comprando todas aquellas cosas que te puedes poner alguna vez, en lugar de comprar aquello que de verdad necesitas y a la vez te encanta. Puedes tener un armario ordenado y funcional o un caos de armario. Sucede lo mismo cuando aceptas cualquier proposición sólo porque suena bien.

Wayne Dyer, pone un ejemplo que me encanta acerca de TU PROPÓSITO. Piensa en un pitbull que tiene entre sus dientes una pelota que no quiere soltar. De seguro no te atreverías a quitársela. ¿Verdad? Pues tu propósito a de ser como esa pelota y tú debes ser el pitbull.

Basa tus decisiones en tus propios criterios de puntuación. Aquello que realmente aporte algo a tu vida y te apetezca realizar debe quedar con puntuaciones de 8 a 10. Si para ti no se merece esas puntuaciones en estos momentos, declina la oferta sin remordimientos. No era para ti en ese momento, quizá lo sea más adelante.

Jim Collins nos dice que *"si hay algo que te apasiona y en lo que puedes ser el mejor, deberías hacer sólo eso"*.

Deberías preguntarte: ¿Qué me apasiona y me encanta hacer sin controlar el reloj? ¿Qué hago que podría satisfacer alguna necesidad en el mundo?

Como afirmó Ralph Waldo Emerson: *"El crimen que arruina a hombres y Estados es el del trabajo asalariado: abandonar tu designio principal para trabajar en un turno aquí o allá"*.

Todos podemos lograr vivir una vida llena de pasión. A Nelson Mandela no le frenó el estar encarcelado durante veintisiete años para seguir adelante con su propósito. En 1962, entró a la cárcel perdiendo todas sus posesiones: su casa, su reputación y por supuesto, su mayor bien, la libertad.

Aún así, él decidió enfocarse en lo que para él era esencial y eliminó todo el ruido de alrededor que lo descentraba. Su objetivo era eliminar la segregación racial en Sudáfrica. Y gracias a su coraje hoy nos ha quedado su legado.

Debemos bajar un poco más de ritmo y dejar algo más de margen a las cosas que son importantes, de lo contrario terminaremos chocándonos contra la vida. A veces, vamos por la vida como ese coche que va pegado detrás de otro que va a 140 km/h. Si al de delante se le ocurriese hacer el más mínimo movimiento que no anticipemos chocaremos contra él.

Enfócate en lo que es esencial para ti en estos momentos, no rellenes huecos con actividades vacías.

No perder el enfoque

En 1972, el vuelo 401 de Eastern Air de Florida, se estrelló provocando la muerte de más de cien personas. Ha sido uno de los peores accidentes aéreos de la historia de los Estados Unidos.

Estuvieron investigando las circunstancias y los investigadores se dieron cuenta que el avión estaba en perfectas condiciones.

Lo que realmente pasó fue que se estaban preparando para aterrizar, cuando el primer oficial Albert Stockstill observó que no se había encendido el indicador de tren de aterrizaje, una luz verde que indica que el motor delantero funciona. Lo increíble fue que realmente <u>el motor sí que funcionaba, lo que no funcionaba era el indicador.</u>

Como los pilotos estaban tan sumamente concentrados en el indicador del motor, perdieron de vista que no tenían encendido el piloto automático, hasta que ya fue demasiado tarde, habían perdido mucha altitud.

Lo que ocasionó aquella tragedia no fue un motor, fue que los que estaban al mando **perdieron de vista lo que realmente era importante.**

En la película En Busca de la Felicidad, Chris Gardner dice a su hijo: "*Nunca dejes que nadie te diga que no puedes hacer algo, ni siquiera yo. Si tienes un sueño, tienes que protegerlo. Las personas que no son capaces de hacer algo te dirán que tú tampoco puedes. Si quieres algo, ve por ello y punto*". ¡Qué gran lección de vida! Cada vez que veo esa parte vuelvo a emocionarme. Son palabras realmente profundas.

Si aspiras a algo grande deberás estar dispuesto a pagar el precio hoy mismo. Todo es posible, pero cuánto más grande el sueño, mayor será el precio. Nada es gratis.

Si eres deportista y deseas hacer un Iron Man y a nivel deportivo estás a un nivel 6 y sabes que tienes que llegar a nivel 10 para poder participar, puedes alcanzar el margen de 4 que te separa de tu objetivo, pero antes deberás pagar el precio que se te exige.

> Aquel que quiere algo siempre encuentra el camino para lograrlo, el que no quiere algo siempre encontrará excusas.

Jim Rohn refuerza esta idea, señalando que: *"para que las cosas cambien, tú tienes que cambiar; para que las cosas mejoren, tú tienes que mejorar"*.

Cualquier persona que haya alcanzado algo, lo hizo porque tenía un plan firme al que ceñirse, nació seguramente con los mismos recursos que tú: dos manos, dos piernas y una cabeza. Pero supo sacarles más potencial del que hubieses imaginado.

Brian Tracy argumenta que: *"lo más importante que tiene una persona es su capacidad de aprendizaje. En realidad, podría perder su casa, su coche, su cuenta bancaria, sus muebles y quedarse sin nada más que la ropa que lleva puesta, pero mientras su capacidad de aprendizaje estuviera intacta, podría cruzar la calle y empezar a ganarse bien la vida de forma casi inmediata"*.

La clave está en ver cuánto realmente estás dispuesto a arriesgar y apostar por ti. Antes de obtener la recompensa, siempre hay que pagar el precio

Una buena decisión

Cuando dices *no* a unas posibilidades, te vuelves más efectivo en aquella que *sí* quieres enfocarte.

Debes ser inteligente con tus elecciones, debes hacer un buen balance de todas las opciones y escoger sólo una, aquella que más se alinee contigo.

El <u>proceso</u> consiste en:

1. Valorar todas las opciones
2. Quedarse con la esencial
3. Poner en marcha la escogida

> *"Para tener el nivel de éxito que yo quiero tener no puedo dispersarme ni hacer múltiples cosas. Se requiere foco"*
>
> Will Smith

Warren Buffett, el gran inversor en bolsa, tenía claro que le era imposible tomar cientos de decisiones correctas en bolsa, así que centró todas sus inversiones en aquellos negocios que le daban seguridad. La mayor parte de su riqueza se debe a tan sólo diez buenas inversiones.

La cocina de **Ferran Adrià,** estimado como el mejor chef del mundo, va a la esencia. Saca lo mejor de cada plato tradicional y lo convierte en algo que nunca hubieses imaginado comer.

Siempre hay que escoger. Piensa que a las seis de la tarde de un sábado no puedes estar en el cine con tus hijos, en la fiesta de cumpleaños de un amigo y haciendo horas extra para la empresa. Tienes que escoger una sola opción.

Sé que el ejemplo anterior es muy claro, pero ¿qué pasa en los planes a largo plazo?

Por ejemplo, cuando tenemos múltiples actividades a las que podemos apuntar en las tardes... ¿escogemos una y guardamos tiempo para nosotros? O ¿Nos apuntamos a varias actividades y ya veremos como sacamos tiempo para nosotros, para nuestra familia, para estar con los amigos o simplemente para descansar?

Debemos mantener el foco en cada aspecto de nuestra vida.

En 1951, Josep Moses con su "Ley de las pocas cosas vitales" decía que puedes mejorar extraordinariamente la calidad de un producto tan sólo mejorando una pequeña parte de los problemas.

Japón decidió probar esa estrategia, ya que era considerado un país con mala reputación por proporcionar productos de baja calidad a bajo costo. Adoptaron la Ley y empezaron a canalizar las energías en aquellas cosas esenciales para el producto. Y desde entonces Japón empezó a ser una potencia económica global.

Me encanta la pregunta que nos dejó a cada uno de nosotros Mary Oliver: **"Cuéntame, ¿qué es lo que planeas hacer con tu única, libre y preciosa vida?"**

Quedas invitado a que en tu ajetreada agenda busques pausas y te preguntes qué quieres hacer y hacia dónde vas. Pregúntate si te gusta o no el plan que tienes para hoy.

Cuando estés en los últimos momentos de tu vida, no te vas a enfadar contigo mismo por haber parado el ritmo de viaje y haberte preguntado si realmente has estado haciendo lo que te hacía feliz. Es más, creo que agradecerías esta frenada.

Dudo mucho que te dijeses: "No, prefería haber vivido menos haciendo las cosas que me hacían feliz y haber vivido más la vida que otros esperaban de mí". Si ahora mismo te encontrases en ese último momento, ¿qué darías por tener la oportunidad de volver atrás en el tiempo y poder escoger? ¿Qué te hubiese gustado escoger?

Quédate con eso.

No pienses que te estoy invitando a ser una persona ermitaña que reduzca al máximo todo lo que hay a su alrededor. Para nada. Pienso que la época en la que vivimos es la mejor de la historia, contamos con móviles que nos comunican, ordenadores que nos abren las puertas del mundo y electrodomésticos que nos facilitan la higiene del hogar. Todo eso es lógico que lo tengas, te ahorran el tiempo que pasarías haciendo determinadas tareas y éste lo puedes dedicar a lo que desees.

Sé que menos es más. Pero, **lo esencial para vivir es esencial aunque sean muchas cosas.**

Y con las actividades pasa igual. Si hay tres actividades que realmente disfrutas: natación, clases de cocina y meditación. Apúntate a las tres. Pero no porque quieras abarcarlo todo, sino porque realmente es tiempo para ti y eso te hará feliz.

Pero si tienes otras prioridades en tu vida como *familia a la que atender*, si ésta es TU PRIORIDAD, primero encárgate de sacar tiempo primero para ella y el que quede libre lo dedicas tranquilamente a las actividades restantes. Pero nunca lo hagas al revés. **Que lo primero sea siempre lo primero.**

Todo en la actualidad está diseñado para que te sea difícil escoger y quieras tenerlo todo.

Pongamos ejemplos...

En un restaurante puede que te apetezcan varios platos de la carta aunque sólo puedas saciarte con uno; vas a comprarte un móvil porque el tuyo se rompió y te gustan varios modelos; en la cartelera del cine encuentras varias películas interesantes para ver...

Tú y yo hemos renunciado a ciertas cosas que solo tú y yo sabemos para poder ser quienes hoy somos. Quizá a una pareja, a un trabajo que no te satisfacía o a unos amigos con los que ya apenas tenías cosas en común. Gracias a esas renuncias hoy yo estoy escribiendo este libro y tú estas al otro lado leyéndolo. Es así, la vida es una elección continua.

Aunque no siempre vas a poder tener el control de tu vida, pues muchos son los factores externos van a interferir en tu camino; de lo que **sí vas a tener control es de la opción que escoges** dentro de las alternativas.

Habrá momentos en los que la situación haya sido superior a tu libre albedrío te habrás dicho: *"no quiero hacer esto"* pero *"tengo que hacerlo"* pues de no hacerlo las consecuencias serían desastrosas. Todos alguna vez, hemos tenido que soltar el timón y cedérselo a otra persona aunque nos costase hacerlo.

Pero no dejes que **esas pocas ocasiones sueltas, se conviertan en la tónica de tu vida**, porque podrá llegar un momento que ni siquiera sepas hacia dónde te estás dirigiendo.

Un ejemplo, acerca de cómo cedemos y damos más concesiones de las debidas, sería el trabajo. Puedes empezar el sábado guardando <u>media hora</u> para preparar la agenda y las próximas reuniones de la semana, con el tiempo podrás pasar a estar <u>un par de horas</u> planificando esas reuniones y meses más tarde te puedes encontrar trabajando el <u>sábado entero</u>.

Tus límites si no están bien marcados con el tiempo se van diluyendo.

> "Si fallas en planear, en realidad estás planeando fallar"
>
> Benjamin Franklin

La enfermera

Siendo enfermera, siempre me ha gustado contar esta historia. Se trata del resultado al que llegó una enfermera llamada Bronnie Ware de Australia. Esta mujer estuvo estudiando a los enfermos moribundos y sus reflexiones tras toda una vida.

Bronnie, habla de ello en su libro *Los cinco arrepentimientos de los moribundos*. Todos los arrepentimientos que le fueron dados por moribundos los organizó en cinco grupos:

* Desearía haber tenido el coraje de VIVIR LA VIDA QUE YO QUERÍA y no la que otros esperaban que yo viviese.

* Desearía NO HABER TRABAJADO TAN DURO.

* Desearía haber EXPRESADO MÁS MIS SENTIMIENTOS.

* Desearía haber mantenido el CONTACTO CON MIS AMIGOS.

* Desearía haberme PERMITIDO SER MÁS FELIZ.

Me encantan este tipo de reflexiones ya que te hacen darte cuenta de lo rápido que pasa la vida y de que al final todos anhelamos lo mismo.

Reclama tu porción

Aquellas personas que consideramos genios, sólo se diferencian del resto en que ellas se dedicaron a practicar y mejorar constantemente. Fueron dando prioridad a esa habilidad que tenían que mejorar. **Lo que nos hace diferenciarnos es el uso que le damos a nuestro tiempo.**

¿Quién no siente admiración por esa persona que estuvo trabajando como un loco durante tres años en un restaurante, ahorrando dinero para su sueño y un día cogió su mochila y se fue a comerse el mundo?

Nos encanta conocer historias de superación personal, porque en ellas de alguna manera nos gusta ver reflejado el potencial que todos llevamos dentro.

¡LÁNZATE! Sé tú el protagonista de la siguiente historia, sé el próximo en contar su historia.

Si te parases a revisar las biografías de los grandes, verías que detrás de ese gran logro hubo otra vida alejada del éxito, ya sea cortando el césped del vecino o vendiendo pizzas. **Ellos sabían que ese trabajo era un mero *trabajo trampolín* que algún día les permitiría acceder a su GRAN SUEÑO.** Y pienso que es lo correcto, **no debes vendarte los ojos y lanzarte a una piscina desconocida para que luego dentro no haya agua.**

El éxito en la vida es atemporal, para él no existe el concepto de pronto o tarde, todo llega en su preciso momento; llega un momento en el que parece que todo encaja y así es como sucede. Pero antes deberás trabajártelo, no sólo con soñarlo se realizará. Si no ya lo tendrías.

Hay personas que dejan de hacer una cosa porque se consideran demasiado mayores... Imagina a una persona con 40 años que sueña con hacer una carrera de 4 años pero que por su edad decide no hacerla. ¿Qué la frena si igualmente dentro de 4 años tendrá 44 años? El tiempo le va a pasar igualmente, entonces, mejor será pasarlo haciendo algo que le acerque a su sueño.

Debemos ser astutos y actuar, el mundo es cómo una enorme tarta de chocolate, no siempre se corta a partes iguales. Aquellos que tienen anhelos más fuertes y no se dan por vencidos se llevan los mejores trozos, mientras que **al que no pide no se le es dado ningún trozo.**

¿Cuánta hambre tienes tú?
¿Has reclamado ya tu trozo?

> "Lo menos frecuente en este mundo es vivir. La mayoría de la gente existe, eso es todo"
>
> Oscar Wilde

Todo lo que no sabes

"Haz los muros de tu casa con las piedras con las que te has tropezado dos veces"

Benjamín Prado

Una de las cosas más maravillosas que percibimos es la relatividad del tiempo. Cuando piensas en que los rayos del sol que te dan calor en este momento, en realidad salieron del sol hace ocho minutos, dices: ¡GUAU!

¡Qué mundo tan impresionante es éste en el que vivimos y cuánto nos queda por descubrir! Generamos sed de conocimientos cuando somos conscientes de la cantidad de cosas que no sabemos explicar.

• •

Las personas somos tan increíbles que somos capaces de estar de cuerpo presente aquí y de pensamiento en la otra punta del mundo.

• •

El cuerpo humano es algo que siempre me ha maravillado, por eso decidí ser enfermera y orientar mi vida a la sanidad, a descubrir más cosas sobre mí misma y de cómo funcionamos las personas.

El cuerpo humano es un perfecto estado de búsqueda de equilibrio y compensación. Cada órgano <u>se encarga de ser lo mejor que puede ser</u>, un riñón no quiere ser corazón, ni un pulmón quiere ser estómago. Cada uno hace su trabajo y como miembros de una gran orquesta tocan una sinfonía perfecta. No hay órgano más importante que otro, todos colaboran y comparten una misma misión:

● ●

Que estés vivo

● ●

Tú tienes que hacer lo mismo y estar a tope en cada momento, no sólo disfrutes del resultado cuando llegue, disfruta la aventura completa hasta llegar a hacerte con el tesoro.

Porque si el resultado resulta no ser como esperabas, al menos el camino te habrá merecido la pena. Hagas lo que hagas, debes de estar al 100%, no al 89%, no al 99,9%... ¡al 100! **Que estés donde estés, estés.**

Muchas personas no saben lo que significa estar al 100%, se dicen que están al 98%, que eso ya es un *montón*... Pero es que eso no sirve.

Me encanta el ejemplo que pone Sergio Fernández acerca de esto. Él dice que imagines que tu pareja te dice que está comprometida contigo al 98%, que es mogollón... Si te paras y sacas cálculos aproximadamente de 365 días que tiene el año, ella 356 días está a FULL CONTIGO, y tan sólo 9 días *no*. Es ridículo. O al 100% o nada, le dirías.

Otra cosa con la que nos cuesta tratar es con la felicidad, ya que nos pasa algo muy extraño. Y es que tratamos de encontrarla haciendo las mismas cosas que un tiempo atrás nos hicieron sentir bien. Se nos olvida que las reglas han cambiado, que ya no somos los mismos, y que desgraciadamente debemos buscar en otro sitio que no sea el pasado. Debemos **pasar de la repetición a la reinvención.**

Algo nuevo por sentir

 "Creo que necesitas ser educado sobre aquello que quieres hacer en la vida, pero no creo que necesites la universidad para llegar allí"

Will Smith

Veo la vida como una película en proceso en la que cada día se forma una pequeña escena más de esa película. Es una película en la que así cómo vivas tus horas, minutos y segundos, así será su gran trama.

Todo lo que hagas en un día: las personas que frecuentes, lo que comas, el ejercicio que hagas... con todo ello estás componiendo tu destino. **Tus pequeñas acciones darán paso a tu gran realidad.** Cada minuto cuenta.

Haz de tu vida algo interesante que merezca la pena ser vivido y contado. Hay personas que durante 10 años desayunan lo mismo, hablan de lo mismo y siguen con la misma gente, no amplían su círculo. No hay novedades. No es que esté en contra... Si eres feliz así, fantástico. Pero la mayoría es que no lo es.

Mark Twain nos dejó la famosa frase: *"dentro de veinte años te lamentarás mucho más por las cosas que dejaste de hacer que por las que hiciste".*

A mí, me maravilla el poder expandir mi conocimiento con buenos libros. Me encanta poder disfrutar de una buena lectura. **Cada libro es como sentarme a tomar un café con su autor.** Me abre las puertas a nuevos mundos. Hoy en día podemos sentarnos con celebridades de la talla de Michelle Obama o Steve Jobs y hablar con ellos a través de las páginas de sus libros en una tarde cualquiera. ¿A quién admiras? ¿A quién te gustaría conocer más? Busca su biografía y pasa una tarde con él.

Los libros me han ayudado a mejorar muchas facetas de mi vida; escojo un tema del que quiero saber más, voy a la librería y arraso con todos los libros que más atrayentes me resultan. Voy a casa y los saboreo tarde a tarde.

En Alicia en el país de las maravillas, se muestra el valor de dedicar un tiempo a pensar, en reflexionar acerca de nuestros sueños:

-No sirve de nada intentarlo. -Dijo Alicia.

-Me atrevo a decir que no has tenido mucha práctica. -Repuso la reina. -Cuando tenía tu edad, siempre lo hacía media hora todos los días. A veces, había llegado a creer en seis cosas imposibles antes del desayuno.

Como dijo la reina: no dejes de creer que tus sueños son posibles.

Es una lástima que la frase TÚ PUEDES ALCANZAR LO QUE QUIERAS sea algo anecdótico. Queda muy bien como frase de motivación, pero cuando tienes que llevarla a la práctica (incrementar tus ingresos, conocer a tu pareja ideal, dedicarte a tu trabajo ideal...) te dices no, eso no es posible.

Tienes que abrir la mente para poder conocer las cosas que aún no sabes. Vivimos en un planeta, que visto desde el espacio, <u>algunas personas parecen estar viviendo boca abajo</u> en la parte inferior del planeta.

Me perece que conociendo esto, nada es imposible. Que no estés viendo las cosas, no significa que no estén sucediendo. Que la Tierra esté girando a 1700 km/h y tú no lo notes, no significa que no suceda.

Si tú crees que no puedes lograr algo, no te preocupes vas a tener razón. Pero si crees que sí puedes, lo más probable es que lo logres.

Parte 3
Acción

Dándolo todo

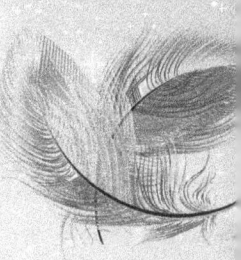

> "Cuando un hombre por cualquier motivo tiene la oportunidad de llevar una vida extraordinaria no tiene derecho a guardársela para sí mismo"
>
> Jacques Cousteau

Las personas que admiras y que están donde tú quieres estar, si estuvieses viendo una película Disney se llamarían Don 100%.

Siempre se cuestionan si están dando su 100%, pues no hay nada más triste para ellos que dar un 56%, un 89% o incluso un 99% por su sueño, ellos siempre se encuentran dando el 100%.

Y sí, se lee bonito pero no es así. Dar el 100% significa: querer abandonar muchas veces y aún así seguir, entrenar tanto que te tiemblen las piernas y seguir, estudiar tanto que te duela todo el cuerpo de no saber ya como ni cómo sentarte y seguir, decirte ya no puedo más, esto no es para mí y seguir...

Sí, lo vas a tener que pasar mal a veces, porque **si no te molesta significa que no estás saliendo de tu zona de confort**, que no te estás esforzando lo suficiente.

Si dejas que tu cerebro funcione en piloto automático no vas a conseguir nada extraordinario, cada vez te esforzarás menos. Él esta diseñado para ahorrar energía y protegerte.

¿Cómo lo hace?

Siguiendo las mismas rutas de mínimo esfuerzo que le han funcionado hasta ahora. Y eso significa seguir teniendo la misma vida que tienes hoy.

¿Has visto alguna vez una maratón?

Supongo que sí. Pues la paradoja es que la vida es igual. Todos salen de la línea de salida a la vez y todos corren ilusionados al principio, pero tras varios kilómetros el ánimo decae, te das cuenta que uno empieza a aflojar, comienza a bajar el ritmo, llega un momento en el que se siente más cansado aún y empieza a caminar. Pero los que encabezan el grupo siguen corriendo, y aunque se cansan siguen corriendo, no se paran porque haya una persona que haya bajado el ritmo. <u>El que se quedó atrás, repone energías y vuelve a correr, pero ya da igual, pues a los que van a la</u>

cabeza no les recorta tiempo, ellos han seguido corriendo mientras el otro estaba deteniéndose.

El Don 100% no se queda tumbado en el sofá cuando debe ir a un entrenamiento, no se va de fiesta la noche anterior a una competición aunque le apetezca y vayan todos.

Ésa es la diferencia de unos y otros, así es cómo se logran los éxitos que tanto admiramos. Existe un *backstage* que nadie ve, es el precio de lograr algo, no hay recetas mágicas, ni milagros. Tú lo sabes, pero suena bien cuando lees un artículo que te dice: *descubre cómo lograr "X" en 3 segundos.*

¿En serio?

Sabes que no, pero tu cerebro quiere ahorrar energía, entonces cuando lee eso se siente estimulado, pero ahora ya has recordado de nuevo porqué esto no funciona así.

Tu sueño es tu tesoro y merece un sacrificio, por eso es tan preciado, sino estaría al alcance de cualquiera. No te quejes de lo que estén haciendo otros si tú mientras no estás haciendo nada para lograr tus resultados.

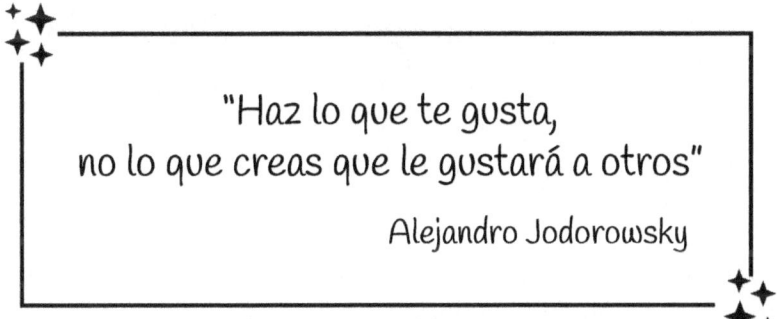

"Haz lo que te gusta, no lo que creas que le gustará a otros"

Alejandro Jodorowsky

Ahora que conoces cómo lograrlo, ¿quieres estar orgulloso de ti mismo?, ¿tu respuesta es sí? Pon en práctica lo leído, sé que ya lo sabías pero acaso ¿lo implementaste? Esa es la clave, hacerlo, **comienza a dar el 100%, cuando estés a tope de ilusión pero también, cuando estés bajo de ilusión.**

No va a ser fácil, vas a tener que dejarte la piel por lograrlo. Pero si es tu sueño, créeme que valdrá la pena.

Vida, que sepamos los que estamos aquí, sólo hay una; y lo que tienes que hacer con ella es vivirla con intensidad. Debes conseguir que el último día de tu vida no sientas arrepentimiento por saber que, no hiciste lo que tenías que hacer por no haber tenido el valor necesario.

• •

En Alicia en el País de las Maravillas, ocurrió esta escena:

—¿Cuánto tiempo es para siempre?— Preguntó Alicia.

—A veces, sólo un segundo. —Respondió el conejo.

• •

Yo pienso igual, a veces **basta con un segundo para cambiar el transcurso de toda una vida.** En ocasiones los cambios suceden de forma lenta y premeditada, pero en otras ocasiones basta con que te digas ¡AHORA! y que lo interiorices tan bien que el cambio sea de 180° en un segundo.

A por ello

Vivimos en un momento donde todo lo queremos obtener al instante, no valoramos el esfuerzo que hay detrás de tener unos buenos abdominales, hablar un idioma como un nativo, ser un autor de éxito... Tiempo y esfuerzo es lo que hay detrás de todo eso.

Si buscas en internet cómo tener abdominales, definir bíceps, bajar de peso... saldrán miles de videos y artículos con recetas milagrosas que prometen que lo vas a tener en tres días. Tú sabes que no... pero aún así lo miras por si acaso se dice algo interesante y te lo pierdes. Es a lo que te has visto abocado estos años atrás, a la inmediatez.

> "Todo el mundo puede ser grande... No hace falta un título universitario para servir... Sólo hace falta un corazón lleno de gracia. Un alma creada por el amor"
>
> Martin Luther King

La vida te da muchas oportunidades para que te lances a hacer lo que has venido a hacer, si quieres jugar para ganar antes deberás jugar; no esperes que las cosas te lleguen con facilidad y si alguna te llega así, serás un privilegiado.

El regalo más grande que puedes hacerte a ti mismo es muy simple y no es sólo tuyo, ese regalo es: dar a los demás. Cuando aumentas la dicha del otro, multiplicas la tuya. Es un regalo que se saborea al instante, no hay que esperar. Los mejores líderes que hemos tenido en la historia han sido personas así, generosas y grandiosas, hoy no necesitamos a más personas narcisistas obsesionadas con su propio beneficio. Para recibir, antes deberás estar dispuesto a dar.

Recuerda que al final de tu vida por lo que serás recordado será por lo que hayas aportado al resto, será por eso por lo que serás honrado. **El día de tu funeral no llevarás tras de ti un camión de mudanzas con todas las cosas materiales que adquiriste a base de sacrificio.**

"Tu tiempo es limitado, no lo malgastes viviendo la vida de alguien distinto... No dejes que los ruidos y opiniones de los demás acallen tu propia voz interior. Y, lo que es más importante, ten el coraje para seguir a tu corazón y tu intuición. Ellos ya saben de algún modo en qué quieres convertirte realmente"

Steve Jobs

Productividad

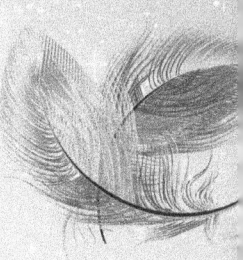

Céntrate en tu objetivo, no seas adicto a las distracciones. Enfócate en la mejora continua, da pequeños pasos pero bien firmes a diario, éstos te llevaran a unos resultados brillantes. Las excusas nunca han forjado al líder.

Aquellas cosas que hoy te parecen imposibles, un día te parecerán sencillas, incluso algunas de ellas, en un tiempo las harás de forma automática.

> Todo cambio es duro al principio, escarpado a la mitad y maravilloso al final.

Si quieres encontrarte entre el 3% de los líderes, deberás empezar a hacer lo que el 97% de la población no se atreve o no quiere hacer. Encontrarás resistencias, incluso personas que te estiman que no entenderán tu cambio y podéis incluso llegar a distanciaros, aún así ten fe y recuerda que el camino del guerrero empieza siendo solitario.

La mayoría de las personas siguen siendo la misma persona que eran hace años durante el resto de su vida. Sólo hablan de sus sueños, pero no se atreven a dar el paso de salir a perseguirlos, los ven tan lejanos que no tienen fe en sí mismas. Son buenas personas, pero les resulta más fácil vivir en un presente de complacencia a los demás, que experimentar un futuro incierto.

Entiendo que da miedo, pero el paso de oruga a mariposa pasando antes por la crisálida siempre ha sido necesario. **Para que una nueva criatura surja, la vieja se debe transformar.** Para que mi nuevo <<yo>> nazca, mi viejo <<yo>> ha de morir. Pues de una misma fuente no pueden brotar dos aguas distintas.

Una vez que empiezas el camino con firmeza, la vida te irá recompensando con victorias inesperadas, se aumentará tu autoestima y tu fuerza será más inquebrantable.

● ●

La vida recompensa a los que persisten

y castiga a los que titubean.

● ●

Trata de no sentir apego por cosas que lo mismo hoy están y sirven; y mañana quizá no signifiquen nada.

No se trata de despreciar ningún título académico o bien material que tengas, pues es fantástico que los tengas y los disfrutes, pero no dejes que ellos te definan, que definan tu persona.

Pero quien ha perdido sus bienes de repente en situaciones tales como un incendio o un robo, se ha dado cuenta de que a pesar de que eran bienes que aportaban algo positivo a su vida; lo único que les quedó a fin de cuentas es lo que habían vivido y llevaban dentro. Y eso es precisamente es lo que merece la pena cultivar con ansia, el resto de cosas que tenemos son una ilusión. Nada nos pertenece, en realidad toda cosa que tengamos hoy es un regalo del presente que podemos administrar y disfrutar temporalmente... hasta una casa recién comprada sólo será tuya temporalmente, el día que ya no estés será de otro.

> "Una de las cosas más tristes en la vida es llegar al final y mirar atrás con arrepentimiento, sabiendo que podrías haber sido, hecho y tenido mucho más"
>
> Robin Sharma

Cuando Mahatma Gandhi murió, apenas tenía unas diez cosas, que incluían: sus sandalias, un bol y sus gafas. Él vio que era absurdo pasarse la vida yendo tras objetos que al final de la vida dejarían de ser suyos, descubrió que su vida estaba compuesta al fin y al cabo, por las obras que nos dejaba.

Pero no todos aspiramos a lo mismo, tener hoy en día ciertas posesiones es bueno, pues nos facilitan la vida. La verdadera enseñanza que nos deja es que no debemos apegarnos a ellas.

> Todos somos capaces de ser pastores en nuestra vida, en lugar de ser seguidores en el rebaño como una oveja más.

Tu cuerpo, tu templo

Me encanta la frase que dice que: "*la salud es la corona que llevan los sanos, pero que sólo pueden ver los enfermos*". Sólo caemos en la cuenta de valorar la salud cuando nos duele algo o cuando adquirimos alguna enfermedad. **Valoramos aquello que tenemos no cuando lo tenemos, sino cuando ya no está.**

La gran mayoría de personas pasan la mitad de su vida sacrificando su salud a cambio de dinero para años más tarde, ser capaces de dar todo su dinero a cambio de más salud.

Voltaire nos dijo que: *"lo mejor es enemigo de lo bueno"* y es tan cierto como que a veces, nos quedamos en la mediocridad pensando que eso era todo lo que podíamos hacer, desperdiciando así todo nuestro potencial.

El ejercicio físico es crucial para mantenerte a salvo de las enfermedades. La excusa de la mayoría para no hacerlo es la falta de tiempo. Pero, aquel que **piensa que no tiene tiempo para hacer ejercicio algún día tendrá que tener tiempo para la enfermedad**.

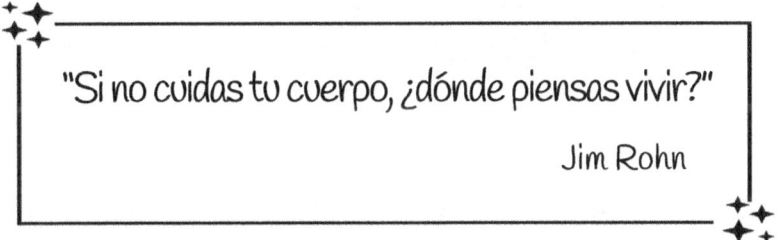

"Si no cuidas tu cuerpo, ¿dónde piensas vivir?"

Jim Rohn

Ten en mente en qué tipo de persona te estás convirtiendo, ya que eso es mucho más importante que el sacrificio momentáneo que debes hacer hoy.

Hoy no tienes excusa para no sacar algo de tiempo en casa, ponerte un video de ejercicio de los miles que hay en YouTube y hacer ejercicio... Los hay muy entretenidos.

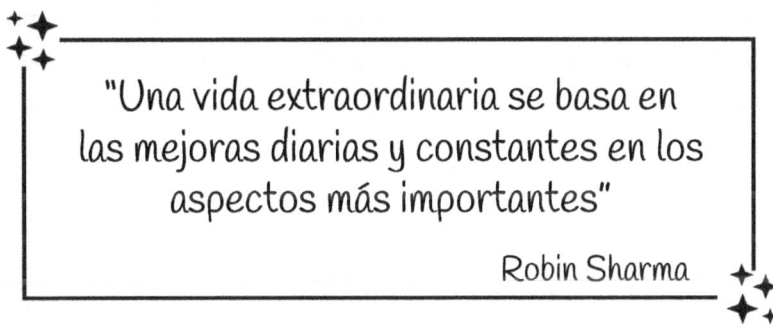

"Una vida extraordinaria se basa en las mejoras diarias y constantes en los aspectos más importantes"

Robin Sharma

Eben Pagan, un experto en desarrollo personal y multimillonario le contó a Tony Robbins en una entrevista que cada mañana deberíamos aumentar nuestra frecuencia cardiaca, estimular la circulación y llenar nuestros pulmones de oxígeno. Dijo que no había que conformarse con hacer ejercicio a media mañana o al final del día. Cualquier persona debería incorporar, al menos, una rutina matinal de 10 o 20 minutos de saltos de tijera o algún otro tipo de ejercicio aeróbico.

Hacer ejercicio te va a generar endorfinas, más conocidas como las hormonas de la felicidad, éstas son péptidos opiáceos que genera tu cuerpo de forma natural y dan buen rollismo.

Muchas personas cuando piensan en hacer ejercicio, piensan en salir a correr o en hacer duros entrenamientos con pesas en el gimnasio, pero he de decirte que hay más mundo... Si odias correr pero en cambio, te gusta caminar, felicidades, pues ya existen estudios que corroboran que correr es igual de sano que caminar. La única diferencia entre los que corren y los que caminan es que los primeros necesitan la mitad de tiempo para alcanzar esos beneficios.

La Asociación Americana del Corazón hizo un estudio comparando a corredores con andadores. El estudio contó con 48.000 participantes y duró seis años. El resultado fue que ambos grupos redujeron su colesterol, su hipertensión, diabetes...

Ahora ya no tienes excusas, hoy mismo puedes salir a caminar, no necesitas nada más que unas zapatillas deportivas, no tienes que apuntarte a ningún lugar... **Para convertirlo en un hábito puedes incorpóralo a las actividades más básicas de tu día a día, como lo es hablar por teléfono. Cada vez que recibas una llamada, contéstala poniéndote en pie y caminando.** Caminar oxigena el cerebro así que harás que tus conversaciones sean más fluidas.

Si te apetece entrenar grandes grupos musculares pero pasas de pagar la cuota mensual del gimnasio, tengo una solución para ti, se llama *calistenia*. La *calistenia* consiste en la realización de ejercicio físico soportando el peso de tu propio cuerpo. Es gratuito y lo puedes realizar en casa. Algunos de estos ejercicios son: las sentadillas, abdominales, flexiones...

Si deseas comprometerte con llevar tu cuerpo a su máximo nivel, deberás tomar un compromiso que hasta ahora nunca hayas tomado. ¿Estás convencido de hacerlo? El día que decides el rumbo que quieres llevar, ese día despiertas, pues determinas con fuerza quién serás el resto de tu vida, ese día será el día más importante de tu vida.

Las tres esferas

Muchas personas empiezan a hacerse pequeñas, casi diminutas, en el momento en el que emplean más fuerza en no perder lo que tienen que en luchar por ganarse lo que pueden llegar a tener.

> "El éxito es algo que atraes gracias a la persona en la que te conviertes"
>
> Jim Rohn

Estas personas tienden a quedarse con una vida superflua, que nada tiene de diferente a la del vecino. Conviértete en una persona soñadora, capaz de ver múltiples posibilidades...

Nuestro cerebro sólo piensa en los recursos que tiene o ha tenido, en pasado y presente, al fin y al cabo, son las únicas esferas que le son conocidas y que puede controlar. Pero se olvida que debe incluir una tercera: el futuro, la parte que está por llegar y contiene infinito potencial.

> "Serás un fracasado a menos que grabes en tu subconsciente la convicción de que eres un triunfador. Esto se logra con una afirmación, que te hace caer en la cuenta"
>
> Florence S. Shinn

Sin salirte del camino

"La vida es corta. Sonríele a quien llora, ignora a quien te critica y sé feliz con quien te importa"

Marilyn Monroe

Cuando buscas alcanzar un sueño debes conocer que será todo un desafío. Es súper importante que conozcas las fases por las que vas a pasar para que no te desvíes del camino a pesar de los baches, los precipicios, y las fieras del camino...

Estas son las **fases por las que vas a pasar antes de cruzar la línea de meta:**

★ FASE DE ILUSIÓN: acabas de tener tu gran idea. Tienes muchas expectativas acerca del proyecto, de lo que te supondrá cuando lo alcances. Tienes la motivación por las nubes, es el momento en el que estás con las endorfinas a tope. No hay obstáculos, parece una aventura. Cada cosa que sucede es una novedad.

★ FASE DE CHOQUE O DE REALIDAD: empiezan los primeros desafíos, el camino empieza a no parecer tan agradable, hay retos que superar. Éste es un momento crítico para abandonar o quedarse, que sigas a delante o no, dependerá de lo fuerte que sea tu fuerza de voluntad y de lo importante que sea para ti ese sueño.

* <u>FASE DEL PENSAR</u>: hay una toma de conciencia de que el trabajo va a ser duro y aún así te comprometes a seguir. Te desafías y te dices que no tirarás la toalla. Es tu verdadero compromiso.

* <u>FASE DE ESTANCAMIENTO</u>: has dedicado mucho tiempo y energía pero no ves los resultados que esperabas tras haber empleado tanto tiempo. Pero el esfuerzo ya empezó hace tiempo y es el momento en el que debes darte cuenta de que lo que más le cuesta a la nave espacial es el momento del despegue. Después, es capaz de mantenerse a velocidad constante prácticamente sin requerir energía. Has llegado hasta aquí, gran parte del trabajo está hecho. ¡Felicidades ya estás más cerca sólo falta el último escalón!

* <u>FASE DE RE-ILUSIONARTE</u>: empiezan esos pequeños resultados que confirman que tu sueño está más cerca de ser una realidad. Empieza la inercia que con el tiempo te hará avanzar más deprisa. Comienza la mentalidad de que el sueño es posible y se va a conseguir.

* <u>FASE DEL SUEÑO CUMPLIDO</u>: has llegado a tu meta, pero debes seguir perseverando para que esto se siga manteniendo. Ya puedes decir: LO LOGRÉ.

Cuando el médico le dijo a Freddie Mercury que moriría dentro de poco, éste respondió: "No tengo tiempo para hacerme la víctima. Mientras esté aquí voy a hacer lo que he venido a hacer a este mundo". No sabemos el tiempo que nos queda ni a ti, ni a mí, no esperemos a que algo o alguien nos dé el susto de nuestra vida para reaccionar, hagámoslo ya.

La aventura de la vida

A todos nos ha pasado que hemos sentido miedo en situaciones que sabemos que no deberíamos sentirlo. Pues vivir esa situación es algo que realmente queremos hacer, entonces ¿por qué nos sucede?

Debes conocer lo siguiente...

Hay un miedo sano que te mantiene prudente y a salvo; y otro que te bloquea y te paraliza, éste es tóxico (te impide avanzar en la vida).

Otra de las cosas que nos sucede en nuestro día a día, es sentir impulsividad y sentirla tiene una razón de ser que lleva con nosotros miles de años y que se ha analizado científicamente. Supongo que habrás oído hablar de los tres cerebros que tenemos, Paul D. Mc Lean, en 1952, creó la Teoría de los 3 Cerebros, y esos **tres cerebros son:**

- ★ NEOCÓRTEX: es el que toma las decisiones conscientes, digamos que es el que usas para pensar. Es la única parte del cerebro que se puede educar, con esfuerzo y disciplina. Esta parte es la que trabajas cuando implementas nuevos hábitos.

- ★ LÍMBICO: se encuentra en la amígdala y regula tu lado emocional. En él se encuentran tus sentimientos, es la parte sentimental y donde está la memoria. Cuando realizas una actividad en realidad la haces porque anteriormente otra actividad similar que hiciste te aportó un beneficio positivo que tu memoria recuerda y quiere volver a obtener esa misma sensación.

- ★ REPTILIANO: es el encargado de la supervivencia. Es la parte más antigua de tu cerebro. En él se encuentran los instintos y tus reacciones más primitivas.

Se ha demostrado que ante una situación estresante **primero reaccionamos con las emociones y luego activamos la parte racional.** Al principio la amígdala equipara todo el funcionamiento cerebral pasando por encima del resto de cerebros.

¿Te ha pasado que has recibido un mensaje de WhatsApp que te ha puesto de los nervios, has contestado el mensaje muy rápido y de "aquella manera" y luego te has dicho: *madre mía, pero que he hecho?*

Hubieses reaccionado de otra manera si hubieses mirado con perspectiva toda la situación. Por eso, se nos ha dicho desde pequeños: **cuenta hasta diez antes de contestar cuando estés muy nervioso**. Esto es <u>**para darle el tiempo necesario a tu parte racional**</u> para ponerse en marcha.

Acelera el cambio

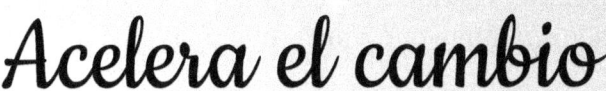

Debes aprender a conquistar tus miedos ya que siempre van a existir. Recuerda que cuanto antes des el paso para saltar al vacío, antes llegarás a tocar el agua de la piscina.

Tómate las cosas de la forma más positiva que puedas. Como diría el Mago More si se te *quema el coche haz una barbacoa y después ya veremos qué hacemos.*

Darwin decía que: *la especie que sobreviviría no sería la que más fuerte fuese sino la que mejor se adaptase.* Esto lo hemos visto a lo largo de la historia con empresas que no han sabido adaptarse y han ido directas a la bancarrota.

¿Me sigues?

En la época de las cámaras de fotos con carrete, Kodak, era una gran marca, la cual todos usábamos. Pero como no supo adaptarse a la era digital, quedó desfasada y desapareció.

Estamos en la época con mayor acceso a la información y como la damos por sentada, no le prestamos atención y seguimos con nuestros quehaceres. ¿Sabías que en 1830 había una ley en Carolina del Norte con penas de cárcel para aquel que enseñase a leer y escribir a los esclavos? Era más fácil tener una población ignorante que aquella que sabía y podía rebelarse.

El conocimiento otorga poder. Si no supieras que puedes tomar citas previas online con tu médico ¿irías hasta el centro médico para tomar cita en lugar de disfrutar del privilegio de estar en casa y realizarla por teléfono en dos minutos?

Cuando se te presente un desafío, pregúntate ¿dónde puedo encontrar información acerca de esto? De nada sirve maldecir, la respuesta existe, sólo has de buscarla.

Desarrolla conocimientos, habilidades y crea hábitos.

Si quieres adelgazar ¿Qué debes hacer? Comer menos grasas, salir a hacer ejercicio, escoger bien tus alimentos... Y después repite, repite, repite... cada día vuélvelo a hacer. Genera hábitos.

Escoge un buen MENTOR del que puedas aprender. Aprende por observación del que ya sabe. Modélalo. Todo se te hará más fácil de lograr porque habrás visto a alguien que ya lo ha hecho y si él pudo ¿qué te impide a ti conseguirlo?

Comprométete con tu causa. Tendrás miedo, por supuesto, pero con argumentos fuertes sabrás luchar por tus objetivos.

La magia de los hechos

En los momentos de bajón, lo que ocurre en tu interior es que tus miedos se han hecho más fuertes que tu pasión. Con el tiempo y el poder de los hábitos, puedes hacer más fuerte tu parte pasional, triunfadora, la parte que denomino **dorada**.

Hoy somos quienes somos porque superamos: aquella relación que tanto daño nos hizo, la traición de un amigo, la quiebra económica, el perder "x" trabajos... Ha sido nuestra **preparación perfecta para conseguir las enseñanzas que ahora llevamos dentro**. Las necesitábamos en verdad, y no es que para aprender y para mejorar haya que fallar, pero si cuando algo te sale mal extraes una enseñanza, pasas a convertirte en alguien más sabio de lo que eras unos minutos atrás.

Es duro, pero también es cierto que una persona desgraciadamente **aprende más de sus propios fracasos que de si alguien le cuenta esos mismos fracasos pero en este caso cometidos por otras personas**. Es así, el ser humano necesita experimentar, probarlo por sí mismo. ¿Cuántas veces te dijeron tus padres cuando eras pequeño que no hicieses esto o aquello porque traería consecuencias? Y tú, que te creías más listo que nadie fuiste por ese camino y te equivocaste, por supuesto que también podría haber salido bien, pero ellos con todo su amor sabían que no era bueno para ti porque las probabilidades de que saliese mal eran muy altas.

El cambio es difícil, cuesta, es más fácil seguir en el placer de lo que está a nuestro alcance que salirnos de la rutina. Aún así, puedes nutrirte de nueva información, reinventarte y hacer todo lo que esté en tu mano para hacer brillar tu parte dorada, para ser quien viniste a ser y **no ser una copia más de lo que ves en la sociedad**.

El que destaca en cualquier campo no se parece al que tiene al lado, tiene algo distinto, no sabes muy bien qué es, pero sabes que guarda algo.

● ●

Una vida en la que luchas por un ideal, aunque sea muy costoso y complicado de alcanzar; llena y satisface más que cincuenta años de una vida de complacencia y adaptación al molde del grupo.

● ●

Hemos llegado a creer que vivir una vida siendo fieles a nuestro valores y creencias no supone esfuerzo, que debe ser fluido, pues al fin y al cabo es nuestro deseo del alma... Así que cuando el camino empieza a ponerse arduo y empinado, nos replanteamos si no nos estaremos equivocando. Y es que lograr **ser la persona que viniste a ser, es un deporte de riesgo**. Por eso, más vale que te hagas con el mejor equipamiento que encuentres.

"Todos quieren cambiar el mundo, pero nadie piensa en cambiarse a sí mismo".

Tolstoi

Ser un revolucionario

No seas la copia del que está a tu lado. Rosa Parks, una mujer **valiente** con todas las letras, fue una revolucionaria. Ella, una mujer de raza negra, se empoderó e hizo valer sus derechos como persona. Sufrió una gran humillación cuando en un autobús segregado se negó a ofrecer su asiento a una persona de raza blanca, este hecho la hizo quedar arrestada. Gracias a su valentía, se inició el movimiento por los derechos humanos.

Si no hubiese sido ella, hubiese sido otra persona la que hubiese dado el paso de hacer valer los derechos de las personas de raza negra. Pero fue ella, y fue el nombre de *Rosa Parks* el que pasó a la historia.

Tú, como ella **puedes ser la persona que marque una diferencia en el mundo.** No sigas siendo la persona que dedica sus valiosas horas a: ver los selfies del día, ver lo primero que ponen en televisión, estar tirado en el sofá viendo series...

Ten un momento para cada cosa, pero sé disciplinado en tus horarios, de lo contrario lo que menos esfuerzo te suponga será lo que siempre reine en tu vida. Cada vez que eliges lo correcto en lugar de lo fácil, te estás dando identidad como persona.

Hagas lo que hagas, HAZLO PORQUE PARA TI TENGA UN VALOR, no para ver lo querido que te haces en tu entorno o lo famoso que puedes llegar a ser. A veces, **el mundo va retardado en cuanto a las recompensas, sino que se lo dijesen a Vicent Van Gogh que tuvo que morir para que se apreciaran sus obras.** Van Gogh, creó cientos de cuadros y más de mil dibujos a lo largo de su vida. Él disfrutaba de lo que hacía, algo le decía que tenía que seguir haciéndolo, era su pasión y la disfrutaba. Su creatividad y originalidad no fueron frenadas por la falta de reconocimiento.

Nunca ha sido fácil llegar a ser alguien exitoso, alguien con legado, pero **todos deberíamos aspirar a ello y negarnos vivir una vida superflua.**

"No vivas como si fueras a vivir diez mil años. Tu destino pende de un hilo. Mientras estés vivo, hazte bueno."

Marco Aurelio

Hal Elrod, en su libro *Mañanas Milagrosas*, asegura que según datos de la Seguridad Social estadounidense, si tomas a 100 personas al inicio de sus carreras profesionales y las sigues 40 años, obtendrás un resultado similar al siguiente:

- ★ 1 será rico.

- ★ 4 tendrán estabilidad económica.

- ★ 5 seguirán trabajando por necesidad.

- ★ 36 habrán muerto.

- ★ 54 estarán arruinados y dependerán de ayudas de terceros.

Me parecen datos increíblemente alarmantes, pues resulta escalofriante pensar que **sólo un 5% consiga vivir una vida tranquila**. Es crucial y no negociable, que deberás esforzarte para estar en ese 5%.

Valora tus decisiones

"Sólo cabe progresar cuando se piensa en grande, sólo es posible avanzar cuando se mira lejos"

José Ortega y Gasset

Muchas veces tratamos de complacer a todo el mundo y estar en todos lados para no perdernos nada.

Pero cada vez que decimos sí a algo le estamos diciendo no a otra cosa.

Prioriza tus objetivos y valores de vida. Anota en tu agenda aquellas acciones o actividades que te acerquen a ser la persona en la que te quieres convertir. <u>Y haz que eso sea inamovible</u>.

Una vez hayas dado lo mejor de ti, reparte el tiempo que te queda disponible a planes secundarios. Lo más probable es que tu entorno se queje porque ya no les darás el mismo tiempo al que estaban acostumbrados.

Nadie le dijo al diamante que fuera fácil ser diamante. Él se formó a altas presiones.

Los sueños no fueron creados para cobardes

"Somos nuestro propio demonio y hacemos de este mundo nuestro propio infierno"

Oscar Wilde

Si le haces imaginar a alguien que va a estar un día en una isla desierta, y después le preguntas ¿crees que el día siguiente amanecerías vivo? La mayoría diría que sí. Su fe en sí mismos les dice que lo lograran.

Pero, ¿cómo?

No les he dicho si la isla está plagada de serpientes King Cobra o tarántulas venenosas.

La fe nos hace sentir la convicción de lograr algo aún sin saber el cómo lo haremos. La persona con fe no necesita la aprobación de nadie más, ella sabe que puede y lo conseguirá. Pondrá todas sus habilidades y concentración en la tarea. **No sólo lo va a intentar, sino que lo va a hacer.**

> Lo que te hace realmente valiente no es lo que haces cuando tienes garantías de que todo saldrá bien, sino aquello que emprendes sin saber cuál será su final.

Todo excepto la muerte, es una elección personal. ¿Vas a elegir tu vida en función de lo fácil o de lo difícil que sea algo?

Al principio, no te preguntes *cómo lo harás*, simplemente debes empezar el camino. Con el primer paso, a medida que vayas avanzando irás planteándote alternativas y formas más eficaces de lograr llegar al destino.

Lo más importante es tener claro tu *para qué* haces lo que haces. Todo lo demás son preguntas secundarias que por ahora no interesan demasiado y que lo único que harán será distraerte.

El no conocer el *cómo llegar hasta el final* no debe ser lo que te detenga para empezar a dar los primeros pasos, ya que si lo supieras ya habrías llegado a tu destino. **El tiempo y la perseverancia darán sus frutos, créeme.**

Ten claro que hasta la roca más fuerte si tiene una gotita de agua dándole continuamente puede acabar partida en dos. Ya que la gota al final consigue hacer una grieta y penetrar en ella.

Piensa que tus sueños son igual que una roca, y que por muy fuertes e importantes que sean estos para ti, **si continuamente los plagas de excusas, acabarás haciéndoles una grieta y pondrás en peligro su realización.**

Delibera si estás del lado de los que ante una situación se plantean ¿Y si *sale mal*...? O de los que se dicen ¿y si sale bien...?

¿En qué bando estás tú?
¿Negativista o positivista?

A veces, y lo más seguro es que lo sea la mayoría de las veces, el camino sea largo, muy largo... así que más vale que te centres en disfrutar del camino y no sólo en estar con el foco en el resultado.

Debes buscar el disfrute en cada cosa que hagas y éstas hacerlas con pasión, sino podrás pasarte meses o incluso años amargado por un objetivo. El disfrute no ha de ser sólo al llegar al destino, mientras vayas en el vagón debes saber disfrutar del paisaje a través de tu ventana.

Nunca hagas de tu vida un *sprint* sino más bien haz que sea una *maratón*. No se trata de disparar todas las balas del cargador al principio, se trata de saber cuando disparar cada una de las del cartucho.

Lo que acabo de exponer se puede observar en esas personas que tras finalizar sus estudios, empapelan los barrios con su currículo y si no responden a él con un trabajo, desisten y buscan otra cosa en la que trabajar. Total... ellos sienten que ya hicieron todo lo que pudieron. No se plantean otras alternativas para llegar a ese trabajo soñado.

Recuerda, estás en una maratón, no en un sprint.

Divide y vencerás

"Si quieres vivir una vida feliz, átala a una meta no a una persona u objeto"

Albert Einstein

Lo <u>primero</u> que vas a hacer, es empezar a <u>dividir el día.</u> Anteriormente ya hablamos de ello, de todos modos vamos a recordarlo...

Debes **dividir cada día** de tu vida de la siguiente manera:

* **Dormir** ocho horas.

* **Trabajar** ocho horas.

* Otras ocho horas para hacer **algo que te guste** (deporte, lectura, senderismo...) lo ideal sería alargar esta franja a costa de la del trabajo, ya que la del sueño es intocable.

Esta división es la ideal para que al menos, puedas disfrutar de un tercio de tu vida.

Lo <u>segundo</u> que vas a hacer es <u>dividir tu objetivo</u>.

Hagas lo que hagas en tu vida fracciónalo en micro-objetivos, porque si piensas sólo en el objetivo final te hundes.

No es lo mismo querer perder 23 kg que decirte: *venga vamos a perder 3 kg.*

¿Quién no es capaz de alcanzar eso?

Después ya te plantearás los siguientes 5 kg... y así sucesivamente, porque **las personas no sabemos estar sin plantearnos el siguiente objetivo.** Cada vez que consigas el micro-objetivo prémiate para seguir motivado, de lo contrario el cuerpo no es tonto y desistirá. Total, ¿qué gana él?

Todos tenemos al menos un talento o habilidad que se nos da realmente bien y trabajamos para potenciarla. A pesar de eso, si en algún momento eso que se te da tan bien, lo haces mal, nadie tiene el derecho a decirte que eres un fracasado.

Tienes que creer completamente en aquello que emprendes: *un negocio, el libro que vas a escribir, el blog que vas a abrir...* Y debes **expandirlo por todo lugar,** porque da igual si tienes el mejor producto del mundo, que **si nadie lo conoce, no existe.**

Aprovecha la suerte de tener herramientas gratuitas como Facebook, Instagram, YouTube... que a parte de ser usadas para cotillear acerca de la vida de los demás, sirven para comunicar y abrir puertas.

Sin pensarlo dos veces

"La mayoría de las personas gastan más tiempo y energías en hablar de problemas, que en tratar de afrontarlos"

Henry Ford

Debes serte fiel cuando tomes la decisión de hacer algo. Si lo que te has propuesto es llevar una vida más saludable, evita la tentación de quedarte debajo de la manta unas horas más porque hace mucho frío en lugar de salir a correr.

El que sale a correr esa misma mañana, no es porque le apetezca salir a pasar frío, le apetece igual que a ti quedarse calentito, pero avanza en la vida, toma decisiones y **hace lo que tiene que hacer**.

• •

Tu vida tiene un inicio y un final, sólo hay una oportunidad. No es una película que puedas rebobinar y volver a iniciar.

• •

Si decides actuar; asumes que será duro, que puede que tengas fallos, dolor, incomodidad... Pero cuando te decidas a empezar, tendrás que esforzarte, pensar que ya tendrás tiempo de divertirte. Pero piensa que AHORA TOCA ACTUAR.

Tú sabes hasta donde debes exigirte. No te engañes. Tú sabes cuándo estás haciendo las cosas bien y cuándo no. TÚ LO SABES.

Si sabes que estás haciendo las cosas mal y sigues haciéndolas, tú eres el único culpable y responsable de que en unos meses o años tu vida sea un desastre.

Está muy bien que leas libros como éste que te motiven, pero si no te mueves y actúas, tu vida seguirá tal cual y tu lectura no servirá de nada.

Lo peor que podrías decirte ahora, sería: *"bueno, me podría ir peor"*. Esa frase es horrible porque te hace quedarte estancado, estático y te lleva a pasar por la vida sin pena, ni gloria.

Nadie te recordará. Al mirar atrás cuando seas un anciano, no tendrás nada destacable que contar.

Y después de todo lo que te he contado, puede ser que te digas: *esta chica me está diciendo que actúe y ni sabe lo difícil que es lo que quiero alcanzar*. Es cierto, no lo sé, no te conozco... Pero si algo te hizo escoger y leer este libro es porque aún tengo mucho que exponerte y brindarte para que te pongas en marcha y consigas aquello que tienes en mente.

No te voy a hablar de conjuros mágicos, ni de la fórmula o ecuación definitiva para alcanzar tus sueños...

Seamos realistas. No estás aquí para que te cuente cuentos fantásticos con finales felices, estás aquí para ponerte en marcha YA hacia tus metas. Si realmente te propones mentalmente salir de la encrucijada en la que te hayas metido, podrás lograrlo.

Cuando no sabes por dónde tirar de poco te servirá decirte cosas como: *soy lo peor, nadie me apoya, no tengo recursos...* Lo más lógico es que salgas de ahí, en lugar de seguir lamentándote. No es fácil, lo sé... Pero debes salir de ese bucle de negativismo por ti mismo antes de ponerte a trabajar en tus sueños, de lo contrario nunca avanzarás al ritmo adecuado.

> Ahora te voy a pedir que me respondas a las siguientes preguntas...
>
> ★ ¿Cuándo fue la última vez que hiciste algo que te diese miedo?
>
> ★ ¿Cuándo fue la última vez que hiciste algo sin saber si saldría bien?

Atreverse es parte de la vida, en cualquier área de ella: personal, profesional o social. Si no lo haces, estarás limitando tu vida.

> Los caminos fáciles que llevan a sitios de forma rápida, son los que no te llevan a nada valioso.

Si quieres lo más grande, arriesga, aún sin saber cuál será el final.

Si tú tienes un plan, el plan se sigue siempre. Cueste lo que cueste, se tarde lo que se tarde. Confía. Debes generar la suficiente fe para no pensar en otra cosa y tener un enfoque exclusivo en tu meta. Lucha como un boxeador, hasta que ganes el último asalto.

El riesgo es necesario para progresar, para avanzar, para mejorar.

Aférrate a tu meta, emplea tiempo y esfuerzo, día tras día, mes tras mes, incluso año tras año. Y a pesar de no ver los resultados que querías, sigue con el plan porque confías, tienes fe y sabes que la recompensa llegará.

¿Es duro? Sí, muchísimo. Por eso la mayoría tiran la toalla y pocos son los que siguen y obtienen la victoria.

¿Has pensado en la cantidad de artículos, videos, audios, libros... que hay vendiéndote que conocen la fórmula mágica de algo que es imposible que la tenga, sólo para conseguir rápido *seguidores, fans, compradores, suscriptores...?* ¡Miles!

¿Por qué? Porque saben que la mayoría abandona y que es fácil ser atraído a consumir ese material. Están hambrientos de un material que les haga obtener sus metas rápido, pasan de pagar el precio y por eso se quedan sin el resultado, no lo merecen. Luego son los que te dicen que *ya lo han probado todo y que no hay manera...*

En cambio, los que han llegado lejos saben que se lo han tenido que trabajar con tiempo y esfuerzo. Pero, a ojos ajenos no se ve nada de eso. Es más, a veces, nadie se da cuenta del duro camino de pico y pala, pico y pala.

Es más atrayente hacer ver al mundo que tu producto creció rápido como la espuma en cuanto salió, que un físico 10 se consigue en una semana o que la libertad financiera se alcanza a través de un conjuro... Queda más llamativo. ¿Verdad?

Pero que nadie te cuente milongas, que nadie te cuente el esfuerzo y sacrificio que hay detrás, no significa que éste no sea real.

> Si aguantas el tiempo necesario ¿cuánto? EL TIEMPO NECESARIO, lo conseguirás. Porque si desistes, quizá lo hayas hecho a un día de conseguirlo.

Alcanzar algo, no te engañes, no se basa en genética, talentos, en recursos... se basa en lo que tu mente te diga. En lo que te dices cuando suena el despertador cada mañana, en lo que te dices que harás después de trabajar...

Tu actitud lo es todo, aquí no vamos a hablar de suerte, sino de lo que haces día tras día. Todo tiene que ver contigo.

Lo difícil va a ser soportar los momentos duros, porque los buenos ya sé que vas a saber llevarlos. La clave está en qué harás cuando las cosas se tornen complicadas. Los momentos malos, son los que más tienes que trabajarte. Tu plan deberás seguirlo de todos modos aunque tengas pereza, aunque no te apetezca, aunque llueva o truene...

Ojalá vivieras mil vidas. Pero sólo tienes una. Así que piensa muy bien qué quieres hacer con tu tiempo limitado. Vive la vida, pero vívela a tope. Haz todo aquello que una vez soñaste que harías. Si una vez imaginaste un tipo de vida, hazla real.

No seas un zombi, actúa.

Vivir a tope no son fiestas, fama, glamour... deja eso para la próxima película de Hollywood. Vivir a tope es aprovechar cada uno de tus días, hasta esos días en los que te levantaste no sólo con el pie izquierdo sino que también después, te pusiste la zapatilla equivocada.

Los mejores consejos no te los voy a saber dar yo, te los va a dar una persona de 80 o 90 años, una persona a la que se le esté acabando el tiempo... Una persona que más temprano que tarde también serás tú.

Nos creemos eternos, nos decimos ya lo haré y luego nunca lo hacemos.

Imagina lo duro que sería decirte: *si no hubiese estado perdiendo el tiempo hace 20 años podría haber hecho...* Ahora estás a tiempo, éste es tu momento. Ésta es tu oportunidad.

¿La tomas o la dejas correr?

Estoy encantada con que estés aquí leyendo estas líneas conmigo, pero soy consciente también, de que mientras lo estás haciendo los minutos están pasando... La cuenta bancaria de tu tiempo sigue corriendo...<u>POCO A POCO VA BAJANDO HASTA QUE LLEGARÁ UN DÍA, QUE SE PONDRÁ A CERO.</u>

> Soy consciente que estoy removiendo algo en ti, temas que quizá con nadie hayas ahondado, pero alguien debía hacerlo. Te valoro y te aprecio aún más por llegar hasta mí y por eso quiero todo lo mejor para ti.

No sólo estés ahí, haz algo. Vive la vida de tus sueños. HAZLO YA.

¿Qué mensaje esperas que te den para ver que eso es lo que debes hacer? Lo que **te mereces hacer**.

Cuando tengas 70 u 80 años y quieras hacer algo ya habrás perdido el tiempo, ya no tendrás. Recordarás que lo tuviste, pero no lo quisiste aprovechar.

Cada día deberías hacer más y más, en lugar de desaprovechar las horas en la cama o sofá. Si no lo haces es porque aún no sabes qué deseas hacer, no sabes a qué has venido aquí... y deberás empezar por ahí.

Creo sinceramente que la vida es justa con nosotros y que si le das cosas buenas, éstas te serán devueltas, quizá en días, meses o años, pero sé que llegarán. Y lo sé porque lo he vivido y lo sigo viviendo cada día. He visto que la devolución es atemporal, igualmente creo que cuánto más bien hagas, más rápido obtendrás más cosas positivas de la vida.

El tener disciplina y grandeza personal no cae en balde nunca, todo acto trae consigo consecuencias.

Las personas que más tiempo dedicaron a aquello que anhelaban, son las que tienen hoy su premio. Mientras otros dormían o descansaban ellos escribían, estudiaban o entrenaban más y más. No trato de decirte que seas un obseso que olvide su vida social u otras facetas, ni de lejos... Es más, creo que todo debe tener un justo equilibrio.

Pero, un **sobreesfuerzo extra hoy es lo que marcará la diferencia mañana.**

Los exitosos están donde están porque se lo han trabajado. Porque en su día tomaron la decisión de hacer ese sobresfuerzo extra. Las personas corrientes *no lo hacen*, **pueden hacerlo, pero deciden no hacerlo**, porque les es más fácil tomar la decisión de quedarse en el lugar de siempre.

No olvides que perder peso, por ejemplo, es fácil, sabes cómo tienes que hacerlo, tienes la mejor información de mano de los mejores expertos a tu alcance, pues hoy es más fácil que nunca acceder a ella, está a un click.

Pero, es más fácil no hacerlo que salir a la calle a correr, que ir al gimnasio, caminar un poco más en lugar de coger el coche, llevar una alimentación saludable y prestar más atención cuando vas al supermercado.

No es que sea difícil y no sepamos hacerlo, es que a pesar de saber cómo se hace, **no queremos hacer ese sobreesfuerzo**, no nos engañemos.

¿Qué decisión puedes tomar hoy que te implique un sobreesfuerzo pero que a largo plazo te merezca la pena?

¿Lo harás?

Parte 4
Herramientas para el éxito

Por tus resultados, te conoceré

> "Cada uno recoge lo que siembra"
>
> Buda

Cada detalle que tenemos en nuestro día a día habla de nosotros. Dicen que una persona desordenada, tiene ideas desordenadas.

Nuestro exterior refleja nuestro interior de alguna manera. Reflejamos en nuestros actos del día a día cuáles son nuestros pensamientos, e incluso nuestras creencias.

Hay un dicho, bastante sabio, que dice: *"lo que haces habla tan alto que no puedo escucharte"*. Me parece una frase brutal en la que se recoge la idea de que da igual lo que digas, tu comportamiento siempre determinará lo que las personas piensan de ti. Así que, deja de decir lo que vas a hacer y ponte a hacerlo de una vez.

En el libro del doctor Grahan Jones, se menciona lo siguiente: "*Los campeones de élite no son personas más dotadas que el resto, sino que han aprendido a amar la presión debido a que los impulsa a lograr más; están enfocados internamente y autodirigidos, se concentran en la excelencia y se olvidan del resto; no se dejan distraer por las victorias o fracasos de otros, ni tampoco por las tragedias personales; porque ellos están enfocados a largo plazo*".

Si buscas alcanzar algún objetivo, vete a un mentor con resultados, no con títulos, CON RESULTADOS. ¿De qué sirve que al acabar el programa de formación se te de un título si lo que realmente buscas son resultados?

Por ejemplo, si buscas ponerte en forma debes de buscar un entrenador que:

★ Esté en forma.

★ Y no uno con kilos de más, pero con muuuuchos títulos que sabe muy, pero que muy bien la teoría.

Al menos, yo escogería al primero... pues es el que tiene actualmente los resultados, se encuentra esforzándose para seguir en ese cuerpo fit y es el que más puede comprenderte en el momento que empiezas con tu plan de acción.

TUS RESULTADOS HABLAN ALTO DE TI.

Cuando buscas un objetivo que se aleja mucho de donde estás ahora, debes mentalizarte con que tienes que dejar de ser quien eres hoy, para empezar a convertirte en la clase de persona que lleva la vida que sueñas.

Y, ¿qué hay de cuándo te sientes frenado? Muy fácil, la MOTIVACIÓN que te está moviendo a actuar en ese momento no es la adecuada, no has encontrado tu verdadero motivo, PUES CUANDO TIENES UN MOTIVO POTENTE NO HAY NADA QUE TE FRENE. Veamos dos ejemplos clarificadores de la motivación:

- ★ Imagina que tienes que entrar a un edificio en llamas a cambio de 4.000 euros. Seguro que me dirías que no vas a entrar, pues los riesgos que asumes son superiores a los beneficios y no hay suficiente motivo para hacerlo.

- ★ Ahora imagina que debes entrar al mismo edificio ardiendo, pues tu hija estaba durmiendo en su habitación cuando se produjo el incendio, no hay dinero de por medio, sólo tu niña. ¿Entras? Ya lo creo que entras... aunque te vendasen los ojos entrabas.

Lo que importa no es el reto, es la motivación tan fuerte que tengas en ese momento. CUANDO LA MOTIVACIÓN ES MÁS POTENTE QUE EL DESAFÍO, TE VUELVES UN ESPARTANO.

Por tanto, cuando te fallen los motivos, deberás revisar si hay alguno más potente del que te puedas beneficiar. Debes volverte fanático de tus sueños.

Hay una idea que lleva en mi cabeza ya más de una década, la escuché de Robin Sharma, no sé si será suya o no, pero para mí es de él y se me quedó grabada a fuego en la mente:

"Los diamantes siempre se forjan a altas presiones"

Desde entonces, cada vez que veo a un triunfador veo a un diamante andante. Veo una persona que a pesar de haber estado sometida a altas presiones: sociales, familiares, personales, laborales... ha sabido seguir andando su camino con la frente alta y ha tenido sus objetivos muy claros.

En esta línea, hay una diferencia que me parece impresionante, voy a mostrártela...

¿Qué diferencia al carbón del diamante?

Sabemos que ambos están compuestos por carbono. Pero el carbón es muy frágil y en cambio, el diamante es un material más resistente. Pues bien, la diferencia entre ambos está en la disposición de los átomos de carbono. Dependiendo de las relaciones que haya entre ellos serán diamante (relaciones fuertes) o carbones (relaciones débiles).

Al igual que ellos, nosotros, en base a las relaciones que forjemos con nosotros mismos y con los demás, seremos mejores o mediocres.

Empieza a ver los problemas como desafíos a superar para convertirte en el diamante que estás destinado a ser.

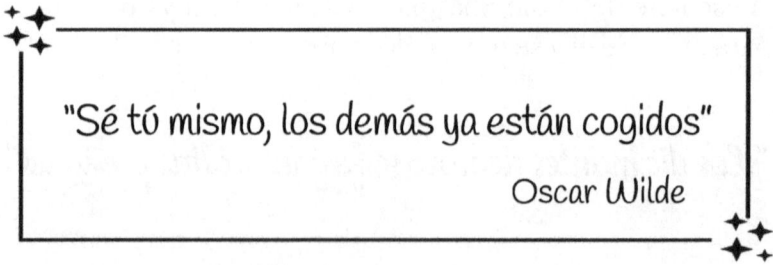

"Sé tú mismo, los demás ya están cogidos"

Oscar Wilde

El amor que todo lo puede

La bendición del amor es lo mejor que nos puede pasar en la vida, primero hacia nosotros mismos y después hacia y con los demás. Voy a compartirte una maravillosa historia real que ocurrió en 1995 en Massachusetts.

Dos hermanas gemelas, Kyrie y Brielle, nacieron doce semanas antes de lo que estaba previsto:

★ Kyrie nació con 900 gramos y se recuperaba bastante bien.

★ Brielle nació con 820 gramos y su salud se encontraba en caída picada.

Se valoraba que Brielle perdiera la vida, pues tenía: problemas cardiacos, respiratorios, baja saturación de oxígeno... Todo tenía mala pinta.

Sin embargo, Gayle Kasparian, enfermera a cargo de las pequeñas, se saltó las normas del hospital donde trabajaba y previo permiso de los padres, acostó a Brielle junto a su hermana con la que había vivido durante toda su corta vida. En unas pocas horas, Brielle se estabilizó, comenzó a saturar correctamente y en días posteriores empezó a recuperar peso. El amor y la conexión con su hermana, salvó literalmente su vida.

El tener personas a tu alrededor a las que ames, también te colmará de años de felicidad. Se ha descubierto que aquellas personas mayores que tienen un apego seguro hacia su pareja, no pierden la memoria o si la pierden, tardan más tiempo en hacerlo; con respecto a las personas que sienten que su pareja no las comprende.

Muchas personas dejan de darle importancia al corazón y le dan más a la mente, como órgano de atracción y de logro de objetivos. Pero la ciencia reveló que no es así y que el corazón transmite más electricidad que el cerebro.

Veámoslo...

Howard Martin, de HeartMath, afirma que el corazón tiene alrededor de 40.000 neuronas, una pasada. Explica que el corazón manda órdenes de sanación al cuerpo y que genera comunicación electromagnética.

El corazón es un órgano eléctrico y precisamente es el que más electricidad produce de todo nuestro cuerpo. Hoy, gracias a los electrocardiogramas, a través de la electricidad que un corazón emite, conocemos la normalidad o la arritmia en el corazón de una persona y podemos actuar con prontitud si la persona lo necesita.

Pero su energía electromagnética no se queda sólo a nivel del propio cuerpo, sino que sale en 360° y se extiende alrededor de 2 metros fuera de nosotros. Para que veas que somos pura energía y que la ciencia ya lo ha demostrado.

Volviendo al tema de lo que el amor puede hacer en nuestras vidas voy a relatarte una historia.

Ésta es una historia árabe que relata como dos amigos viajaban por el desierto cuando en un momento del trayecto empezaron a discutir, tanto subió de tono el enfrentamiento que uno de ellos acabó golpeando violentamente al otro. El amigo agredido guardó silencio y escribió en la arena:

Hoy mi mejor amigo me golpeó.

Tras el suceso ambos continuaron el viaje y llegaron a un oasis donde se dieron un baño. El agredido estuvo a punto de morir ahogado, si no llega a ser porque su amigo le salvó. Cuando se recuperó escribió en una piedra:

Mi amigo me salvó la vida.

Intrigado el amigo le preguntó porque escribió la agresión sobre la arena y después escribió el rescate en una piedra. Felizmente, el amigo respondió:

-Cuando un gran amigo nos ofende, debemos escribirlo en la arena, donde el viento lo borre y pronto quede en el olvido. En cambio, cuando algo grandioso nos ocurre con él, tenemos que grabarlo en la piedra donde ningún viento pueda llevárselo.

Deja de buscar fuera lo que ya está en ti

Para tus momentos de bajón, he estado pensando qué podría decirte para que te animases y siguieses adelante. Le he dado vueltas para encontrar esa idea que hiciese una chispa en tu mente y te pusiese a pensar en grande. Definitivamente, he llegado a una increíble conclusión...

Las personas buscamos una idea externa que nos haga saltar de la silla y nos ponga en marcha. Nos olvidamos de que las grandes ideas, los grandes cambios y los éxitos se generan en nosotros mismos.

Así que, hay poco que el mundo te pueda decir, TÚ ERES EL ÚNICO QUE TIENES LA GASOLINA CLASE PREMIUM QUE ACTIVA TU MOTOR.

Piensa en un revolucionario de cualquier industria: en los aviones estarían los hermanos Wrigth, en los parques temáticos estaría Walt Disney. Ellos tuvieron ideas que parecían descabelladas pero que tan pronto surgieron en sus mentes, tan pronto pasaron a la acción.

Cuando quiero capturar alguna enseñanza para incorporarla en mi vida trato de hacerlo por osmosis, es decir, me rodeo de material como libros, videos y audios de personas que ya tienen lo que busco y me impregno por completo de sus enseñanzas.

No esperes a que tan sólo con leer, vayas a hacer click y salgas a comerte el mundo. EL MOMENTO ES AHORA Y REQUIERE DE ACCIÓN CONSCIENTE. Pocos son los que han tenido un *"momento revelación"*.

Creo que las grandes ideas brotan en cualquier momento, no hay que forzarlas ya que cuando estamos más tranquilos y en sintonía con nosotros mismos es cuando florecen.

Te voy a poner mi ejemplo personal. Durante unos días no sentía inspiración de contarte algo ilusionante, motivador y generador de acción, pero eso no hizo que me frustrase, simplemente me di tiempo. Hoy, mientras te escribo, es sábado de madrugada, concretamente son las 3:37 de la mañana y me encuentro inspirada para escribirte estas líneas.

Sentir la energía y el *flow* es importante, nunca fuerces la máquina cuando vayas tras tus sueños, aunque esto no quita lo que siempre te estoy diciendo: ser perseverante. Pero, también soy consciente y sé de primera mano que, si rozas la autodisciplina férrea cuando andas construyendo un sueño, puede llegar a parecer que más que una bendición, aquello que haces es un castigo.

Es muy importante al inicio, tener esto en cuenta. Ya tendrás tiempo más adelante cuando esté todo asentado sobre unas buenas bases, para ponerte unos horarios disciplinados.

Todos conocemos nuestro límite y debemos respetarlo, porque vamos tras un sueño, pero más importante que eso está nuestra salud tanto física como mental. Hay personas que se machacan en exceso por no ver resultados inmediatos. Hay que tener paciencia. El estrés negativo puede llegar a enfermarnos, es un hecho constatado y es algo a lo que no vamos a estar dispuestos a llegar, ¿verdad?

Hoy en día, en la sociedad de la inmediatez, pareciera que los descansos son contraproducentes; y nada más lejos de la realidad, son necesarios e inspiradores. Seguro, pero segurísimo que alguna vez te has marchado de vacaciones y en el relax de esos fantásticos días, te han surgido cientos de ideas fabulosas que realizar cuando volvieses a casa.

¿Cierto?

Cuando te broten esas ideas es importante que tengas a mano un cuaderno o una app para apuntar notas en el móvil. Debes recoger esas perlas de sabiduría para después madurarlas y llevarlas a la acción, de lo contrario quedarán en el olvido cuando vuelvas a la rutina.

¿Cuántas veces has tenido ideas geniales, no las has apuntado y luego cuando has querido recordarlas ya no había manera?

Hemos llegado a un punto donde buscamos bombardear nuestra mente con la multitarea y no hay espacio para su expansión. Estamos sometiéndola a tanta información que la terminamos cansando, se encuentra saturada y ya no tiene ganas de pararse a expresarnos sus ideas.

Yo fui una buena estudiante, me gustaba estudiar, pensaba que siempre aprendía cosas interesantes aunque otras no tanto, pero sabía que éstas eran igual de necesarias para lograr mi titulación de enfermera y eso me motivaba.

Necesitaba emplear muchas, pero que muchas horas en el estudio. Recuerdo días de saturación completa y de decirme: ¡Venga tú puedes esto es importante y hay que seguir! Y seguía, pero los resultados no eran los esperados:

★ Acababa cansada.

★ Saturada de información.

★ Mezclando conceptos.

★ Sin ganas de seguir.

Un día me dije: "este sistema no funciona" tengo que probar algo distinto.

Se me ocurrió probar algo radicalmente opuesto: si me saturaba, pararía hasta que volviese a tener la mente en calma. He de decir que las primeras veces te sientes culpable y piensas en lo que podrías estar aprendiendo y no lo estás haciendo, ya te he insistido mucho a lo largo del libro sobre ello.

La clave cuando realizas esos *break* es darte cuenta de que no son DESCANSOS-CAPRICHO lo que estás haciendo, sino que estás escuchándote y estás siendo consciente de tus necesidades; no es desgana, es necesidad.

Todos sabemos diferenciar la desgana del cansancio, tanto mental como físico, y si somos lo suficiente estratégicos sabremos sacarle el máximo partido a nuestro rendimiento.

Durante el estudio, cuando aparecían esos periodos de cansancio mental paraba, hacía actividades que me resultaban placenteras, reponía el combustible y cuando volvía rendía el doble.

Era alucinante.

Pues me sentía genial por mi merecido descanso: horas, minutos o días...Y luego volvía con ganas diciéndome: *"voy a por todas, no hay nada que se me resista. Soy imparable".*

Te invito a que pruebes a hacerlo. Las personas que somos muy exigentes con nosotras mismas, acabamos saturándonos y perdiendo la ilusión por nuestros proyectos.

La idea es *escucharte más de lo que lo haces* y en ese justo equilibrio interior, encontrarás la manera. **No siempre más es más, a veces, menos es más.**

Escoge: Tiempo de calidad

Esto aplica a muchos temas. Es preferible tener pocos pero excelentes momentos de calidad con tu pareja (conversaciones, actividades juntos, planes...) que pasar mucho tiempo al lado de tu pareja viendo televisión.

Si tienes hijos, emplea tu tiempo de calidad en: jugar con ellos, leerles cuentos, ayudarles con los deberes... en lugar de, simplemente estar bajo el mismo techo; ellos por un lado y tú por otro haciendo cosas distintas.

Hay ratitos para todo, pero hay que encontrar esos ratitos, solos no aparecen.

¡Ojo! Ahora no digas, yo a mi proyecto: poco tiempo pero todo de calidad, así no funcionan las cosas. Hay que dedicarle mucho tiempo y de calidad.

Lo que te he mostrado anteriormente, es para **momentos puntuales** en los que roces el punto del cansancio mental.

Utiliza los descansos a tu favor, no como excusas para vaguear. TÚ DECIDES COMO CREAR TU MUNDO. Para mí, es importante cumplir mis sueños por el amor que me tengo, para que cuando acabe mi tiempo en la Tierra, me sienta orgullosa y plena con el progreso vivido.

Este libro no sería el mismo si estuviese hecho desde la autoimposición en lugar que desde el amor y la inspiración. Creo enormemente que estamos hechos para vivir vidas placenteras, somos nosotros los que las trabamos, y eso tiene que frenarse.

Si te das cuenta, es en estos momentos de vida acelerada que estamos viviendo, cuando más se usan técnicas como la meditación, el mindfulness o lecturas de libros como "El poder del Ahora". *Todos ellos centrados en estar en el presente, en quitarnos la ansiedad (del miedo al futuro) y la depresión (del miedo al pasado).* Cada día, nuestra mente va de un lado a otro como mosca dentro de un saco y esto es insostenible en el tiempo. Por eso, hoy más que nunca las personas buscamos un lugar o un momento para frenar en seco.

Las personas cada vez somos más conscientes de la necesidad de parar y escuchar a nuestro cuerpo, mente y entorno. No por correr más se llega antes, ya que llegará antes el que más claro vea el camino.

Nunca utilices los descansos esporádicos como una forma de acomodarte, pues tu cerebro reptiliano que es muy astuto, lo captará al vuelo y dirá: *"hoy has trabajado mucho, una siestecita te vendría bien"* pues se acabará convirtiendo en el plan cotidiano de cada día.

• •

Tú te comprendes mejor que nadie y sabes cuándo toca hacer una cosa u otra. Escúchate, pero no te engañes.

• •

Iniciativa

¿Has pensado en sacar al mundo alguna idea pero pronto la has desechado porque te diste cuenta de que alguien más ya la había implementado? Te voy a decir una cosa muy importante que no quiero que se te olvide: ¿Y QUÉ MÁS DA?

¿Tú crees que las revistas no se han tenido que enfrentar a sus grandes competidores, los bloggers? Siempre va a existir competencia. La panadería de tu barrio se enfrenta a los grandes hipermercados que venden 20% más barato. La Wikipedia por medio de colaboradores externos desbancó a la *Encyclopedia Britanica*.

Siempre vamos a tener competencia, y cada día más, debido a que es más fácil el acceso a la información. Lo importante es tener iniciativa y decir: ¡Ey, *yo también estoy aquí!*

Una idea de iniciativa que expuso Jürgen Klaric, me fascinó. Un joven fue a pedirle trabajo y aunque a Jürgen le gustó ese chico para su empresa, le dijo que desafortunadamente no tenía en esos momentos una silla para él en su empresa. El chico lejos de conformarse, tomó iniciativa y le dijo: "*usted no se preocupe por eso, yo me traigo una silla de casa*". Finalmente, Jürgen tomó la decisión de que no se quería perder tener en su equipo a alguien tan excepcional y acabó contratándolo.

Tu idea, tu proyecto, aquello que tienes en mente es importante. Tú tienes una manera de transmitir distinta, puedes hacer una misma cosa pero de una forma única y personal, es tu sello distintivo.

Piensa en cuántos libros de crecimiento personal hay escritos, pero cada uno de ellos transmite ideas y conceptos distintos. Estos datos no me han frenado a escribir el mío, pues yo tengo un mensaje para ti especial, distinto al resto.

Lo que a ti te llena y atrapa, a otro puede que no.

Lo que hay que hacer es liarse la manta a la cabeza y SALIR A COMERSE EL MUNDO. No te quedes con las ideas rondándote por la cabeza, ni te digas: *"cuando encuentre tiempo empezaré a diseñar mi proyecto"*...

"No necesitamos magia para transformar nuestro mundo, ya tenemos en nuestro interior todo el poder que necesitamos: el poder de imaginar algo mejor"

J.K.Rowling

Te voy a contar un secreto para que te lances a la piscina con tu idea y des lo mejor de ti.

¿Crees que es difícil? Verás que no...

Vas a aprovecharte de tu ego, pero en esta ocasión para dar el salto. Te preguntarás ¿cómo? Bien... Si lo piensas, para ti al igual que para el resto de personas, tu reputación es importante, muy importante.

> Para que tu proyecto sea lo mejor que pueda ser, desde hoy ponle tu nombre o firma al proyecto. De esta manera, te asegurarás de luchar con todas tus fuerzas para que sea algo mágico y espectacular. Pues, no pondrías tu nombre a cualquier cosa, ni tampoco presentarías una chapuza ya que quedarías en ridículo ante el mundo entero.

Esta idea es espectacular, sé que sabes que funcionará, incluso antes de probarla.

Deja que tu ego lleve el timón y tome la iniciativa por unos instantes, te ayudará a crear un proyecto brillante.

No necesitas inventar algo al estilo Steve Jobs, para crearte un lugar entre todos esos nombres que tienen sus acciones en la bolsa. Puedes hacer algo que sea grande, trascendente y ayude a personas incluso sin moverte de tu mismo puesto de trabajo. ¿Trabajas en una oficina y hay una tarea que os roba mucho tiempo y que se podría realizar de otra manera que acorte los tiempos a tus compañeros? Desarróllala y proponla.

Tú decides hasta dónde quieres llegar y cuán amplio quieres que sea tu circulo de influencia.

> "Tú decides si lo que estás haciendo hoy, te llevará donde quieres llegar mañana"
>
> Walt Disney

Te voy a dar las claves que conocen los que se mantienen en la cresta de la ola. Unos pocos las conocen pero son menos aún, los que las ponen en práctica. Si tú lo haces, incrementarás muchísimo tus posibilidades.

Lo que las personas **buscamos de un proyecto** es lo siguiente:

★ Que nos aporte VALOR, en definitiva que nos sirva.

★ Que la CALIDAD-PRECIO haga que merezca ser comprado.

★ Que tenga coherencia, que nos genere CONFIANZA.

★ Que sea NOVEDOSO y revolucionario.

Sea cual sea tu campo, analiza quiénes o qué organizaciones se encuentran en la cresta de la ola, analiza como trabajan, toma ideas, examina los puntos que las hacen fuertes y extrae unas conclusiones valiosas.

El uso que le des a la información que extraigas depende de ti.

Pero si lo que has obtenido es tan valioso, merece que lo uses para potenciar tu proyecto. No te estanques, busca siempre y perfecciona aquello que haces.

Debemos ser como cuando éramos pequeños, pues éramos niños curiosos que preguntaban cómo se hacían las cosas y todos sus porqués. ¿Recuerdas cuando te hacían un truco de magia y decías: "¡guau! *yo quiero saber cómo lo has hecho*"? En el momento en el que perdimos esa curiosidad, es cuando empezamos a estancarnos y a no crecer.

No descanses hasta hallar la respuesta que andas buscando.

Cualquier proyecto que vayas a emprender, según Seth Godin, va necesitar lo siguiente:

★ Una idea.

★ Personas que la desarrollen.

★ Un lugar para desarrollarla.

★ Materias primas.

★ Distribución.

★ Dinero.

★ Marketing.

Si sigues el ABC, tendrás tu éxito más cerca. Actualmente, existen personas y organizaciones que te acompañan en tu emprendimiento. Se ha creado todo un negocio en el acompañamiento al emprendedor. Pues nos hemos dado cuenta que muchos tienen ideas pero en cambio, tienen miedo al fracaso y no sacan a la luz sus proyectos. **Así que visto el problema, encontrado el negocio.**

Lo cierto es que cuando emprendes algo nuevo, si tienes a alguien que te guíe te cuesta menos encontrar el camino, pues, previamente tu mentor ya lo habrá recorrido. En base a esto, se ha creado una industria que genera mucho, pero que mucho dinero.

Cambio, fracaso, riesgo...

Las siguientes palabras suelen producir escalofríos: cambio, fracaso, riesgo... La mayoría no se atreve con un nuevo reto por miedo.

Y es que tenemos asociaciones erróneas que sólo los que las han sabido modificar han logrado triunfar.

La asociación de la que te hablo y el mayor error que se comete es asociar cambio con riesgo y fracaso. Y como el fracaso es malo, pues mejor no emprendo no vaya a ser que me salga mal.

Nos quedamos estancados en la idea de que las cosas pueden no salir como esperamos, en lugar de que sí nos salgan bien; y esto no puede ser. ¿Por qué iba a triunfar el pensamiento negativo sobre el positivo y enriquecedor?

La pregunta debería ser: ¿Y si sale bien?

El error está en las malas asociaciones que nos hemos creado:

Riesgo al fracaso = Algo malo = Quedarse donde se está

Debemos cambiar nuestro viejo paradigma por otro enriquecedor que nos haga llegar a nuestro máximo potencial.

Cambio = Nuevas bendiciones = Crecimiento y avance

¿Quieres que te dé nombres de grandes personajes que conoces y que han tenido fracasos antes y durante sus éxitos? ¿Sí? Perfecto: Oprah Winfrey, Einstein, Tiger Woods, Usain Bolt, Michael Jordan... ¿Quieres saber cómo he conseguido estos nombres? Fácil y te aseguro que la respuesta te va a dejar a cuadros... sólo he tenido que pensar en personajes famosos internacionales y plasmarlos en estas líneas.

Piensa en que cualquier personaje público que haya llegado a la cima en su ámbito, ha sufrido reveses, pero éstos lejos de apagarles la luz, les hicieron crecer y prometerse seguir adelante para mejorar.

Ahora, tú los recuerdas más por sus éxitos que por sus fracasos, y **todos ellos tuvieron fracasos, en cambio, pasaron a la historia por sus éxitos porque éstos siempre prevalecerán**.

La vida va a premiar a aquellos que se abren nuevos caminos, no a los que siguen los caminos creados. Después de captar esta nueva idea, seguro que tus miedos se habrán disipado algo más.

• •

El miedo a lo que te llevará, es a ser durante el resto de tu vida quien eres hoy y no a ser tu mejor versión.

• •

No seas de esas personas que critican y señalan con el dedo a un personaje público cuando fracasa en un emprendimiento. Piensa que los que hacen esto, lo hacen para nutrir su ego y su idea de que es mejor no empezar proyectos nuevos. Se dicen que ellos tienen razón: "*estar en la zona de confort es lo correcto*".

No auto-saboteas tus ideas, el miedo al fracaso es contraproducente, permítete tomar movimientos arriesgados. En este libro no vamos a hablar de las cosas que son fáciles, sino de las cosas que son posibles. Encontrarás la manera de volverte más fuerte y empoderado. Sigue leyendo...

Salir del fango

No te conformes con la mediocridad (estar a medio camino), opta siempre por la excelencia. Si te das cuenta vivimos en un mundo donde la mayoría sólo se queja de lo pésimo, tan sólo se molestan si algo excede enormemente sus límites, sino se conforman. Por ejemplo, se quejan si: van a un restaurante y un plato que debería estar caliente está frío, una aerolínea va con demasiado retraso, si hay pocos dependientes en una gran firma de ropa y la tienda está hasta arriba de personas intentando comprar...

Pero de lo mediocre nadie se queja, dan por sentado que es lo normal, y por ello pocas veces se mejora la calidad-precio. Vemos que locales que empezaron muy bien, ahora empiezan a bajar la calidad de sus productos, pues como nadie se queja ellos inflan mientras sus bolsillos.

Deberíamos optar por la excelencia, si algo ya lo estamos haciendo bien, encontrar la forma de cómo hacerlo EXCELENTE.

En enfermería nos enseñan quiénes fueron los pioneros en diferentes campos, uno de los personajes más famosos en la higiene y que suele ser muy importante en las oposiciones es Ignaz Semmelweis. Este hombre en el siglo XIX, descubrió la asociación entre la falta de higiene de manos y la muerte de los pacientes. Algo que ahora es conocido por todos y suena a obvio, en su momento nadie lo valoraba, ni tan siquiera asociaba la suciedad a la contaminación. Pero, a pesar de su gran descubrimiento este hombre murió sin tener el reconocimiento que se le asignó tiempo después.

¿A qué se debió?

Pues a que a pesar de sus novedosos estudios, no fue lo suficiente astuto como para explicarlos y expandirlos, sino que se quedó en la mediocridad de enorgullecerse y engrandecerse por su descubrimiento, y así ¿quién lo iba a escuchar?

Tú puedes tener una gran idea, pero si no eres lo suficientemente hábil en darle salida, por muy buena que sea, nadie jamás la conocerá. Tendemos a pensar que nuestras grandes ideas se expandirán solas por lo buenas que son o porque alguien vendrá a ayudarnos a expandirlas. Desgraciadamente esto no ocurre.

Debes ser persona de acción.

¿Te has puesto a pensar por qué se nos pide que avisemos a seguridad si vemos una mochila abandonada o un artilugio sospechoso abandonado en una estación? ¿Te has preguntado por qué tienen que pedir esto a los ciudadanos? **Pues**

porque desde pequeños se nos ha enseñado a que para ser buenas personas tenemos que permanecer callados, no molestar y no parecer chismosos. Nos han llevado a pensar que es mejor ignorar que actuar.

Si lo meditas, al inicio las redes sociales eran para seguir a personajes públicos, muy pocos fueron los que se atrevieron a expresar sus ideas en sitios como Twitter, Instagram o YouTube. Fueron unos pocos anónimos, los que se lanzaron a compartir sus ideas con el mundo.

No fue hasta mucho tiempo después de estar utilizando estos medios, que algunos se lanzaron a ser también los que publicaban ideas. El miedo a fallar o a no gustar nos puede.

Innovación

Cuando inicies una idea no te quedes estancado en ella, piensa si puede progresar a algo mejor. Para ello, te voy a inspirar con una historia que no sé si conoces. La historia es la de Starbucks.

Starbucks, la famosa cadena de cafés, tuvo unos inicios muy distintos a lo que es hoy en día. En sus inicios fue una tienda de granos de café, de hojas de té y distintas hierbas. No fue hasta que Howard Schultz, un trabajador de la cadena, tras viajar a Italia y enamorarse del *espresso*, que la empresa se decidió por implementar el servicio de café. Lo cierto, es que Howard, acabó llevándose todo el éxito de Starbucks con su aportación; a pesar de que fueron Jerry Baldwin y sus socios quienes crearon la marca.

Los cambios son importantes, de hecho son más que eso, son fundamentales. Hay que probar cosas nuevas. El problema es que traemos una programación mental muy exigente y perfeccionista, donde sólo tiene cabida el que "todo salga bien".

Pero ¿qué hubiera pasado si Starbucks no hubiese probado su nuevo modelo de ventas? ¿Si se hubiese quedado paralizada por el miedo al fracaso? Probablemente hoy no serían la inmensa cadena de cafeterías que son y tampoco te estaría hablando hoy de ella.

 "Hay dos errores que podemos cometer en el camino hacia la verdad. No recorrer todo el camino, y no empezar"

Siddharta Gautama

Los proyectos que inicies debes acabarlos, de lo contrario automáticamente se convierten en un fracaso, pues se convierten en tiempo perdido. Aquello que no acabes, será como si nunca lo hubieses empezado; a ojos de cualquiera, tú no has hecho nada.

Los miedos, son naturales e inertes a nosotros, pero debemos ser más listillos que ellos y pararlos a tiempo. Escribir este libro es bastante retador, y si me paro a pensar en cuántas personas lo leerán, en que estará bajo lupa, que algunos incluso lo criticaran... dejaría de escribir. Pero no, eso no me puede frenar, sé que debo seguir porque va a ayudar a muchas personas a tener la vida que merecen.

No dejes que la crítica ajena te frene, pues cuando te sientes mal por lo que alguien ha dicho sobre ti, estás dando más poder a la otra persona y de alguna manera te estás diciendo que su opinión es más importante que la tuya. No esperes gustar a todo el mundo, a veces, ni tan siquiera a la mitad del mundo. ¿Has pensado que ni en política somos capaces de ponernos todos de acuerdo? Y ¿tú esperas gustar a todos? Si consigues gustar a unos pocos, ya habrás triunfado.

Como ya te mencioné estamos entrenados para no sobresalir, para encajar en el molde ajeno. En Australia a esto lo conocen como el *Síndrome de la Amapola: si te levantas y sobresales, corres el riesgo de ser cortado.*

Solemos esperar a que alguien nos de luz verde para hacer algo, necesitamos tener permiso para empezar y sentirnos apoyados.

Hay que lanzarse con miedos incluidos, cuántos más miedos tengas, más seguro será que tu proyecto sea algo grande. Cuánto más pruebes, más posibilidades de acertar tendrás.

Es más obvio de lo que parece, si tú cada día haces diez tiros a canasta y yo no hago ninguno... al cabo de un año, ¿quién tiene más posibilidades de encestar? Por supuesto, tú.

Ahora bien, tú también habrás fracasado más veces que yo. Pero, ¿y qué? De no hacerlo no habrás conseguido la técnica, la habilidad y tus posibilidades no se verían incrementadas. Por lo tanto, tus aciertos cada vez serán mayores, MERECE QUE SE HAGA EL ENTRENAMIENTO. Así ocurre con todo. El niño que sabe patinar se cayó al suelo más veces que el que nunca se puso unos patines...

> El que no ha fracasado nunca es porque o bien el azar le favoreció o bien es porque nunca intentó nada. Y lo más seguro es que sea por la segunda opción.

Todo proyecto nuevo que iniciamos se parece un viaje a ciegas en el que nos embarcamos... es algo novedoso, no tenemos camino trazado, está lleno de luces y sombras, y el tiempo será el que nos diga si funcionó, algo que nunca sabremos al inicio.

Pregúntale a alguien que haya triunfado acerca de sus fracasos. Imagina la de veces que a J.K. Rowling le cerraron las puertas de las editoriales hasta que logró publicar su libro *Harry Potter*... La de veces que a Ronda Byrne le cerraron las puertas con su documental *El Secreto*. Fue rodado estando ella en la ruina y ahora convertida en una mujer millonaria que cuenta con varios libros best seller.

Y déjame decirte que aún cuando tu idea no haya sido exitosa, también tendrás la opción de reconducirla y llevarla hacia otro camino. Por ejemplo, Elizabeth Gilbert aprendió con "*Comprometida*" que no iba por el camino correcto, así que creó "*Come, reza, ama*" todo un éxito en ventas, que acabó llevándose a la gran pantalla.

Lamentablemente la creatividad no es valorada por todos y existen más directivos en las empresas que despiden al trabajador innovador. Al que arriesgó probando algo nuevo y no funcionó. Ese trabajador fue despedido, en lugar de decirle: lo intentaste, quizá la próxima vez. No te estoy hablando del trabajador chapuzas, que prueba por probar, sino del trabajador implicado.

Pero desgraciadamente, aún se premia más al que no innova y trabaja como un robot; porque lo que interesa a día de hoy es la producción. Pero es gracias a los innovadores, que se crean nuevas formas de trabajar.

Sé la persona dispuesta empezar, a romper moldes, a tomar las riendas, a dar el salto. **Nadie puede garantizarte una política de <<sólo éxitos>> y quién lo haga te estará mintiendo.**

Iniciarte en un proyecto no significa que partas sabiendo todo, sino que simplemente lo empezaste. Es como el investigador que emprende un estudio sin saber si los resultados irán acordes a su hipótesis (h_1) u obtendrá el resultado opuesto, conocida en la ciencia como hipótesis nula (h_0).

Niveles de crecimiento

Me gusta comparar a los triunfadores que han llegado a un máximo nivel de educación y conocimiento con el de los principiantes. Te voy a poner un ejemplo real para que veas más claro a que me estoy refiriendo y me entiendas...

Visualiza:

- ★ Un niño de siete años que está en primaria, este niño tiene un nivel de educación de primaria.

- ★ Un chico de catorce años que está en secundaria, este tiene una educación de nivel de secundaria.

- ★ Un chico de 20 años que tiene la educación de un universitario.

No me discutirías si te dijese que no podemos comparar el nivel educacional de un niño de 6 años con uno de 20 años, ya que ambos tienen niveles distintos, pero a su vez, ambos están acordes en cuanto a las enseñanzas que les corresponden por edad.

Al igual que ocurre con el de 14 y con el de 20, pues aunque estén más cerca educacionalmente, el de catorce no conoce la Ley General de Sanidad como el de 20 que ya se examinó de ella ayer.

Ahora extrapola esto a otros ámbitos de la vida, como en las finanzas por ejemplo, y verás fácilmente como alguien que lleva 30 años trabajándolas y controlando su dinero, tendrá mayor libertad financiera que quien está comenzando y lleva apenas un par de años.

Ambos están en el nivel que deben estar, pues el de dos años que cada día muestra interés por mejorarse tiene un buen nivel excelente para esos dos años, pero no va a tener el mismo que el de 30 años.

Por tanto, no te culpabilices si aún no has llegado a tu objetivo y te ves muy lejos de otras personas que te parecen dioses en su capo, quizá lo que te falta es más tiempo de dedicación. Compárate siempre con alguien de tu nivel, no caigas en el error de querer tener los resultados de alguien con una trayectoria mucho mayor.

¿Cómo se podría incrementar y acelerar el proceso?

Sencillo. Si la evolución que estás siguiendo es dedicarle una hora al día a tu proyecto personal, duplícala, llegarás el doble de rápido a tu objetivo si dedicas en lugar de una hora, dos.

Escribe tu libro

Según una encuesta del USA Today, **un 82% de los estadounidenses quiere escribir un libro.** Si preguntase a esas personas por qué no lo escriben, probablemente la respuesta que más me darían sería... *por falta de tiempo.* Seguramente, si tú albergas el mismo deseo, puede que te veas bloqueado por lo mismo.

Si de verdad quieres escribir tu libro, confía en ti y deja tu legado al mundo... Encuentra el momento para hacerlo, no requieres de grandes bloques de tiempo, unos pocos minutos cada día para tu libro, pero constantes, serán mejor que un atracón que te haga desistir y lo acabes dejando a medio. Puedes empezar por 30 minutos al día, una cifra más que asequible.

No prives al mundo de lo que tienes que contar o enseñar. Igual que tienes tu horario de trabajo o gym, saca un horario para el libro que llevas dentro. Todo es proponérselo.

Elige ser feliz

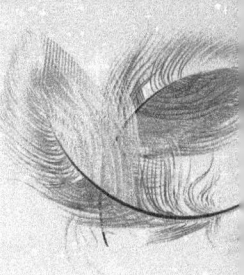

La felicidad es un estado de bienestar interno que todos elegimos conquistar o no. Muchas condiciones la perturban, pero te voy a demostrar con un ejemplo por qué lo que te digo es cierto.

Actualmente, en los países industrializados hay mucho sobrepeso, por lo tanto, la comparativa va a ser bastante objetiva. Seguro que en tu entorno conoces a varias personas con kilos extra. Ahora te voy a pedir que vayas más allá. Piensa en una persona con esas características que sea alegre, entusiasta y tenga kilos de más. Y otro que sea retraído, se avergüence y vista con ropa ancha para ocultar su exceso de peso.

Como ves, dos personas que aparentemente tienen el mismo problema, una lo ve como un problema del cual se avergüenza y el otra lo acepta y vive feliz su vida.

• •

El cómo vivir una situación, será decisión de la persona que la vive.

• •

Te voy a contar una anécdota personal que me hizo reflexionar. Tengo un amigo que es calvo desde muy jovencito y siempre hace chistes acerca de su calvicie.

Su cabeza luce sin un sólo pelo, pues lo poco que tiene lo lleva rapado y dice cosas chistosas como: *"consigo pegarme buenas vacaciones gracias a lo que ahorro en peluquería"*, *"he llegado tarde porque tenía que peinarme"*, *"la lluvia va a estropearme el pelo"*... Todas estas frases las dice con mucha gracia y no puedes evitar echarte unas buenas risas con él.

Un día, le pregunté con confianza si le gustaba realmente estar calvo porque bromeaba mucho con ello. Hacía parecer que lejos de ser un defecto, para él era una virtud. Y me dijo que cuando aceptas lo que te da la vida y se lo muestras al mundo tal cual, te vuelves más fuerte. Me dijo que si se sintiese avergonzado de su calvicie la gente lo percibiría y o bien sentirían pena por él o bien los malintencionados podrían mofarse. Para él la clave es la aceptación.

Así que podríamos decir que probablemente la diferencia entre los calvos felices y los que no, está en que unos deciden serlo y otros no.

> "¿Amas la vida? Pues no desperdicies el tiempo, porque es de la sustancia de la que está hecha"
>
> Benjamin Franklin

Marcos, quedó con su amiga Ana en un restaurante, éste estaba deprimido y descargó sobre ella todas sus preocupaciones acerca del trabajo, del dinero, de su relación de pareja, de su falta de vocación... Cuando Marcos terminó de compartir sus penas, Ana introdujo la mano en su monedero y sacó un billete de 20 € y le dijo a Marcos:

-¿Quieres este billete?

Su amigo quedó un poco confundido, y le respondió:

-Claro que lo quiero ¿quién lo rechazaría?

Sin responder, Ana, estrujó el billete y volvió a preguntarle:

-¿Ahora también lo quieres?

-Desde luego que sí, siguen siendo 20 €. -Respondió Marcos.

Entonces Ana desdobló el billete, lo tiró al suelo y lo restregó con su pie contra el suelo hasta dejarlo sucio y repleto de marcas.

-¿Aún así sigues queriéndolo? -Volvió a preguntar.

-Ana, no entiendo nada, es un billete de 20 € y mientras no lo rompas seguirá conservando su valor. -Respondió Marcos.

-Eso es Marcos, por mucho que tu vida no sea lo que esperabas y aunque las circunstancias te pisoteen la existencia, sigues siendo tan valioso como siempre. Lo que debes hacer es preguntarte cuánto vales en realidad y no quedarte en los malos momentos puntuales.

La vida te va a presentar situaciones adversas, algunas de ellas aparecerán encadenadas, pero es tu responsabilidad saber responder bien o mal ante ellas.

Siestas

Se dice que Miguel de Unamuno era bastante dormilón. Un día le preguntaron:

-¿Es cierto que duerme diez horas al día?

-Sí, es cierto que cuando duermo, duermo más que otras personas pero, también es cierto que cuando estoy despierto lo estoy más que ellas. - Respondió Miguel.

Estoy de acuerdo con las palabras de Miguel... aquel que se encuentra bajo de energías, poco de sí es capaz de dar. Personajes célebres como Churchill, Einstein, John F. Kennedy... eran fieles a esta costumbre.

A mí, me encanta la maravillosa tradición española de hacer siestas en la tarde. He de decir que yo siempre he sido de dormir siestas largas, cuando digo largas me refiero a más de una hora, hasta que descubrí que lejos de ayudarme, me perjudicaban.

Se ha descubrió que hay que hacer siestas cortas de no más de unos 25 minutos para no entrar en el siguiente ciclo de sueño, porque si no has completado el ciclo del sueño, te levantarás más cansado de lo que te acostaste. Una siesta es beneficiosa ya que se ha demostrado que incrementa tu estado anímico, te ayuda a estar alerta e incrementar tu rendimiento.

Lo que yo hago ahora es ponerme una alarma antes de dormir para que suene en media hora. He calculado que tardo en dormirme unos 5 o 10 minutos, dependiendo de las cosas que ronden por mi cabeza ese día y lo que tarde mi mente en quedarse en blanco.

Cuando suena la alarma, felizmente podré haber descansado unos 20 minutos, tiempo más que suficiente para notar que he recargado las pilas.

Lo que tú podrías hacer es ver cuánto tardas en conciliar el sueño; y a partir de ahí, haces cálculos para dormir unos 20 minutos. Es una cabezadita pequeña, pero ayuda muchísimo.

Empresas tan importantes y prestigiosas como Google, se han dado cuenta de la importancia de las siestas durante el día y, para facilitar el descanso de sus trabajadores cuentan ya con las Energy Pods, éstas son tumbonas que aíslan del entorno, eliminan la luz, ponen música y permiten el descanso.

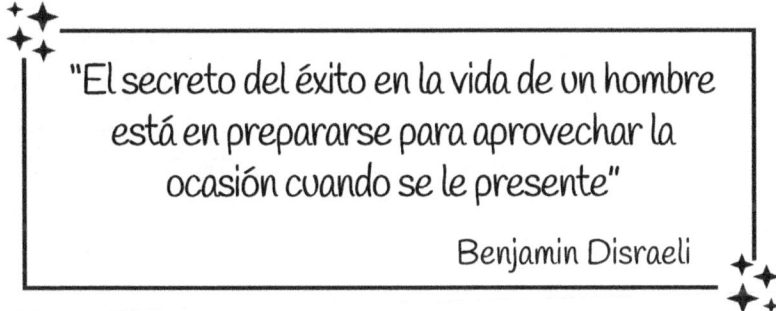

"El secreto del éxito en la vida de un hombre está en prepararse para aprovechar la ocasión cuando se le presente"

Benjamin Disraeli

Los descansos son buenos y necesarios, sólo hay que mirar el caso de Elvis Presley, quien estando en un estudio de grabación tratando de grabar una canción melódica, no lograba encontrar la manera de que ésta le quedase bien. Tuvo que hacer un descanso para reponer energías, pues estaba apunto de tirar todo por tierra, todo apuntaba a que era un mal día. Por suerte, el estudio de grabación siguió grabando en ese *break* y Elvis para abstraerse, se puso a cantar rock sin saber que estaba siendo grabado. Lo cierto es que lo hizo de una forma increíble y lo mejor es que quedó todo grabado. Ese descanso como imaginas fue un antes y un después en su carrera como cantante.

Son muchos los casos que muestran que los descansos pueden ser reveladores, tanto si descansas durmiendo como si lo haces abstrayéndote con otras cosas (lectura, meditación, baño...).

A veces, tenemos que liberar espacio para que pueda entrar información nueva y surjan las revelaciones.

Hidratación

Un aspecto súper importante que siempre trato de cuidar es la hidratación. Consumo unos dos litros de agua al día, a veces algo más dependiendo de si es verano o no. Esto no siempre fue así, pues años atrás era de esas personas que bebía agua cuando se moría de sed, hasta que un día llegó a mí una noticia reveladora.

Durante mis años universitarios me informaron que el mecanismo de la sed se activa cuando el cuerpo percibe que estamos deshidratados. Ese dato hizo "click" en mí y desde entonces bebo agua de forma rutinaria, sin esperar a sentir la sed. De hecho, me di cuenta que confundía el hambre con la sed y que al beber agua ese vacío que sentía en el estómago desaparecía, ya que evidentemente no era hambre lo que tenía.

Desde aquel momento, siempre he llevado conmigo una botella de agua en el bolso y procuro beber cada hora.

Un truco para comprobar si estás realmente bien hidratado, es que cuando vayas al baño, la orina que veas debe ser clarita. Si tu orina es más bien oscura, ya sabes que está más concentrada y que te encuentras en modo ahorro de agua; lo que significa que estás bebiendo poca agua y necesitas más.

A partir de ahora, presta más atención a los signos de alerta que tu cuerpo te proporciona. Haz como yo y lleva siempre una botella de agua en tus desplazamientos. La parte negativa de beber más agua es que tendrás que visitar más el baño. Pero, créeme que merece la pena ya que experimentarás que cuando te encuentres bien hidratado, tendrás más energía.

> Recuerda que tu cuerpo en su gran mayoría está compuesto por agua (entre un 50-70%, varía de unas personas a otras y si eres hombre o mujer) y al estar bien hidratado lo harás funcionar mejor. Es la gasolina del cuerpo, aunque pocos caen en la cuenta.

Pero, ¡ojo! como todo en esta vida el exceso tampoco es bueno, bebe en su justa medida. Los excesos de agua podrían perjudicar tus riñones. Te aconsejo que no bebas en exceso agua a última hora de la tarde para compensar todo lo que no has bebido durante el día. Si bebes a última hora en exceso, lo que harás será fastidiar tu sueño ya que tendrás que levantarte durante la noche bastantes veces para ir al baño.

Una vez más, todo requiere su equilibrio.

Niveles de éxito

La búsqueda de habilidades para tu éxito personal requiere voluntad. **Hay personas que creen que por gastarse mucho dinero en un curso van a conseguir toda la información que necesitan. Creen que la merecen por haber pagado.**

Es cierto que los cursos que realmente valen la pena son caros, pues la información valiosa siempre ha estado y estará reservada para aquellos que estén dispuestos a pagar el precio.

Pero, tu éxito personal digamos que es como un videojuego con 20 niveles, y que de esos niveles el último nivel es tu éxito. Durante ese juego podrás avanzar de la siguiente manera: el curso de cuantiosa valía económica puede que te haga subir 7 niveles de golpe, tu experiencia en un área te hará subir otros 3 niveles, un libro 1 nivel, la experiencia de alguien que llegó donde quieres, te supondrá 4 niveles... todo forma parte de un sumatorio.

Conociendo esto te darás cuenta de que no debes frustrarte, ni tirar la toalla, la clave está en la PERSEVERANCIA, va llegar, pero hay tener paciencia. Sino te quedarás fuera del juego.

Yo cada vez que he optado por lanzarme a por un sueño, he probado de primera mano esta premisa. Me he dado cuenta que **no llega antes quien más corre, sino quien más resiste en el camino.**

Debemos ser como un avión al que antes de despegar lo presurizan. ¿Sabes qué es presurizar? Es cuando al avión le inyectan presión interior para que al alzar el vuelo la presión exterior no lo aplaste. De esta manera, la presión de dentro del avión es capaz de resistir la presión externa.

Si nosotros hacemos como ese avión y tenemos la disciplina de llenarnos de motivos que refuercen ese porqué hacemos lo que hacemos, podremos después enfrentarnos a cualquier presión externa que nos venga.

Entiendo que se te pueda hacer duro, pues sueles gastar dinero, tiempo y esfuerzo; y puede llegar a ser frustrante cuando no ves resultados inmediatos.

Pero, hay buenas noticias para ti y es que he comprobado por mí misma eso que dicen acerca de que, **llega un punto en el que no sabes porqué, ni qué has hecho, que empiezas a despegar vertiginosamente.** Se dice que entras en momento de flow o fluir.

> Verás estos <u>chutes de energía</u> dos veces durante el proceso:
>
> ★ <u>Al inicio,</u> cuando estás motivado y te brotan las ideas por cada poro de tu piel. No paras de hacer cosas y creces brutalmente, hasta que llega el momento en el que te estancas.
>
> ★ El segundo momento, llega tras una perseverancia férrea en la que <u>no estás viendo apenas resultados</u> y de repente: "boom" vuelves a ver resultados, pero esta vez a lo grande.

Creo que la vida de alguna manera, quiere comprobar antes, si eres merecedor de ello o no. En definitiva, si eres capaz de pagar el precio que se te está pidiendo o es un capricho del momento.

Dejar de procrastinar

Procrastinar es posponer una actividad que sabes que debes hacer y ese tiempo vacío lo terminas llenando con actividades que nada tienen que ver con la que tanta pereza te da hacer. Puede ser que evites hacer la actividad en cuestión porque no sepas por dónde empezar, porque te supone mucho esfuerzo, porque tienes que enfrentarte a alguien... existen infinidad de razones. Esto puede sucederte con frecuencia, hasta que descubres cómo reducir la procrastinación.

Mi gran pasión siempre ha sido la lectura, desde que sé leer me ha encantado devorar libros. Recuerdo los primeros cuentos que tenía: Caperucita, Blancanieves, el Patito Feo... los leía un montón de veces y desde entonces siempre he sentido mucha afinidad por la sección de lectura de los grandes almacenes y librerías. Cuando iba, pedía algún libro nuevo a mis padres y como querían cultivar mi lectura, tenía la fortuna de que siempre accedían.

La lectura ha sido mi gran pasión como ves, aún más cuando descubrí un libro de crecimiento personal, en el que cada capítulo encerraba una lección increíble, y desde ahí, la lectura se volvió una adicción. Por si te está picando la curiosidad, te diré que ese libro fue Éxito de Robin Sharma.

El tiempo que pasaba leyendo me encantaba, se pasaban las horas como segundos. Pero cuando en cambio, tenía que invertir ese mismo tiempo en estudiar, que a fin de cuentas también era leer y añadir el paso de memorizar, ya no me gustaba tanto.

En esos momentos no tenía incentivo para estudiar y hasta que no encontré una razón de peso, no conseguí ser una persona aplicada en los estudios. Por tanto, me creé uno:

★ Antes la lectura era: para estudiar y aprobar.

★ Mi nuevo motivo de lectura es: leer para aprender.

Hasta que no tengas un incentivo más fuerte que te estimule, no te pondrás a ello. Necesité ver que si me lo tomaba como un juego y extraía algo valioso de cada asignatura conseguiría avanzar más rápido. Y así fue.

Tú decides como tomarte la vida, si como un juego o como un desafío. Tu vida no se va a medir en base a los años que tengas cumplidos, sino en base a los logros que hayas logrado.

Hasta que yo no me di cuenta de que tenía que encontrar ese porqué que consiguiera que mis acciones se llevasen cabo, no me pude encaminar hacia mi objetivo.

Siguiendo con mi historia personal...

Un día me pregunté porqué quería estudiar. La respuesta fue: *para un día ir a la universidad*. De alguna manera el hecho de ir a la universidad, en ese momento era un sueño. En mi familia hasta que yo no entré en la universidad, no hubo nadie que hubiese llegado hasta ahí y realmente, era un sueño para mí.

Puse en práctica eso que dice Stephen Covey de que, **lo mejor es empezar con el fin en mente**. Si alguien con tan brillante trayectoria recomienda esto, no hay que pasarlo por alto.

Piensa dónde vas a llegar y entonces actúa.

Encuentra tus razones para aquello que te da pereza hacer, eso hará que se disipe la pereza que tengas y puedas empezar a enfrentar tu desafío.

La primera vez que te pongas con ello te costará poco, ya que tienes claro tu objetivo y tu reflexión acerca de tus motivaciones es reciente. Más adelante, te irá costando más, pues la motivación se acabará dispersando. Lo que puedes hacer aquí es el truco de engañar a la mente. Sí, sí has leído bien, realmente es asombrosa la cantidad de trucos que existen para lograr tus objetivos.

Voy a desvelarte uno más de ellos...

Cuando tengas que realizar una acción, como hacer ejercicio y te cueste horrores... Ese día vas a hacer lo siguiente, vas a decirte: **por hoy, lo voy a cumplir**.

Tengo propuesta 1 hora de ejercicio pero como estoy tan cansado voy a hacer 10 minutos, y los haces. Con esto lo que consigues es no perder la constancia ya que es la ruptura del hábito lo que arruina todo. De esta forma seguirás estando dentro de la rueda del alfarero.

Cuando cumples ese día, das a tu cuerpo pequeñas dosis de dopamina, una hormona que proporciona bienestar en compensación por aquello que has logrado.

Poco a poco, ese bienestar hará mella en tus días y el ver que aunque sean al menos 10 minutos, estás siguiendo tu rutina propuesta te hará sentir **inquebrantable**. Empezarás a alargar más las rutinas hasta alcanzar aquellos tiempos que pretendías cumplir desde un inicio.

Como ves, no es tan difícil incorporar el nuevo hábito que consideras imprescindible. Ya no hay excusas, el momento es ahora.

Históricamente, los japoneses han sido grandes consumidores de pescado fresco. Y en la actualidad se calcula que llegan a consumir una media de 13 kilos por persona al año. Cifra que multiplicada por sus 130 millones de habitantes crea una demanda difícil de afrontar.

Se empezaron a usar grandes buques que buscaban pescado más allá de las costas niponas, pero cuanto más lejos se iban a pescar, más tiempo tardaba el pescado fresco en llegar a los mercados. Por tanto, se perdía gran parte de la frescura y las propiedades. Para solventar el problema, las compañías instalaron en los buques unas cámaras frigoríficas gigantes, de esta forma se conservarían las capturas en perfecto estado hasta su consumo.

Sin embargo, los japoneses pronto percibieron que el pescado carecía del sabor y que la textura no era la de un pescado fresco; el precio cayó en picado y las pesqueras tuvieron que volver a ingeniárselas para lograr lo que el consumidor buscaba. Instalaron tanques de agua en las bodegas de los buques, con ello buscaban conseguir que los pesqueros pudiesen mantener con vida las capturas hasta que llegasen a puerto.

Aunque la intención era buena, los peces dejaban de moverse, por lo que igualmente su carne se volvía excesivamente blanda y perdía parte de su sabor. En un último intento, las compañías pesqueras dieron con una solución: introducir en cada tanque de agua un pequeño tiburón.

Pese a que el depredador se comía algunos de los pescados, el resto, durante todo el trayecto se mantenía activo y en estado de alerta. De esta forma, se conseguía que la carne se conservase fresca.

Esto demuestra que cuando tienes un incentivo o *tiburón* que te hace no parar, te mantienes activo todo el tiempo. Tú tienes que encontrar tu tiburón. Esta es la única manera de estar a salvo de ti mismo (pereza, zona de confort, miedos...).

¿Cuál es el tiburón que vas a meter en tu piscina para que te movilice a ir tras tus objetivos? ¿Ver como tus compañeros alcanzan resultados, el valor de una promesa, el viaje de tu vida...?

Tu mejor tú

Tu cerebro va actuar de una manera u otra, dependiendo del combustible que le vayas inyectando. Así que si no te gusta tu programación, hackea tu cerebro y haz que de él broten ideas proactivas (las que te ponen en marcha) en lugar de las reactivas (las que te mantienen como espectador).

He aprendido mucho todos estos años de personas como Sergio Fernández, que han decidido desconectar de la televisión. Parece una idea chocante, pero cuando le das una oportunidad, la reflexionas y te preguntas qué te aporta la televisión, te empiezas a dar cuenta de que la respuesta es: realmente poco.

Los programas de salsa rosa (cotilleo), las noticias (la gran mayoría negativas) y los *realities* de televisión, poco van a ayudarte en tu crecimiento personal.

Yo, realmente uso la televisión para ver series o documentales previamente seleccionados, cuando busco tener momentos de esparcimiento. Ya he dejado de ceder el poder y no dejo que otros elijan por mí, lo que ver o no.

Piensa que no te vas a perder nada, pues las noticias realmente relevantes van a llegar a ti de todos modos. Siempre habrá un amigo, un compañero o un familiar que cuando te vea te las comente, así que si lo piensas bien, tampoco te pierdes mucho y en cambio, ganas un montón. Ganarás paz interior, pues las noticias sensacionalistas lo que hacen es removerte por dentro y realmente te dejan dos opciones:

★ Quedarte igual que estabas.

★ Quedarte con mal cuerpo.

¿Cuántas han sido las veces que te has sentido bien tras ver las noticias? Realmente pocas, estoy segura... No arriesgues.

> Ten muy claras cuáles son tus prioridades, ya que si el cóctel de tu día lleva los ingredientes de: trabajo nutricional (el que genera ingresos para vivir pero que no te apasiona) y redes sociales, sólo para cotillear qué hace la gente, puedes llegar a estar como un corcho a la deriva.

Y ojo con la conclusión que extraes de las redes sociales. En ellas todos publicamos nuestros mejores momentos o la mejor foto tras 20 fotos fallidas, por lo que tú estarás viendo la mejor foto de todo un carrusel. **Está verificado científicamente que, muchas personas tras pasar horas viendo las maravillosas vidas de otros en diferentes redes sociales han entrado en depresión**, pues acaban comparando las vidas ficticias de otros (pues sólo exponen lo mejor) con la suya. No te creas todo lo que ves, pues cada uno muestra lo mejor de su vida, nadie saca a relucir sus momentos más flacos.

Elige verdaderamente en qué vas a emplear tus días.

Ésta es tu única vida, la única que conoces que vas a vivir. Dalo todo al máximo. Exprímete. Disfruta cada momento, cada día. Mañana no sabes si estarás aquí. **Vive una vida que merezca la pena ser vivida y después contada.**

Mi recomendación ante tu tiempo de ocio sería la siguiente:

¿Hoy has hecho primero lo que dices que es lo primero?

Esta pregunta es de Covey, de hecho para él este concepto es tan importante que tiene un libro cuyo título contiene esta idea.

Si dices que para ti lo importante es pasar tiempo con tus hijos, salir a correr, leer 30 minutos diarios... La pregunta es ¿ya lo has hecho? Si la respuesta es *no*... Ya sabes lo que tienes que hacer antes de tumbarte en el sofá a ver una serie.

Como ves, no tienes porque dejar de ver televisión u otras cosas de bajo rendimiento, la clave es descubrir si el 90% de las cosas que haces te están definiendo como a ti te gustaría ser reconocido.

El 10% restante puedes usarlo en cosas más superfluas, que realmente no te aporten mucho. Pero antes, consigue ser tu mejor tú en el 90% de tus horas.

Aunque no lo creas existen personas adictas al trabajo que te dicen que lo más importante en su vida es su familia; pero si examinas sus horas, te das cuenta de que la mayoría de las horas que pasan despiertas las pasan en el trabajo, generando un dinero para esa familia, pues para ellas su familia es lo más importante. ¿Te das cuenta que algo no encaja? Si lo más importante es la familia, esta persona debería ir a los partidos de su hijo de siete años, en lugar de hacerlo cuando su hijo tenga veinte años. Muchos dejan para después el dar el cariño a su familia, olvidándose de que quizá después, los demás no lo reciban igual, quizá su mujer tampoco lo espere por tanto tiempo... Todo son elecciones personales.

Como dice Will Smith, **el plan B lo único que hace es distraerte de tu plan A.** No dejes que eso ocurra, ten muy claro hacia dónde te encaminas y no dejes que nada perturbe tu camino. Cuando tienes las ideas tan claras y tu plan A es lo único que hay en tu mente, estas ideas van a hacer todo lo posible para hacerte llegar a tu objetivo. No lo dudes. Confía en ti.

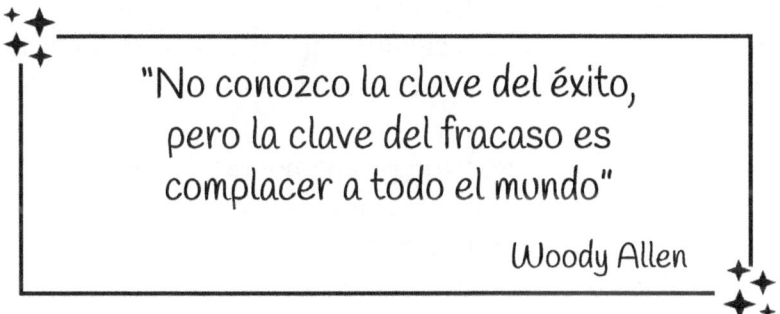

"No conozco la clave del éxito, pero la clave del fracaso es complacer a todo el mundo"

Woody Allen

La siguiente historia refleja las ideas claras que debe tener una persona.

El último día de clase había llegado a su fin, y los alumnos salían corriendo hacia sus ansiadas vacaciones de verano.

La clase se quedó vacía en apenas unos segundos. Mientras el viejo profesor recogía el material, un alumno se acercó y retador le expresó:

-Sabe profesor, estoy feliz de haber acabado las clases porque ya nunca más tendré que escuchar ninguna de sus tonterías.

El alumno esperaba una respuesta desafiante, pero el maestro tranquilamente le respondió algo que no esperaba:

-Cuando alguien te ofrece algo que no quieres, ¿lo recibes?

-Por supuesto que no. -Respondió el alumno algo extrañado por la pregunta.

-Pues a mí, me ocurre exactamente lo mismo, cuando alguien intenta ofenderme o me dice algo desagradable me está ofreciendo algo que no quiero recibir. Tú me estás ofreciendo rabia y desprecio, y si me siento ofendido o me pongo furioso entonces significa que estaré aceptando tu regalo, y eso es algo que no voy a hacer.

Al igual que el profesor, todos tenemos la opción de escoger como queremos sentirnos ante las críticas que podemos recibir de nuestro entorno. Requiere un trabajo interno importante, pero es nuestra responsabilidad el llevarlo a cabo.

"La felicidad se alcanza cuando lo que uno piensa, lo que uno dice y lo que hace están en armonía"

Mahatma Gandhi

El otro punto de vista

Charlie Munger, el multimillonario socio de Warren Buffet, tiene una idea que realmente es inspiradora. Él mantiene la idea de que para poder discutir o dialogar con alguien de la forma correcta, antes debes poder defender el punto de vista del otro mejor incluso de lo que lo hace el otro.

Esta idea se basa en la empatía, en ponerte en la piel del otro lo mejor que puedas. Esto es bastante difícil, ya que entran en juego patrones como las experiencias o las creencias del otro, lo que dificulta que puedas llegar conocerlas y así poder entender su punto de vista.

Si aún así, te esfuerzas por entenderle, vuestra comunicación será mucho más satisfactoria para ambas partes. De lo contrario, si sólo te centras en defender a capa y espada tus ideas, será bastante complicado llegar a un acuerdo.

No descartes la opinión del otro, por muy contraria a la tuya que sea, pues quizá si te paras a escuchar, obtendrás un punto de vista distinto. Y aunque no te haga cambiar tu opinión de blanco a negro, conseguiréis llegar a un acuerdo en la escala de grises que hay en medio.

Renunciar a tener la razón, da una paz y una calma mental increíble. Las discusiones siempre empiezan porque ambas partes piensan que están en lo cierto, y ambos quieren tener la razón.

Cada vez que insistes en que tú llevas la razón y se la quitas al otro te estás volviendo menos tolerante. Cuando tratas de tener la razón, lo que estás haciendo es querer que el otro cambie y que abandone su manera de ver las cosas para que las vea desde la tuya. **Estás imponiendo tu verdad y privando al otro de su derecho de pensar como él quiera.**

Para exponer tu punto de vista, espera primero a estar realmente calmado; pues cuando no lo estás, te domina la ira del momento y puedes decir cosas que no quieres desde el inconsciente, lo que te hará minutos más tarde sentirte mal.

Lo mismo sucede cuando la otra persona dice cosas en *caliente*, en esos momentos realmente se ha dejado dominar por la emoción, y su ego ha salido en su estado más puro a defenderse. No se lo tengas muy en cuenta y espera que se serene.

Cuando comprendes que todos tenemos la razón, porque la verdad es relativa y depende de quién vea los hechos, sus valores, sus creencias... discutirás menos.

Tu ego siempre va a tratar que tu voz se alce por encima de la de los demás y ésta sea la más importante, pero te animo a que sigas el dicho de: *"Dios te dio dos oídos y una boca, para que escuches el doble de lo que hablas"*.

Algo similar ocurre cuando perdonas a alguien, en realidad, lo que estás haciendo es decirle: **<<te perdono por no haber actuado como quería o creía que deberías haberlo hecho>>**.

Realmente es que es eso lo que sucede, que el otro no actúo de la forma que tú creías que era la correcta. Perdónalo lo antes que puedas y suelta ese lazo tirante que te une a la otra persona.

Libérate. Hazlo por ti.

Semillas de magia

El concepto de Stephen Covey de afilar el hacha, me cambió la forma de pensar. Si nunca lo has escuchado, que lo dudo, explica que si tienes que cortar un árbol y tu hacha no esta afilada tardarás tres horas, si en cambio te paras y la afilas tardarás apenas 10 minutos.

En la vida, tu cuerpo y tu mente son la sierra, y los desafíos que encuentras por el camino son los árboles a cortar. Cuanto mejor material tenga dentro tu mente para afrontar los desafíos y mejor estado físico tengas, más fácil te será superarlos.

"Creo mucho en la suerte, y encuentro que cuanto más duramente trabajo, más tengo"

Thomas Jefferson

Para alcanzar ese estado óptimo, deberás dedicar **al menos, media hora a tu cuerpo y media hora a tu mente cada día con**:

★ Hidratación.

★ Ejercicio físico.

★ Lectura.

★ Audios motivadores y productivos.

★ Cursos.

El tiempo que dediques a ambos lo vas a ir incrementando con el paso del tiempo, según te vayas entrenando. La mejora constante, ese 1% que vas mejorando cada día, es lo que realmente hace que ocurran los milagros.

Esa mejora constante es lo que nos hace realmente felices. Nos vemos creciendo, progresando, expandiéndonos... y eso realmente enriquece nuestras vidas, pues sentimos que evolucionamos positivamente.

En el libro *El poder de los Hábitos* se dice que **cuánto más haces una cosa cada día, al siguiente te va costando menos realizarla.**

Recuerda que no importa lo duro que sea hoy, mañana lo será menos.

Tú eliges cómo adquirir el nivel que buscas, pero no esperes alcanzar lo que sea que te propongas en un par de semanas. Debes ser constante, este libro no cambiará tu vida a no ser que te lo tomes en serio y le des una relectura de vez en cuando para ver si estás aplicando estas ideas.

Más importante que plantar la semilla, es regarla. No vale con regarla sólo al inicio, debes regar la semilla con constancia, de lo contrario no crecerá y nunca producirá sus frutos. ¿De qué serviría inundarla a agua al inicio y luego durante meses ni acordarte de ella? De nada, lo importante son los chorritos de agua que cada día le proporcionas.

El punto medio

Debes lograr encontrar diferentes formas de ver un mismo hecho. Me explico... Si siempre buscas opiniones que validen lo que piensas, no crecerás.

Imagina que quiero comprarme un coche y me gusta el Audi A4, y busco en internet: ¿por qué el *Audi A4 es el mejor coche*? Lo que estoy haciendo es cometer un sesgo. Pues no busco opiniones neutras del coche, sino que sólo busco las que me interesan para ratificar lo que yo ya creo.

Si realmente estoy buscando un coche calidad-precio adecuado a mis intereses, no debería quedarme con un sólo punto de vista, sino que debería abrir mi mente a otras posibilidades.

Piensa que hasta en tus redes sociales estás siguiendo a personas con tus mismos intereses y opiniones. Si no sales de tu burbuja, ni ves otras opiniones que te pueden aportar algo nuevo, vivirás estancado.

Y así, viven muchos...

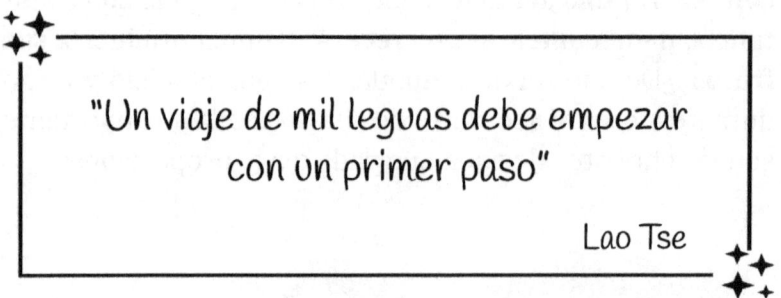

"Un viaje de mil leguas debe empezar con un primer paso"

Lao Tse

Los sabios buscan el punto de vista de otros, prueban cosas nuevas, van a restaurantes diferentes, viajan a sitios distintos... en definitiva experimentan para saber qué es lo mejor.

Valora que no siempre estarás acertado en tus opiniones y que si te estás moviendo continuamente en un mismo círculo o entorno, te estarás moviendo en la rueda del hámster. Antes de tomar una gran decisión, nútrete de varias vertientes.

Retirada a tiempo

No dejes que tu ego gane la partida. La definición simple de ego podría ser: autovalorarse en exceso.

Hay que diferenciar entre la persona que cree en sus propias capacidades y habilidades, y la que puede reinventarse para llegar aún más lejos.

> Piensa que es tu actitud, no tu aptitud (capacidades) la que determinará la altitud que alcanzará tu vuelo.

Uno de los conceptos más difíciles de explicar, puesto que no todos captan bien la idea que se pretende transmitir es que una retirada a tiempo es de sabios...

Cuesta ver cuando es el momento de retirarse, ya que no por cabezonería las cosas van a salir mejor. Cuando ya lo has dado <u>todo, todo, todo</u> y ya estás agotado, al borde de lo exhausto; baraja la posibilidad de salirte del juego.

Sucede **cuando se ha invertido previamente dinero en algo, y sólo por eso se valora el seguir con ello aunque ya no aporte nada.** Esta idea se observa mucho en las personas acumuladoras de: ropa, objetos, colecciones... Realmente, estas personas están manteniendo cosas por el costo que un día tuvieron que pagar, aunque en la actualidad ya no les aporten nada especial.

Piensa que incluso el mantener cosas en tu casa, por pensar que estás perdiendo dinero, lo que realmente te hace es quitarte tiempo:

- ★ Tiempo por mantenimiento o reparación.

- ★ Tiempo de trabajo, pues trabajas por ellas; ya que ocupan más metros cuadrados en tu piso de alquiler, y quizá con menos metros cuadrados podrías vivir bien, en el centro de la ciudad y gastando menos dinero en el alquiler.

- ★ Tiempo de limpieza y orden.

Por tanto, la clave está en dejar ir en la vida. Deberás sacar cosas de tu antigua vida para dejar espacio a las nuevas que están por llegar.

Y no sólo nos ocurre con las cosas materiales o con invertir el dinero en algo que ya no nos está dando rentabilidad, sino también con nuestro tiempo.

Me gustaría hacer un inciso para que reflexiones si realmente sabes lo que cuesta un bien material *en tiempo* cuando vas a comprarlo.

Me explico...

El dinero que generas en tu trabajo normalmente viene a cambio de tu tiempo, ¿verdad? Entonces estarás conmigo de acuerdo en que cada compra que realizas te ha exigido una cantidad de tiempo de trabajo. Por tanto, si tu hora de trabajo vale 10€ y te compras unos zapatos de 50€, habrás invertido cinco horas de tu vida para poder adquirir esos zapatos.

¿Me sigues?

Seguramente, ahora serás más consciente de tus compras. La mayoría de las personas desconocen esto y se gastan dinero sin pensar en nada más. **Pero cuando conoces las reglas del juego ya nada vuelve a ser igual.**

Dicho esto, continuemos con la exposición de cuándo no sabemos retirarnos a tiempo... Si eres o has sido aficionado a los juegos, entenderás el siguiente ejemplo.

Cuando estás jugando a un videojuego, y ese día no consigues avanzar pues pierdes partida tras partida, puedes perder horas y horas hasta acabar encontrándote a altas horas de la madrugada esperando ganar la partida. Ya que en tu mente está rondando la idea de: *hasta que no gane la partida no paro.*

Cuando estés en la tesitura de tener que dejar ir algo, piensa en lo siguiente: ¿Qué harías si fuera tu amigo el que te pidiera consejo sobre qué hacer?

Hasta que no pensamos en una opinión neutra, realmente no estamos tomando buenas decisiones, pues nos estamos dejando sabotear por nuestras propias emociones.

Ahora vas a actuar con más conocimiento, recuerda que el conocimiento siempre da poder.

Un experimento que se hizo para resaltar el hecho de que vamos de un lado a otro, sin darnos cuenta de que la vida es lo que está sucediendo ahora, es el siguiente...

Presta atención, pues no tiene desperdicio.

En 2007, The Washington Post organizó un experimento impactante. Joshua Bell, uno de los mejores músicos del mundo, tocó seis piezas de Bach en en la estación de Washington D.C. con un violín valorado en tres millones y medio de dólares.

Noches atrás había estado tocando en Boston y el acceso a su espectáculo era de cien dólares. A pesar del elevado costo, todas las entradas se agotaron. La única diferencia era que esta vez de las dos mil personas que pasaron por la estación sólo seis se pararon a escuchar, y unas veinte le dieron dinero pero continuaron caminando.

Tras los cuarenta y cinco minutos que estuvo tocando su música terminó el espectáculo sin aplausos, sólo hubo silencio, tampoco hubo reconocimiento. Esto demuestra que la mayoría del tiempo vamos en piloto automático y que no valoramos los regalos que la vida nos brinda, pues no los vemos por andar en otras cosas.

> Muchas personas se levantan para ir cada mañana al trabajo en "modo zombi" y se olvidan que de lunes a viernes también se vive.

Para muchos la vida les empieza un viernes a las 2 de la tarde y se les acaba un lunes a las 7 de la mañana. A veces, las cosas están tan claras, que si nos parasemos a verlas, nuestros ojos las verían. Pero antes, debemos querer verlas.

Creo firmemente que debes llenar tu vida con un trabajo que te satisfaga y te haga feliz la mayor parte del tiempo. El hecho de que hoy tengas un trabajo no te garantiza que lo sigas teniendo de por vida. Reflexiona sobre el hecho que sucedió con las personas que trabajaron en el sector automovilístico durante toda su vida laboral y luego pasaron a ser sustituidas por robots y acabaron despedidas.

Igual, pasó con las agencias de viajes, ahora tan sólo hay unas pocas que han sobrevivido. Hoy en día la gran mayoría de personas compran sus billetes por internet y no usan intermediarios. Esto es lo que ha sucedido en muchos sectores.

¿No es triste dedicar toda tu vida a un trabajo que no amas y que encima tras muchos años de experiencia, ésta no te la valoran porque tu sector ha desaparecido? ¿Es justo? No. ¿Ocurre? Sí.

Fórmate en aquello que te guste y haz de tu pasión un modo de vida. Puede que hables varios idiomas y te guste viajar, hazte guía turístico. Puede que te guste el dibujo artístico y quieras disfrutar la maternidad trabajando online, hazte diseñadora gráfica.

Toma decisiones inteligentes, tanto como puedas.

¿Qué estamos haciendo?

Algunos tiran la toalla porque ven lo que otros han conseguido y creen que ellos a pesar de esforzarse no lo conseguirán. Se dicen a sí mismos que no es justo, que cómo él, siendo buena persona no obtiene resultados. Entonces, se sienta en el sofá a ver televisión diciéndose que lo que haya de ser para él lo será, y que si no le llega nada es que eso no era para él. Tiene una mentalidad totalmente derrotista.

Para lograr algo, antes deberás ser un buen planificador y ejecutor. Debes tener planificada la disciplina a la que te vas a tener que enfrentar. Deberás realizar muchos cambios antes de empezar. ¿Qué cambios has de implantar para alcanzar tus objetivos?

No busques técnicas místicas y extrañas para llegar a tus objetivos… Ve directamente a por los principios que te ayuden ejecutar tu plan de acción.

Va a ser un viaje especial hacia tu éxito, si así lo quieres. Si me dejas yo seré tu compañera.

Va a ser significativo el qué hagas con respecto a lo que sepas, pues será lo que te dé el resultado final. Por ejemplo: comer saludable es beneficioso y nos hace ver bellos también exteriormente. ¿Lo hacemos? No. Bien, a eso me refiero, **a qué es lo que haces con lo que sabes.**

A veces, la respuesta está frente a nosotros, pero no la queremos ver. **A pesar de que comer bien sea fácil, esté a nuestro alcance y nos dé más energía que la** *comida chatarra o basura*; **no lo hacemos porque el placer de la comida grasosa o dulce nos estimula más a corto plazo...**

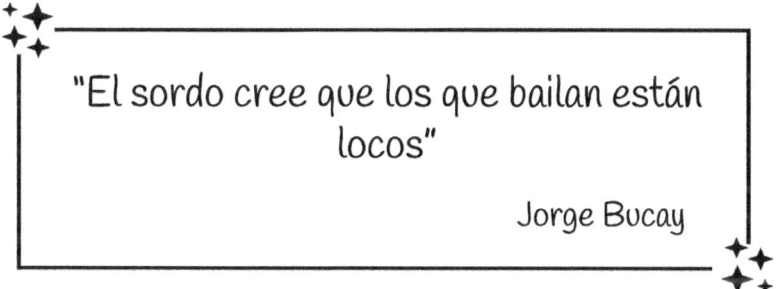

"El sordo cree que los que bailan están locos"

Jorge Bucay

Algunos aún creen que las cosas llegan por ciencia infusa...

Ven a un jugador de baloncesto firmar un contrato por cuarenta millones de dólares y sólo se quedan con ese momento: con la firma del contrato... Y piensan: ¡Vaya, que suerte tiene!

Pocos son los que ven el espectacular proceso que hay detrás de bambalinas: las cinco horas de entrenamiento diario, su rigurosa alimentación diaria, la rotura de ligamientos, las operaciones, las fiestas que se perdió por asistir al entrenamiento de la mañana siguiente...

Ésa es la parte que desde hoy vas a ser capaz de ver. Si quieres un objetivo tendrás que seguir el plan rigurosamente, hasta en los momentos más complicados.

Recuerda, si hay un plan, **el plan se sigue siempre**.

Cero excusas.

Riqueza

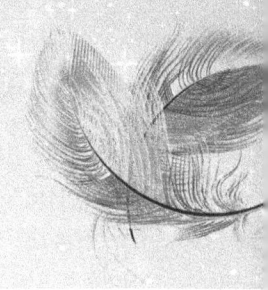

> "El objetivo de la vida no es estar en el lado de las masas, sino huir y encontrarse en el lado de los locos"
>
> Marco Aurelio

A menudo, tenemos una idea parcial de lo que es la riqueza, y mi propósito hoy es hacer que salgas de esta lectura con el concepto más real posible de lo que significa realmente.

La receta insípida que nos venden los medios de lo que es la riqueza, la encontrarás incompleta. Pues en su receta solamente aparecen algunos ingredientes aislados.

Piensa en la riqueza como si fuera una receta de asado de pollo y para hacerla sólo te dieran dos ingredientes: la patata y el pollo. Vale, muy bien, estamos de acuerdo en que son ingredientes importantes pero, ¿qué hay de la sal, el aceite, el tomate, la cebolla...? Sin todos los ingredientes necesarios, la receta queda insípida e imposible de realizar.

Todos son importantes. Y esto es lo que a muchos de los libros que te hablan de riqueza les falta.

 Actualmente, vivimos en un momento en el que intentamos delegar el máximo de tareas: la comida la encargamos, la limpieza del hogar la contratamos, los ejercicios escolares de los niños los contratamos con profesores particulares... Tanto es así que muchos quieren que el Estado sea el que les proporcione la tranquilidad económica en sus años más ancianos, delegamos hasta nuestra economía.

Algunos se dicen: *"es el derecho por el que lucharon nuestros abuelos y se debe respetar"*. Sería lo ideal, pero... ¿te fiarías de que eso se vaya a cumplir? Si no es así... Mejor ten un plan A.

Y si luego te cae algo, pues ya lo disfrutas.

Es muy triste ver en lo que se ha convertido la célebre frase de John F. Kennedy: *"no preguntes que puede hacer tú país por ti; pregúntate qué es lo que puedes hacer tú por tú país"*.

Ahora se ha convertido en: *"¿qué puede hacer mi país por mí?"*. No quiero que pienses que creo que haya que dejar que los políticos hagan con las pensiones lo que les de la gana y permanecer callados. Para nada. Lo que no quiero es que tu seguridad financiera dependa de ellos, porque entonces pasarás automáticamente a depender de lo que otros quieran hacer, y esa incertidumbre no la mereces.

El verdadero concepto de la riqueza se basa en tres grandes piedras angulares:

★ Las relaciones.

★ La salud.

★ La libertad.

Si alguna de estas tres cojea, no estaremos en modo: riqueza. La verdadera libertad se encuentra cuando vives lo que quieres vivir cuándo y dónde tú deseas vivirlo.

> Cuando eres libre no tienes que seguir una monotonía, tienes libertad para perseguir tus sueños, no te levantas a una hora que no deseas para hacer algo que deseas menos aún.

En cambio, la sociedad ha tratado de corromper la definición de riqueza y trata de definirla como algo material que se puede adquirir, cuando la riqueza no sólo es económica...

Hay un concepto muy conocido, y es el de los denominados **"millonarios de los treinta mil dólares"** (hablamos de ingresos anuales). **Estas personas rebosan una falsa riqueza. Se les reconoce por aparentar ser millonarios cuando costean todo con sus tarjetas de crédito.** Suelen llevar coches de alta gama, usan IPhone, relojes ostentosos, visten ropas de marca...

Parecer rico es bastante sencillo, tan sólo necesitas utilizar créditos, otra cosa bien distinta será serlo. Actualmente, muchos piensan que la riqueza se puede comprar en un centro comercial e intentan ir a adquirirla cada fin de semana.

"El dinero no compra la felicidad, pero puede hacer que te sientas terriblemente cómodo mientras eres desgraciado"

Clare Boothe Luce

Tu dinero dependiendo de cómo sea empleado, te comprará libertad o esclavitud. El dinero puede comprarte libertades como las siguientes:

- ★ La libertad de viajar por el mundo.

- ★ La libertad de no ceñirte a jornadas laborales intensas.

- ★ La libertad de pasar tiempo con tus hijos.

- ★ La libertad de perseguir tus sueños.

En cambio, el dinero te esclaviza cuando:

- ★ Trabajas para generar dinero.

- ★ El dinero te lleva a comprar cosas para mantener un estilo de vida que te genera deudas.

- ★ Debes seguir trabajando para pagar las deudas generadas.

> "¿Y si te dijera que la locura consiste en trabajar cincuenta horas a la semana en una oficina durante cincuenta años al final de los cuales te dicen que te vayas al diablo, para acabar en alguna residencia en la que esperas morir antes de sufrir la indignidad de intentar llegar al baño antes de hacerte encima tus necesidades? ¿No estarías de acuerdo en que la locura es esto?
>
> Steve Buscemi (Con Air, Paramount Pictures)

Sé que el texto citado anteriormente suena muy fuerte, pero no planificar cómo quieres gastar la única vida que tienes es aún más fuerte, si cabe.

La diferencia entre los que saben emplear bien su dinero permitiéndose un capricho y los que no, es una simple pregunta. ¿Te gustaría conocerla y cambiar el rumbo de tus finanzas?

Sigue leyendo...

La diferencia radica en preguntarse: **Si adquiriese eso, ¿de algún modo afectaría a mi economía o seguiría igual? Si la respuesta es: seguiría igual, adelante, puedes complacerte y permitírtelo.** El problema viene cuando no puedes permitírtelo, lo adquieres y lo pagas a plazos. Todo lo que puedas pagar en efectivo y seguir manteniendo una economía sana, es lícito de adquirir, equivale a permitirse comprar el pan. Pues, no se modifican tus finanzas por una barra de pan. ¿Me sigues?

Cuando dudes si puedes permitirte algo, generalmente es porque no debes hacerlo.

El problema nos viene cuando la satisfacción inmediata gana al largo plazo. Es por ello que actualmente encontramos tanto problema de exceso de peso, pues es fácil sentarse en el sofá y zamparse una bolsa de patatas fritas (recompensa rápida), sin pensar en las consecuencias a largo plazo que puede suponer ese estilo de vida.

Esto ocurre porque no visualizamos ni de lejos el futuro. Vivimos el momento. La publicidad se aprovecha de esta situación para hacernos picar vez tras vez en su anzuelo. Los anuncios, con recompensas inmediatas, están diseñados para que pienses inconscientemente lo siguiente:

- ★ Si uso ese desodorante, atraeré mujeres.

- ★ Si conduzco ese coche, seré libre.

- ★ Si uso ese perfume, seré una mujer deseada.

- ★ Si uso ese reloj, seré una mujer chic.

- ★ Si le compro esa comida a mi perro, lo cuidaré como se merece.

- ★ Si le doy esa merienda a mis hijos, me querrán más y lo agradecerán porque les doy algo que les encanta.

La lista es infinita, y quizá digas: ¡Uy, no, yo no caigo en eso! Pero sí, la publicidad invierte mucho, pero que mucho dinero en plasmar sus mensajes subliminares en tu subconsciente. Y por supuesto que lo consiguen, la línea de productos anunciados suelen ser los productos más vendidos de la marca.

Una historia inspiradora, donde vas a ver como el éxito inmediato nunca llega aunque así te lo vendan, es la de Mark Cuban. Mark, es el empresario multimillonario propietario del equipo Dallas Mavericks de la NBA. Tras la venta de Yahoo, incrementó su patrimonio en cinco mil novecientos millones de dólares (cifra escalofriante). Cuban, cuenta cómo la gente atribuía su éxito a la suerte.

Él narra que lo que nadie sabe es que para llegar donde está, antes tuvo que leerse libros complicadísimos de software y manuales de routers de Cisco, a la vez que pasó días y días encerrado en casa experimentando. Pero las personas mediocres, prefieren pensar que él apenas hizo algo, que lo obtenido fue fruto de la suerte, de estar en el momento y lugar adecuado. Y déjame decirte... **sólo sirve estar en el momento y lugar adecuado si antes has conseguido tener las capacidades y habilidades que se requieren para estar en ese lugar. Si eres uno más, no cuentas.**

Organiza tu tiempo

Te voy a enseñar cómo puedes organizar tu tiempo y tu vida con el nivel de eficacia que aplican los auténticos cracks. Voy a resumirte la información más brillante que conocen los mejores para que puedas reventar tu nicho.

Mi única misión es HACERTE SER EL JUGADOR PRINCIPAL DEL JUEGO DE LA VIDA y que consigas llegar al máximo y último nivel de éxito que estés buscando. ¿Estás preparado? Pues adelante...

Lo primero y más importante que debes tener claro es que si quieres un nivel de éxito 10, debes de tener un nivel de productividad de 10. Aquí se quedan fuera: las medias tintas, los ahora sí me apetece, ahora no me apetece... pues un nivel 5 de productividad, jamás te llevará a un nivel 10 de éxito. ¿Me sigues?

Dicen que la experiencia es un grado, y a mí me ha gustado seguir a otros en sus métodos de planificación para obtener nuevas claves y poder implementarlas. A lo largo de mi vida, he usado varios planificadores de productividad... Los mejores de ellos reunían una característica:

Escribir 3 actividades clave a realizar ese día.

Sí, sí, como lees, de todo el montón de tareas que tengas por hacer, deberás seleccionar cuáles son las que marcan una diferencia.

Anótalas.

Una vez tengas **tus 3 diamantes debes programártelos a horas lógicas, en momentos que sepas que vas a tener el tiempo necesario de llevarlos a cabo sin distracciones** y VE A POR ELLOS.

Son tus **3 diamantes innegociables**, sí o sí, 3 tareas fundamentales a ejecutar y el resto pasan a ser secundarias. Ahora, YA TIENES FOCO. **Realízalos y cumplirás la misión del día.**

Puede ser que ahora te estés preguntando ¿por qué María dice que escoja 3 tareas y no 6? Buena e interesante pregunta. La respuesta es: PORQUE TU CEREBRO ES MUY LISTO.

Si empiezas a crear listas infinitas de tareas, tu mente irá a por las más facilitas y sencillas, no se va a complicar, recuerda que le encanta ahorrar energía. Por lo que buscará muchas tareas pequeñitas que puedas ir tachando pronto de la lista y te generen rápidamente el subidón de dopamina que da el verlas hechas.

¿Me sigues?

Cuando hablo de fáciles y difíciles no te hablo de imposibles. Sino que me refiero a que quizá son tareas que requieren más tiempo, más concentración y energía que el resto. No es lo mismo hacer la cama que preparar un informe.

Pero una vez que te pongas a hacer las importantes y entres en inercia, no pararás. **Tras empezar, tu índice de motivación se disparará**, pues estás haciendo aquello que debes y te sentirás genial.

El mejor momento de planificar tu día, lo eliges tú. Unos somos de planificar por la mañana bien temprano, a otros les gusta más el relax de la noche anterior o dependiendo de la temporada, lo harás en unos momentos u otros. Algunos expertos recomiendan hacerlo el día anterior, pero la decisión es tuya, lo importante ¿qué es? Exacto, hacerlo.

Te voy a mostrar cómo planificar más a largo plazo, porque ahí es donde reside el verdadero éxito. Recuerda que el corto plazo sólo nos sirve para cuando tenemos diseñado nuestro largo plazo. De esta manera las tareas tendrán un porqué.

Empecemos...

El siguiente ejercicio que vas a ver es IMPORTANTÍSIMO QUE LO REALICES, de ello va a depender tu vida, literalmente.

Si quieres llevarla por el buen camino, simplemente HAZLO.

Coge un papel y escribe...

> Vas a pensar primero a largo plazo, piensa en qué quieres lograr en 10 años y cuando lo tengas, vas a desglosar ese sueño en 3 diamantes a ejecutar en el plazo de un año.
>
> No se necesita empezar siempre el 1 de Enero... Es decir, si hoy es 20 de Septiembre, tus 3 diamantes deben estar realizados a fecha 20 de Septiembre del siguiente año.
>
> 1.
>
> 2.
>
> 3.
>
> El siguiente que a mí me gusta hacer es el de los 6 meses. Las 3 acciones que quieras ver realizadas de cada diamante anterior para sentir que estás bien enfocado en los próximos 6 meses.

★ Primer diamante:

1.

2.

3.

★ Segundo diamante:

1.

2.

3.

★ Tercer diamante:

1.

2.

3.

Y ahora los vas traer aún más cerca, los llevarás al corto plazo. ¿Cuáles son tus 3 diamantes de éxito para este mes, los que desatarán tu máximo potencial? A mí me gusta hacerlo con cada una de las metas descritas anteriormente.

> ★ Primera Meta:
>
> 1.
>
> 2.
>
> 3.
>
> .... Así con todas

Si no tienes claros tus 3 diamantes a largo plazo y te preguntas cuáles son los ideales para tu propósito final, aplica la *Ley de Pareto*.

Seguro que ya habrás escuchado mucho acerca de la *Ley de Pareto*. Te voy a contar cómo surgió... Pareto descubrió que en Italia el 20% de los propietarios poseían el 80% de las tierras, mientras que el 20% restante de los terrenos pertenecían al 80% de la población.

Esta Ley se sigue usando hoy en día en la mayoría de negocios cuando buscan sacar rentabilidad. Estudian cuál es ese 20% de clientes que dan el 80% de los ingresos y en ellos, las empresas centran todo su mimo.

Llévate esta Ley a tu terreno y piensa en esas 3 tareas diamante que te darán el 80% de los resultados y VE A POR ELLAS.

Esta Ley la encontramos incluso, en la riqueza mundial. Actualmente, tan sólo 2% de la población posee el 98% de la riqueza mundial.

Como ves es muy importante planificarte; si estás trabajando actualmente y tienes en tus horarios cierta flexibilidad, el siguiente paso que deberías seguir sería analizar durante varios días cuáles son tus horas de máximo rendimiento.

Si has registrado que tus horas más productivas son por la tarde de 4 a 7, bien, ya has dado un paso más y ahora sabrás con mayor seguridad cuando ejecutar tus diamantes. Pero, si tienes 0 flexibilidad laboral o tienes responsabilidades como niños... TU MEJOR MOMENTO ENTONCES SERÁ CUALQUIER MOMENTO. Aquí, cero excusitis.

"Más de los quinientos hombres más exitosos que he conocido, jamás me confesaron que su mayor triunfo supuso únicamente un paso más a partir del punto en el que los había alcanzado la derrota. El fracaso es un embustero con un sentido agudo de astucia. Se deleita haciéndonos tropezar cuando el éxito está casi a un tiro"

Napoleon Hill

Madrugar se ha convertido en la tendencia a seguir por esas personas que quieren lograr sus sueños; pero que no sacan tiempo extra por más que exprimen sus mañanas y tardes.

Como decía mi abuela: *"a quien madruga, dios le ayuda".* Sé que ahora parece que esté de moda madrugar para hacer cosas, pero este hecho debe tener un propósito, de lo contrario hacerlo por moda, me parece un absurdo.

Así pues, si no sacas tiempo extra, a madrugar se ha dicho: TÚ TIENES UN PROPÓSITO. Las personas de máximo rendimiento se levantan una o dos horas antes de su hora.

En esas 2 horas extra, mientras que el resto del mundo duerme, tú crecerás a un nivel brutal. SI QUIERES EL ÉXITO, HAZTE MERECEDOR DE ÉL. Hablando de éxito, Cristiano Ronaldo dice:

"Dios nunca duerme, sabe quien se lo merece"

Esas dos horas no son horas cualquiera, son horas libres de móvil, y por supuesto, nada de redes sociales que te distraigan de tus objetivos, que para eso estás madrugando.

Se llevó a cabo un estudio con 2000 personas en Estados Unidos, y se reveló que la mayoría, revisaba su móvil unas 214 veces al día.

Un truco para distraerte lo menos posible, es que pongas las aplicaciones que más te distraigan en la última pantalla de tu móvil. De esta manera, el número que aparece encima de la aplicación para alertarte de que tienes nuevas notificaciones, no te hará caer en la tentación.

El madrugar, es un secreto que está dejando de serlo entre los cracks que consiguen todo lo que se proponen. Piensa que **por la mañana es cuando estás a full de energía, y es ahí cuando debes tomar las decisiones más importantes.**

El concepto de la batería para la toma de decisiones me encanta. Aún no te he hablado de ello...

Imagina que te levantas con la batería al 100% (imagínala con el mismo dibujo que ves de la batería de tu móvil). Conforme pasa el día, tu batería se va gastando, pues has tomado muchas, muchas, pero que muchas decisiones desde: qué ropa te pones, qué cocinas hoy, a qué hora te vas al gym...

Por más mínimas que pienses que son las decisiones, no dejan de serlo y tu batería se va agotando. Se agota hasta tal punto que ya te habrás dado cuenta que, el momento tarde-noche es el momento en el que menos caña te metes y más te consientes. Quizá, lleves toooodo el día a dieta y de repente por la noche, te consientes con un chocolatito... ¡Horror!

Es por eso, que Steve Jobs por las mañanas no quería tomar la decisión de tener que elegir que vestimenta usar, es por eso que usaba siempre el mismo modelo. Su armario no le dejaba opción: siempre camiseta negra y jeans. Una decisión menos que tomar, y una más que se guardaba ese día para las decisiones importantes a tomar.

Para Jobs, las decisiones eran súper importantes, tanto que repetía a sus empleados a diario: "*¿Cuántas veces habéis dicho hoy que no?*" Valoraba su tiempo como el que más. Aprende de él a no te comprometerte con tareas que no te reporten más que dispersión, tareas a las que accediste sólo por el hecho de quedar bien con el otro.

Para vaciar tu mente y dejarla trabajar en lo que verdaderamente es importante, deberás crearte listas de todo, así no tendrás nada pendiente por hacer y en lo que pensar.

Cuando te venga una idea a la mente, anótala, elige una libreta para hacer tus listas o en digital, a mí me gusta llevarlas en el móvil, ahora estoy usando la app Google Keep. Me encanta porque contiene listas en formato post-it y a color, que hacen que nada se te quede en el tintero, pues el móvil siempre va contigo. Algunas ideas de mis listas para inspirarte son:

- ★ Películas para ver.
- ★ Libros interesantes por leer.
- ★ Cursos a los que apuntarme.
- ★ Lista de la compra.
- ★ Cosas para arreglar de la casa.
- ★ Cosas que comprar para la habitación del bebé.
- ★ Ideas para mi libro.

Ahora crea las tuyas, tu mente quedará tranquila porque lo tiene todo bajo control, tendrás más claridad y energía para otras cosas.

> "La mayoría dice que quiere tener éxito, pero no lo quiere fervientemente, simplemente lo quiere a medias. Porque no lo quiere tanto como salir de fiesta. No lo quiere tanto como dormir. No lo quiere tanto como estar pendiente de su teléfono móvil y éste lo único que te trae es una factura a final de mes"
>
> Eric Thomas

De tus 3 diamantes escoge hacer primero el que más tiempo te lleve o el que te parezca más difícil, para que tu mente no te saboteé e intente que te rindas antes de tiempo. Cuanto más incómoda sea la tarea, más intentará tu cerebro alejarte de ella.

Si eres como yo y te gusta controlar los tiempos que te das, te propongo lo siguiente: alíate con las alarmas. Establece alarmas para:

★ Iniciar los diamantes.

★ Descansar y retomar la tarea.

★ Finalizar.

Tan importante es que realices los diamantes como que descanses, porque como te pongas a ello como un loco y no te des margen para el descanso, ese ritmo te durará una semana. A la siguiente semana, tu cuerpo y tu mente te dirán *que lo haga tu prima.*

Una vez más, volvemos a ver que **el tiempo no es oro, pues vale más que el oro,** pues no vuelve. Así que cuando tengas alternativas entre tiempo y dinero ¿qué escogerás? Espero que el tiempo. Pongamos un ejemplo para terminar de interiorizarlo.

Si tenemos la opción de ir:

EN COCHE DE A – B Y NOS TOMA 10 HORAS.

EN AVIÓN DE A – B Y NOS LLEVA 2 HORAS.

Escogeremos la segunda opción, a pesar de que vaya a ser la más costosa. Lo mismo sucede con la ropa, menos ropa pero de más calidad, frecuentarás menos las tiendas para comprarte nuevos modelos porque no se te habrá descolorido, rasgado, o estirado por la mala calidad... con ello, caerás menos en la tentación de llevarte otra prenda extra que te ha parecido muy bonita pero que en realidad no necesitas.

Para hacer la compra... lo mismo, ve en los horarios en los que la gente no va a comprar, como después de comer, en lugar de hacerlo un sábado por la tarde. Te ahorrarás las colas eternas que no te suponen nada más que una pérdida de tiempo.

Incluso con el coche puedes hacerlo, si repostas el depósito y lo dejas lleno (total... siempre lo vas a acabar consumiendo), ¿para qué vas a echarle medio depósito? De este modo, liberarás también tu mente, ya que tendrás que pensar menos en: que llevas el coche con la reserva, que si tienes que parar pronto para repostar, que cuándo vas a ir... ¡Se acabó! **Depósito lleno en cada repostaje.**

El ejercicio siempre ha sido, es y será nuestro aliado. Gracias a que con él logras establecer un hábito de disciplina, podrás aprovechar esas nuevas conexiones neuronales de disciplina corporal, para crear otras conexiones de disciplina en tu propósito. **Tendrás un 2x1.**

Si normalmente te entrenas y de vez en cuando pasas tus límites físicos para desarrollar más musculación, adivina qué harás cuando un reto mental se te presente... ¡Exacto! Serás imparable, pues YA HAS SELLADO LA DISCIPLINA EN TU ADN y da igual si es un reto físico o mental el que debas superar, estás entrenado para superarlo.

Tienes 10 billones de células en tu cuerpo, que están recibiendo información sin parar. Filtran y se quedan con la información que le es relevante, según los programas que tengas, es decir, según tus creencias.

Tan pronto como dejes de pensar de una determinada manera y empieces a pensar de otra más enriquecedora, estarás borrando viejos caminos neuronales y creando unos nuevos, mejores y más sofisticados.

Crea un hábito constante en tu vida para que el cambio sea más profundo y esas nuevas redes neuronales duren para siempre.

Como ves, todo lo que estás aprendiendo es bastante intenso, y **si no mantienes tu mente abierta a lo nuevo, al cambio, te quedarás estancado en la vida que tienes hasta ahora** y no desatarás tu máximo potencial.

Todos pensamos que cuando tomamos una decisión lo estamos haciendo de la mejor y más deliberada forma posible, pero en realidad quienes han tomado la decisión han sido nuestros programas mentales. Si quieres algo que no tienes, deberás cambiar tu programación para adaptarla a la de tu nuevo rumbo...

La vida para premiarte con algo que deseas, necesita que le demuestres que eres capaz de sacrificar ciertas cosas. Básicamente, lo que quiere saber antes de dártelo es que eres merecedor de ello. Veamos un ejemplo.

Pongamos que quiero lanzarme y cambiar de trabajo. Deberé renunciar a la estabilidad laboral que tengo actualmente, a la seguridad económica, pues no sé en el nuevo trabajo cómo me irá y valorar el hecho de que sentiré incompetencia al principio, esa que se siente cuando se empieza algo nuevo.

Cuando te lances a algo nuevo, persevera siempre, siempre; te lo digo por experiencia. **Cada vez que empiezas un proyecto es un acto de fe.** Ve por tu objetivo tal como si fueses un depredador. Hasta que el mundo no entienda que te vas a dejar la piel por tus sueños, no se te prestará la atención que mereces.

Deberás tener una convicción obsesiva en tu meta, demuéstralo mediante acción masiva. Demuestra primero que crees completamente en lo que haces para que el mundo se atreva a creer en ti.

Tu mente es la responsable tanto de tus éxitos como de tus fracasos. Imagínate como si fueses un móvil y que cada "X" tiempo te pide que le actualices el software.

Haz lo mismo y actualiza de vez en cuando tus programas mentales, pues algunos ya quedaron muy obsoletos. Algunas personas están usando programas de hace 20 años... imagina que obsoletos les han quedado.

Tu mente como dice T. Harv Eker es como el termostato de la calefacción. Si el termostato lo tienes puesto a 25°C y abres la puerta de la habitación y entra aire a 30°C, al cabo de un tiempo teniendo la puerta cerrada, la temperatura se regulará de nuevo a 25°C.

Por tanto, si quieres cambiar tu vida, pero antes no cambias tu programación, lo que te sucederá será que aunque hoy hagas una actividad muy productiva, ésta más adelante se equilibrará con otra cosa que te lleve a tus inicios y te hará sentir que no obtienes avances.

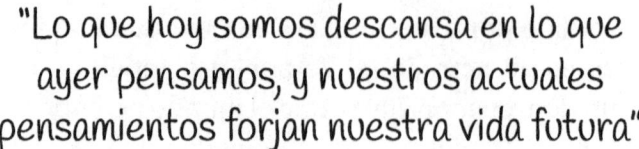

> *"Lo que hoy somos descansa en lo que ayer pensamos, y nuestros actuales pensamientos forjan nuestra vida futura"*
>
> Buda

Si eres de los que necesitan que la ciencia les explique un poco cómo funcionamos, estás en el sitio adecuado, a mí me ocurre lo mismo. Así que veamos cómo y por qué tomamos las decisiones que tomamos.

Es importante conocerlo, ya que el 90% de las decisiones que se toman se hacen de manera inconsciente, sólo somos conscientes de un 10% de ellas. La mayor parte del tiempo funcionamos en piloto automático.

Tu mente inconsciente, es la que tiene un 90% del poder, no te dirige de cualquier manera, es decir, no va como un barco a la deriva, sino que lo hace en base a esos programas previos de los que hemos hablado.

Un dato muy, pero que muy interesante fue el encontrado por Dylan Haynes, del Centro de Neurociencia Computacional de Berlin, que **descubrió que una decisión se tomaba 10 segundos antes de que fuésemos conscientes de que habíamos tomado esa decisión; por tanto,** la parte inconsciente decide antes.

Así que, lo que en realidad hacemos es justificar con nuestra mente consciente una decisión que ya ha sido tomada.

Para saber qué tipos de programas tenemos instalados en nuestra mente, debemos mirar cuáles están siendo nuestros resultados. **O estamos programados para el éxito o para el fracaso.**

Si estás programado para el éxito económico, felicidades, pues aunque entres en quiebra como le pasó a Donald Trump, su programa de multimillonario tiempo después, le volvió a hacer millonario, pues es para lo que estaba programado.

¿Para qué estás programado tú?

Multiplica tu tiempo

¿Qué?
¿Cómo?

No creas que me he vuelto loca... Si te digo que hoy puedes hacer:

• •

30 minutos aprendiendo un nuevo idioma.

30 minutos limpiando.

1 hora haciendo ejercicio.

1 hora escuchando un podcast.

30 minutos corriendo.

30 minutos de llamadas.

• •

Si sumas todo, te darás cuenta que son 4 horas, el truco está en que si haces varias actividades a la vez, en 2 horas puedes tenerlas todas hechas.

Esto no aplica a cualquier actividad, pero sí a aquellas que no requieran altas dosis de concentración por tu parte y te permitan combinarlas. Si te das cuenta, una de ellas es física y la otra mental, por lo que no se interfieren unas con otras.

Es obvio que el tiempo no se puede incrementar, pero tú decides si explotarlo todo lo que puedas, siempre y cuando ninguna de esas actividades caiga en detrimento por culpa de otra.

> " Nada ha cambiado.
> Sólo yo he cambiado.
> Por lo tanto, todo ha cambiado"
>
> Proverbio hindú

Rutina de mañanas exitosas

Hal Elrod, es un autor que me inspira y que un día cambió mi forma de ver las mañanas. Me mostró que era lo que hacían las personas exitosas por la mañanas y a consecuencia de eso desarrolló un método para modelar.

Lo puse a prueba y lo cierto es que la energía que te brinda hace que merezca la pena madrugar y ponerlo en práctica. **Nadie nos ha enseñado que madrugar predispone a tener un futuro mucho más productivo, satisfactorio y pleno.**

A lo largo de la historia, han habido grandes personajes que fueron o son madrugadores: Oprah Winfrey, Tony Robbins, Wayne Dyer, Albert Einstein, Robin Sharma, Aristóteles...

¿Te gustaría conocer el secreto para comenzar a utilizarlo? Pues sigue leyendo para ver en qué consiste...

Este método, consta de una serie de actividades a realizar durante las mañanas, antes de iniciar cualquier rutina matinal. Para ello, deberás encontrar un lugar en la mañana donde puedas estar tranquilo y no ser interrumpido. A continuación, sigue los siguientes pasos que en total suman 60 minutos:

- ★ Silencio: (5 minutos) pásalos en silencio, puedes rezar, meditar o hacer respiraciones conscientes. Notarás como el tiempo se dilata y te llenas de una profunda serenidad. A mí, me gusta ponerme un video de sesiones cortas de meditación guiada. Elige la actividad que más te guste para pasar esos cinco minutos.

- ★ Lectura: (20 minutos) escoge un libro de tu biblioteca personal que lleves tiempo queriendo leer, pero para el que nunca sacas el tiempo suficiente, ahora cada mañana tendrás esos 20 minutos para hacerlo. Tiempo más que suficiente para impregnarte de ideas inspiradoras y motivadoras que llevar a la acción. A mí, me gusta leer autores que me inspiren y me pongan en acción, algunos de ellos son: Robin Sharma, Napoleon Hill, Álex Rovira, Laín...

★ Afirmaciones positivas: (5 minutos) escribe cuáles son tus aspiraciones, sueños, metas... describe qué tipo de persona quieres llegar a ser dentro de 5 años y plásmalo en papel transformando tu deseo en una afirmación. Repasa cada mañana tus afirmaciones. Puedes irlas modificando según vayas perfilando tus sueños. A mí, me gusta ponerme un audio de afirmaciones positivas que me llenen de buen rollismo. Tú podrías crearte tu propio audio con aquellas que más te gusten.

"Es la repetición de las afirmaciones lo que lleva a la creencia. Y una vez que la creencia se convierte en una convicción profunda, las cosas comienzan a suceder"

Muhammad Ali

★ Visualización: (5 minutos) esta parte se centra en el futuro y en las acciones que llevarás a cabo ese día para acercarte más a: esa persona ideal en la que te estás convirtiendo, las experiencias que desees vivir o las cosas que desees tener... Una opción que puedes llevar a la práctica, es la de crearte uno de los ya más que conocidos tablones de visualización/futuro (vision board). Plasma en él tus sueños materiales a lograr, tus valores y el ideal de persona que deseas llegar a ser en lo social/ espiritual/ profesional/ físico.

> "La gente ordinaria sólo cree en lo posible. La gente extraordinaria visualiza, no lo que es posible o probable, sino lo que es imposible. Y visualizando lo imposible, lo empiezan a ver como algo probable"
>
> Cherie Carter-Scott

★ <u>Diario:</u> (5 minutos) escribe un diario donde vuelques todas tus inquietudes, planes, cosas que necesarias para lograr tus metas... Podrás ver tu evolución en el tiempo. Al tener que plasmar tus pensamientos en papel, tendrás que ser concreto y esforzarte para definir tus metas; lo que te ayudará a ver cómo hacer tus sueños más "reales". Evitará que pierdas ideas que puedas utilizar más adelante, ideas que de no apuntarlas quedarían en el olvido. Te servirá para que en el futuro revises todas las lecciones aprendidas a partir de errores cometidos y cambios logrados.

> ★ Ejercicio: (20 minutos) practicar ejercicio durante este tiempo puede parecer poco, pero créeme, para hacer: abdominales, sentadillas, ejercicios de brazos, flexiones... da tiempo de sobra. No se trata de hacer una sesión intensa de ejercicios, se trata de recargar las pilas y darte un chute de energía. Básicamente activarte.

Puedes hacer esta tabla de acciones en el orden que más te guste y emplear el tiempo que creas conveniente para cada uno de los pasos. Hal, te recomienda 60 minutos en total. Yo, para **controlar los tiempos lo que hago es ponerme alarmas en cada franja de tiempo, así no me dilato mucho en el tiempo.**

Serás más efectivo si tienes todas las cosas que necesites preparadas para cuando tengas que ponerte con la rutina, prepara previamente tu esterilla de meditación, tus audios o videos, tu libro escogido, el diario, una botella de agua... en fin, todo lo que te facilite pasar de un paso a otro sin tener que perder el tiempo yendo a por esas cosas. Encuéntrale un lugar a tu material en tu salón o donde vayas a practicar la rutina.

En cuanto a los tableros de visión o *visión board*, Neil Farber reveló una poderosa idea a través de su artículo en psychologytoday.com, dijo que **"los tableros de visión son para soñar, en cambio los tableros de acción son para alcanzar metas"**. Estoy de acuerdo en que sólo con mirarlo y pensar en ello, no vas a hacer que se cumplan tus objetivos, deberás hacer algo por ellos. Si tienes MOTIV-ACION (un motivo que te lleve a la acción) podrás lograr resultados reales.

Madrugar bien

Hal Elrod, brinda unos consejos para que el momento de madrugar no te sea tan duro, más aún si piensas en los primeros días del hábito...

- ★ <u>Objetivos nocturnos</u>. Antes de acostarte vas a escribir los objetivos que quieras lograr al día siguiente. Nos recuerda que <u>aquello en lo que te acuestas pensando, es aquello en lo que te levantarás pensando.</u>

- ★ <u>Aleja el despertador de la cama</u>. Puedes ponerlo en otra habitación, la idea es que te pongas en pie sin tener que pensarlo mucho. El movimiento genera más movimiento.

- ★ <u>Lávate los dientes</u>. El aliento fresco despeja.

- ★ <u>Bebe un vaso de agua.</u> Durante la noche has estado perdiendo hidratación. Equilibra tu cuerpo.

- ★ <u>Ponte ropa cómoda o deportiva.</u> Te costará menos activarte después.

> "Mira las cosas como tú las harías que fueran, en lugar de como son"
>
> Robert Collier

Mejora tu lectura

Busques lo que busques en la vida, si existe, ya esta escrito. Elige un tema del que quieras aprender o conocer más en profundidad: desarrollo personal, estilo de vida minimalista, cómo mejorar tus ingresos, cómo hacer triatlón, cómo mejorar tu comunicación...

> "Una persona que no lee, no tiene ninguna ventaja sobe la que no sabe leer"
>
> Mark Twain

Acércate a una librería, biblioteca o busca en Amazon acerca de tu temática favorita. **Empieza leyendo unas 10 páginas al día**, sé que no es mucho, pero para empezar es suficiente y más, si aún no tienes interiorizado el hábito de la lectura.

Te tomará unos 15 minutos, 30 si lees más despacio. **Si el año tiene 365 días, tu habrás leído 3650 páginas al año.** Unos 18 libros de la temática en la que te quieres especializar. ¿Dime si eso no te hará más sabio de lo que lo eres ahora?

> "Leer es para la mente lo que el ejercicio es para el cuerpo y rezar es para el alma. Nos convertimos en los libros que leemos"
>
> Matthew Kelly

Cuando tengas un libro que te haya hecho "click" y te haya hecho avanzar, guárdalo en tu estantería de libros para releer. Es muy beneficioso volver a releer un libro que te ha enseñado cosas valiosas.

Cuánto más le repitas a tu mente ideas poderosas, más fácil le será interiorizarlas y aprovecharlas. No subestimes el valor de la relectura, te supondrá mucha más autodisciplina que leer un libro que es 100% nuevo para tu mente, pero es la mejor forma de reforzar conceptos.

Cumple Tus Sueños

Sin lugar a dudas, lo que más nos inspira a actuar es conocer como otros han logrado los objetivos que se marcaron. Una de las ideas que llevaron a cabo y que nos dicen las personas exitosas es que lo que hicieron fue: crearlo primero en su mente, para después poder traerlo a la tierra.

Puedes construir castillos en el aire, siempre y cuando después pongas sus cimientos en la tierra.

Veamos ejemplos de cómo las personas de éxito lograban hacer realidad sus metas:

* ★ **Tiger Woods**, considerado el mejor golfista de la historia, comentó que ejecutaba mentalmente sus lanzamientos. Visualizaba una trayectoria perfectamente estudiada hasta que la bola entrase en el hoyo.

* ★ **Will Smith**, el actor que cuenta con decenas de películas a sus espaldas, confesó que usa la visualización para superar desafíos, incluso años antes de saltar al estrellato visionó su éxito.

* ★ **Jim Carrey**, de este actor conocemos su *historia de éxito con la visualización*, a través del documental El Secreto. Jim, se escribió a sí mismo en 1987, un cheque por valor de 10 millones de dólares. En dicho cheque puso la fecha de cobro: <<día de acción de gracias de 1995>> y en el apartado de concepto añadió: <<por los servicios prestados de interpretación>>. Lo estuvo visualizando durante varios años, hasta que en 1994, un año antes de la fecha marcada, obtuvo esa cifra por su papel en la película "Dos tontos muy tontos".

Creo que **cualquier objetivo que tengas deberías apuntarlo,** ya que como dice Rolf Smith **el problema que tienen las notas mentales es que la tinta se desvanece muy rápidamente.** Lo que no está escrito, no suele llevarse a la acción.

Un final apoteósico

Cuando se llega al final de un libro se tienen sentimientos encontrados: satisfacción por haber terminado un libro, agradecimiento por todo lo aprendido y por qué no... cierto grado de tristeza por separación con el autor. Como si se tratase de una quedada para tomar café, ésta hubiese finalizado y te quedases sin saber si habrá más o no...

Quiero que sepas que esto no acaba aquí, que esto no acaba de hacer más que empezar.

Quiero que sepas que aquí es verdaderamente dónde **COMIENZA TU ÉXITO**.

Quiero que sepas que el título era sólo para traerte hasta este punto.

A lo largo del libro te he mostrado principios, estrategias, claves...de éxito. Ahora tienes el saber. Pero no olvides que **el saber no es poder, el saber es un poder potencial**, porque si ese saber no se utiliza, no sirve para nada.

Hagamos un último ejercicio.

Te voy a pedir que imagines que te acabas de levantar con amnesia, que no sabes nada de ti, ni a qué te dedicas, ni cuáles son tus aficiones, no sabes nada de nada. Y ahora te haré una pregunta muy importante... Si nadie te dijese quien eres, ¿quién serías?

En estos momentos ya tienes el poder. Muchas personas creen en la Ley de la Atracción, pero realmente no la conocen, no saben cómo funciona. No basta con creer, se necesitan los conocimientos y las habilidades que has aprendido para poder jugar y ganar el juego.

Tu actitud y no tu aptitud será lo que determinará tu éxito.

Ya tienes las herramientas en tus manos, ahora tan sólo deberás sacarlas y reparar aquellas cosas de tu vida que no funcionan o que sí funcionan pero pueden mejorar. Al fin y al cabo, las herramientas están para eso, para reparar.

Una vez me dijeron que **la vida es como una enorme bolsa de caramelos. Un día, de repente la abres y te das cuenta de que ya sólo te quedan unos pocos caramelos, entonces comienzas a saborearlos más intensamente.** Esto es lo que ocurre con la vida de muchas personas, cuando caen en la cuenta de que ya han pasado muchos años de su vida.

Si con este libro has llegado a ese momento, a ese despertar, felicidades. Hoy es menos tarde que mañana, para empezar a vivir tu vida más intensamente.

Recuerda siempre que, **si tu sueño cabe en tu mente, también cabe en tu vida**. Pon a trabajar tu fábrica de los sueños...

*Colorín colorado,
este cuento ha empezado...*

¿Me ayudas a mejorar el mundo?

Amo a las personas, me gusta conocer su historia, sus sueños y aspiraciones, para poder ayudarlas a construirse una vida mejor; una vida hecha a medida, una vida creada por ellas mismas.

Tú eres una de esas personas especiales.

No me considero el vehículo que te hará llegar a tu destino de éxito, sino más bien **una luz que alumbra durante el recorrido**.

Considero que cada uno debe escoger por sí mismo los pasos a seguir en su camino al éxito, para que cuando lo logre sepa que todo el mérito fue suyo.

Si este libro ha supuesto un antes y un después en tu vida es que **ha cumplido su misión**. He tratado por todos los medios traerte todos los conocimientos y sabiduría milenaria que he adquirido a lo largo de toda mi vida, de una manera amena.

Los conocimientos expuestos en la **Saga Comienza tu Éxito** harán a cualquier persona que los lea <u>avanzar a pasos agigantados</u> por los escalones que llevan a una vida repleta de éxitos.

Todos merecemos ser realmente felices. Pero no todos son conscientes de que una vida maravillosa es posible.

Ayúdame a despertar más corazones, creemos un **Movimiento de Vidas Exitosas.** Cuantos más seamos, más maravilloso será el mundo. ¿Te imaginas un mundo donde todos nos sintamos realizados? La cara agria de muchos, cambiaría por un luminoso rostro sonriente. Dependientes, médicos, policías, cocineros, jardineros...

Todos tenemos una vocación distinta en nuestra vida, estamos destinados a algo grande y es nuestra responsabilidad hacer nuestros sueños realidad.

Recuerda que lo que das, recibes.

Conviértete en embajador de la saga Comienza tu éxito

Aplica los principios aprendidos y conviértete en un ejemplo a seguir.

¿Cómo hacerte embajador de Comienza tu Éxito?

A todos nos pasa que una vez que descubrimos algo grandioso, nos morimos de ganas de hacérselo saber al mundo, aún más a las personas que más amamos.

A veces, nos salen diálogos inconexos porque tratamos de exponerles todo el conocimiento aprendido en cinco minutos para que aprendan rápido... Luego nos quedamos insatisfechos, pues nos damos cuenta que no hemos transmitido la idea que queríamos.

Si esto te ha pasado, no dejes que te ocurra también con estos conocimientos. Esta vez tienes la oportunidad de hacérselos llegar en un formato bonito, estructurado y al que recurrir siempre que la otra persona lo necesite.

Te voy a pedir que cierres tus ojos y pienses en las tres personas que más amas del mundo. Esas tres personas especiales que son tus tres diamantes que tanto quieres, tres personas a las que quieras ver realmente felices porque tu amor es verdadero y sincero hacia ellas.

¿Las tienes?

Anota sus nombres:

- ★ -

- ★ -

- ★ -

A esas tres personas especiales, les vas a regalar un cambio de vida. Les vas a regalar un libro como este. Les vas a regalar un mensaje muy especial, un mensaje envuelto en un libro que en la portada tiene el título: **Comienza Tú Éxito**.

No hay mayor regalo que tener a una persona a la que amar a nuestro lado. Esa persona es un regalo de la vida para cuidar a diario, esa persona se merece todo.

Y para finalizar te voy a pedir una cosa más, la última. Cuando entregues tu regalo, pídeles a esas tres personas a las que regalaste el libro que lean este capítulo de cierre.

> Cada persona que reciba este libro a modo de regalo, tiene que saber lo especial que es para la persona que se lo regaló y cuantísimo llena su vida. Debe saber que tenerla en su vida, es más valioso que tener un tesoro.

Un libro es un regalo que dura toda una vida y si el libro encierra un mensaje valioso, no hay nada más maravilloso.

Me haría muy, muy feliz que me mandases una foto tuya con tus tres libros (y contándome si quieres porqué esas tres personas son tan especiales para ti) al siguiente correo: **contacto@comienzatuexito.com**

Subiré tu foto a mi web y a mis redes, para que el mundo sea testigo de que tú también formaste parte del cambio de crear un mundo mejor.

Gracias infinitas.
Te quiere.
María.

Continúa tu éxito en...

«La Voz de Tu Alma»

Entre todos los autores que respeto y mentores que tengo se encuentra Laín García Calvo. Con su libro La Voz de Tu Alma me acerqué a una forma distinta de ver la espiritualidad.

La Voz de Tu Alma, es uno de los libros espirituales que está aportando un cambio en la vida de las personas de habla hispana.

El mundo está cambiando a pasos agigantados y es nuestra responsabilidad adquirir los conocimientos necesarios para avanzar por el camino.

Deberás adquirir conocimiento acerca de la Leyes invisibles que rigen en el universo, y para ello tu formación es importante. La Voz de Tu Alma puede ayudarte con la adquisición de esos conocimientos.

*Que todo lo bueno te encuentre,
te siga,
y se quede contigo...*

www.ingramcontent.com/pod-product-compliance
Lightning Source LLC
Chambersburg PA
CBHW032029150426
43194CB00006B/205